自能语文

整本书共读学堂

孙玉红◎主编

吉林出版集团股份有限公司

图书在版编目（CIP）数据

自能语文：整本书共读学堂 / 孙玉红主编. — 长春：吉林出版集团股份有限公司，2020.4

ISBN 978-7-5581-8285-3

Ⅰ. ①自… Ⅱ. ①孙… Ⅲ. ①阅读课–高中–教学参考资料 Ⅳ. ① G634.333

中国版本图书馆CIP数据核字(2020)第049652号

自能语文：整本书共读学堂

主　　编	孙玉红
责任编辑	齐　琳　姚利福
封面设计	中尚图
开　　本	710mm × 1000mm　1/16
字　　数	262千
印　　张	19
版　　次	2020年4月第1版
印　　次	2020年4月第1次印刷
出　　版	吉林出版集团股份有限公司
电　　话	总编办：010—63109269 发行部：010—85173824
印　　刷	河北盛世彩捷印刷有限公司

ISBN 978-7-5581-8285-3　　定价：69.00 元

教育部首批“中小学名师领航工程”学习成果之一

编 委 会

主　编：孙玉红

编　者：李　杨　路德奎　赵　娜　王昌鹏

序言：助推师生共同发展的“自能语文”

认识孙玉红老师是在 2018 年，当年她入选了教育部首批中小学名师培养“领航工程”学员，而浙江师范大学则成为首批中小学名师培养基地。教育部国培办领导将她和其他四位优秀教师交给了我们浙江师范大学来培养，以图通过为期三年的培训将他们培养成为教育家型的语文教师。作为“教育家”必须得有自己的教育理念、教学风格，也就是说，他们必须得有鲜明的教育教学个性。因此，第一天会面，我就询问五位老师的教育研究成果、教学实验项目、教学特色，等等。并与他们共同探讨研磨，最终确定了各自的语文教学“LOGO”。

孙玉红提出的语文教学主张是“自能语文”。这个概念很亲切，因为早在 20 世纪 90 年代我就根据叶圣陶的“自能阅读，自能写作”的语文教学追求，进行了“自能作文”的教学实践，并在《宁波大学学报》上发表了相关研究成果。因此，我的感觉是“自能语文”正确可行，但提法相对较旧。但当听了孙玉红关于她们学校在选课走班的模式下开展语文“双自”实践的介绍后，我感觉到其中的创新意义与价值。因此，我支持并鼓励她继续在“自能语文”的路上探索实践。

孙玉红告诉我，克拉玛依市一中从 2013 年开始与北京十一学校合作办学，开始了学校教育转型变革之路。其中的一个重要目标就是努力创办适合每一位学生发展的教育，切实推进学生自主独立发展，为此架构了分层分类综合特需的课程实施体系，实施选课走班的教学组织形式，推行学生自主学习的课堂学习方式。孙玉红的“自能语文”正是在学校教育教学变革的大背景下提出的。

“自能语文”没有从语文学科的本位出发，而是站在学生个体发展的视角，关注的是学生是一个独立存在和自主发展的个体，因此人的自主发展被纳入语文学科教育与教学视域中。基于学生自主学习能力培养的“自能语文”主要体现在：变革课堂学习方式，推进课堂个别化学习变革，将课堂变成学生自主学习的场所，为学生自主学习提供必要的时间保证；自主学习中教师作为学习活动的设计者，学业提升的帮助者、自主发展的促进者而存在，通过指导学生独立地分析、探索、实践、质疑、创造等途径来实现学习目标。

在教学实践中，孙玉红率领老师们借助语文学习内容中整本书阅读这一模块，整合资源，设置情境，设计学习流程，进行多元评价，推动学生自主能动地学习，进而促进学生自主独立地发展，并在发展中自觉提升语文核心素养，达到“教是为了不教”的学习目的。

孙玉红等老师的实践研究从语文课程学习时间进行整体设置出发，在学习课时上给予硬性的保障；而且这种规定不是粗疏的，而是对每一本书的阅读时间提出了翔实而具体的要求，从而有效提升整本书阅读的过程性学习效果。在内容设置方面，他们以《儒林外史》和《简·爱》两本书的阅读为抓手，通过师生共读共写，激发兴趣，树立信心，培养毅力。在学习过程中，充分发挥教师引领与示范的作用，用教师的主动学习引领学生们积极地学习，营造师生共读的学习氛围场。

在一年多的实践过程中，我们可以看到孙玉红团队强大的凝聚力，他们强化学科教研组集体备课，共同探讨，合作教学；从时间安排、阅读速度安排、学习目标、选择性学习任务清单等，都通过集体的研讨进行详细规划和整合，使每一环节、每一步骤都能做到科学合理，并充分适合学校教育改革与学生发展的需要。

我感到高兴的是孙玉红老师团队的努力没有白费，他们不但在实践中取得了丰硕的成果，而且善于总结反思的老师们不断将他们的教学经验加以概括提炼，凝之于笔端，出版了这本既有一定的理论创新，又有较高的可操作性的《自能语文：整本书共读学堂》。相信随着实践与研究的不断加深，孙玉红团队将会产出更多的成果，从而将“自能语文”的大旗插遍语文教育的新世界。

是为序！

蔡　伟

（浙江师范大学教授，教育部“国培计划”中小学名师专家库首批入选专家，教育部“国培计划”幼儿园园长、中学小校专家库入选专家，教育部首批中小学名师“领航工程”浙师大培养基地首席专家）

前言：自能语文的教育教学实践之路

我校从2013年开始与北京市十一学校合作办学，开始了学校教育转型变革之路。学校从育人理念、育人方式和管理机制等方面进行了全方位的深入变革。志远意诚、思方行圆，努力培养社会主义现代化强国建设需要的社会栋梁与民族脊梁，成为全校的历史使命与责任担当。努力创办适合每一位学生发展的教育，成为全校共同的价值追求。与此理念相适应，学校为推进学生自主独立发展，架构了分层分类综合特需的课程实施体系，实施选课走班的教学组织形式。学生自主学习的课堂学习方式成为学校教育教学变革的核心环节。

自能语文是在学校教育教学变革的大背景下提出的。自能语文没有从语文学科的本位出发，而是站在学生个体发展的视角，关注的是学生是一个独立存在和自主发展的个体，因此，人的自主发展被纳入语文学科教育与教学视域中，基于学生自主学习能力培养的自能语文由此提出。变革课堂学习方式，推进课堂个别化学习变革，将课堂变成学生自主学习的场所，为学生自主学习提供必要的时间保证。自主学习是以学生作为学习的主体，通过学生独立地分析、探索、实践、质疑、创造等方法来实现学习目标。自主学习不意味着教师功能的弱化，教师作为学习活动的设计者，学业提升的帮助者、自主发展的促进者，专业化功能反而日益突显。因此，自能语文是教师在学生自主发展能动学习的基础上设计学习、活化学习、共同学习，进而提升学生的语文素养，为学生终身发展打下扎实的基础。

在教学实践中，我们借助语文学习内容中整本书阅读这一模块，整合资源，设置情境，设计学习流程，进行多元评价，推动学生自主能动地学习，进而促进学生自主独立地发展，并在发展中自觉提升语文核心素养，达到“教是为了不教”的学习目的。

整本书阅读作为语文学习的重要内容，学习时间较单篇学习久，学习设计重情境化、活动化，学习方式灵活多样，教学评价多元综合，更容易培养学生自主学习能力。

学生自主学习能力的培养首先需要周密的教育教学设计做支撑。对整本书阅读前的学习任务设计是最重要的学习环节，教师通过学科组的合力设计学习任务清单。我们的实践研究从语文课程学习时间进行整体设置出发，一周共 4 节语文课，实行“2+1+1”的授课模式，即 2 节文本学习时间，1 节整本书阅读与交流时间，1 节作文习作与讲评时间。这样，就在学习课时上有了硬性的保障。同时，我们也对每一本书的阅读时间进行了翔实而具体要求，同学们通过课外阅读和课内阅读与交流，可有效提升整本书阅读的过程性学习效果。

在内容设置方面：我们以《儒林外史》和《简·爱》两本书的阅读为抓手，从导读激趣入手，设置整本书开读第一课，激发学生坚持阅读整本书的信心和毅力。在《儒林外史》开读第一课，通过教材中《范进中举》的学习引出《儒林外史》中更多有趣人物的故事，引发学生阅读的兴趣。在《简·爱》开读第一课，用老师们的下水文引出简·爱坎坷的童年和自尊自爱的爱情观，用师生共读共写激发学生阅读与写作的热情。

在学习过程中，充分发挥教师引领与示范的作用，用教师的主动学习引领学生们积极的学习，营造师生共读的学习氛围场。例如在《儒林外史》中以教师对每一回的内容情节梳理为范例，引导学生以小组合作学习的方式用表格或用思维导图进行情节内容的梳理；在《简·爱》中以教师下水文为范例，引领学生和教师共同读书共同批注共同写读书心得，落实读思写一体的阅读方法。

重视团队力量，进行学科教研组集体备课，发挥合力，从时间安排、阅读速度安排、学习目标、选择性学习任务清单进行详细规划和整合，使学生的整本书阅读在师生共同学习交流的大环境下有序完成，教师及时在课堂上引导学生进行交流讨论，对深层次问题进行分享与交流。

在学习评价设计方面力求多元而灵活。例如，在《儒林外史》中教师们合力设置阅读过程自测题进行及时诊断。可以通过收集学生阅读笔记和随感作品及时向微信平台推送与发表，让阅读与生活同在。可以将优秀作品汇集成册出版，让师生的共同学习成果以作品的形式呈现，提升学生阅读的成就感和探究思考的热情。可以利用小学段让学生进行名著表演，让学生在鲜活的活动中体味名著、演绎名著。可以以小组合作的方式以表格或思维导图的形式完成对情节内容的梳理，通过同学们在课堂上的交流进行及时评价。

综上，学生自主学习能力的培养是靠学校教育进行周密而翔实的设计，在吻合学生自我发展需求的基本上，以一定的学习任务有序呈现，让学生在教师的示范和帮助下有意识地主动发展，自觉阅读与反思，积极地写作与实践，在真实的阅读生活环境下有意识地提升学生的语文核心素养，进行知识的建构、思维的提升，审美的鉴赏，和文化的认同。

通过一年的积极实践，同学们在老师们的引领下阅读学习的主动性明显增强，对整本书阅读的学习态度有了极大的改善，自主规划，提前学习的同学日益增多，自主学习的意识增强，学生们自主表达和写作能力明显提升。

课程资源整合方面，我校经过 6 年的教学实践，整本书阅读的教学环节已趋于成熟，学习设计丰富多样，学习评价积极多元，学生自主学习的热情和意识有效调动和激发，逐渐形成了学校每个年级系统而详尽的整本书阅读学习资源。

目 录

第三编　自能语文：整本书阅读课例展示

第四编　经典共读

附　录

【第一编】

师生共读《简·爱》

第一章 《简·爱》导读

一位其貌不扬、矮小瘦弱的十岁女孩在面对表哥约翰·里德长期的谩骂和欺侮时，勇敢地站出来和表哥对质与对打；在舅妈长期的轻视与践踏下，大胆地说出了积蓄于心的不满和委屈；在充满爱心与慈悲的坦普尔小姐的陪伴下，努力积极地向善与向上生长；在心胸宽广与隐忍为上的海伦面前，真心感受到了善良与真诚的作用；在日后与罗切斯特真诚相爱的过程中，追求着人格的独立与精神的平等……这就是英国著名女作家夏洛蒂·勃朗特在《简·爱》里为我们塑造的一位独特的女性形象。

夏洛蒂·勃朗特是“勃朗特三姊妹”中最著名的一位。她以第一人称的叙述，讲述了贫苦孤女简·爱为寻求人格独立、爱情和尊严而挣扎奋斗的故事。这样一位女性，改写了英国传统女性温柔可爱、逆来顺受的形象，在19世纪的欧洲文学史上留下了浓重的一笔，被后世视为现代女性的先驱和楷模。

杨绛说：“读书，让我们遇见更好的自己。”在四高一学部即将结束的这个学段，全体语文老师和同学们一起开启《简·爱》的阅读之旅。孙玉红老师再读《简·爱》，发现了简·爱近乎清教徒式的清醒而理智的爱情观；路德奎老师则读出了简·爱和林黛玉的差别，由此反思东西方文艺表现形式的不同；李杨老师看到了父母对孩子爱的给养与伤害；赵娜老师读出了简·爱成长中的重要他人的影响，“总有阳光温暖你”；王昌鹏老师读出了简·爱身上的英雄主义：在认清生活的真实面目后，依旧热爱生活。老师们的阅读还在继续，希望同学们用心沉潜在简·爱曲折的情节中，沉醉在简·爱波折的命运中，用自己的“领悟性阅读”唤醒天性、唤醒心灵，点燃智慧之灯，让简·爱焕发的精神力量驻在我们心里，指引我们对生活和生命的方向。

好书不厌百回读，熟读沉思子自知。让名著回归它人生成长导师的根本功能吧！我们一起努力！

第二章　整本书阅读《简·爱》学习规划任务单

<table>
<tr><th>时间安排</th><th>内容安排</th><th>学习目标</th><th>学习任务 1</th><th>学习任务 2</th><th>学习任务 3</th></tr>
<tr><td>第 2 周</td><td>第 1 章—6 章</td><td rowspan="6">1. 能用思维导图理清小说每章的情节。
2. 能通过阅读反思把握人物性格和主题思想。
3. 通过阅读专题论文学写专题性小论文。
4. 能主动参加小组的交流分享、表演、辩论活动。
5. 能收获读书带来的思考乐趣和成长感悟。</td><td rowspan="6">阅读并批注《简·爱》：
1. 每一章不少于 5 个批注（可以是鉴赏式、联想式、感悟式、批判质疑式等）。
2. 以小组为单位每一章要做一个包含本章主要内容、人物的思维导图。
每天语文课前或阅读课会检查并交流。</td><td rowspan="6">1. 阅读辅助材料，学写小论文（有理有据地表达自己的观点）。
2.通过随笔，阅读札记等形式分享感悟。</td><td rowspan="6">可选：
1. 经典片段诵读。
2. 小组 PPT 汇报，梳理全书情节、人物主题。
3.经典再现电影配音与角色扮演：红房子事件；结婚现场；罗切斯特表白。
4. 主题辩论：简·爱该不该回到罗切斯特身边；爱情重要还是尊严重要。</td></tr>
<tr><td>第 3 周</td><td>第 7 章—12 章</td></tr>
<tr><td>第 4 周</td><td>第 13 章—18 章</td></tr>
<tr><td>第 5 周</td><td>第 19 章—24 章</td></tr>
<tr><td>第 6 周</td><td>第 25 章—30 章</td></tr>
<tr><td>第 7 周</td><td>第 31 章—38 章</td></tr>
</table>

第三章　教师下水文

当生活以痛吻我——《简·爱》阅读札记

路德奎

每个人的童年都应该沐浴在爱的阳光下，滋润在爱的雨露里，然而简·爱却不是。在上大学时，第一次读到《简·爱》，就深深地为她的经历和遭遇愤愤不平。今天，再次与学生共读，我却想到了林黛玉。

无论是在舅妈里德太太家里，还是在慈善学校；无论是在红房子里，还是漫长的路途中，简·爱感受最多的就是寒冷，周围环境无比冷清。对于一个从小父母去世，孤苦无依的孩子来说，没有什么比这更可怕的了。正如她所说，里德太太和她没有血缘关系，对她简直糟糕透顶，表哥约翰更是凶狠蛮横，又打又骂，在这样的环境下长大，让简·爱变得敏感而自尊。这一点与林黛玉有着异曲同工之处。

黛玉在父母双亡之后，被外婆接进贾府，虽然“心肝”般地疼爱，衣食无忧，也有着与宝玉的纯真爱情，却也“步步小心,时时在意”，唯恐多说话，唯恐说错话，长期寄人篱下，甚至感到“一年三百六十日，风刀霜剑严

相逼”的冰冷。然而，同样是这样的环境，二人的选择却全然不同。

黛玉善于察言观色，虽然孤高自许，不太合群，受了委屈也会洒下两行清泪，常年都是泪光点点，却也能顾全大局，面子上还过得去，背后却依然让人颇有微词。而简·爱却是爱憎分明，起初的隐忍换来的是最终的爆发，甚至不惜与约翰表哥和里德舅妈撕破脸皮，针锋相对，为了维护自尊，她甚至不顾及任何后果。当然，这与她的经历有关，被关进红房子留下的阴影，一个人被塞进马车让陌生人带到50里外的慈善学校。因此，她不愿意像海伦一样逆来顺受，她变得自尊而坚强。

由此可见，简·爱的性格是外现直率式的，心里想什么就说什么，就做什么；而黛玉则是内隐含蓄式的，她的心理只能靠我们去推敲和揣摩。艺术是相通的，由文学中的人物塑造我想到中西方绘画艺术的两种形式，油画侧重以浓烈的色彩进行渲染，色彩绚烂，逼近真实。而国画则是写意见长，似乎挥洒的几笔就展现出丰富的意境，让人回味和遐思。

当我们面对一张雪白的宣纸，看到一位瘦小的老人在山脚下披着蓑衣垂钓的画面时，立刻会在脑海中涌现出漫天的飞雪，天寒地冻，鸟兽绝迹，此人内心孤独、知音难觅的形象跃入脑海，不由得会吟诵出“千山鸟飞绝，万径人踪灭，孤舟蓑笠翁，独钓寒江雪”的诗来。而当我们面对一幅山水风景的油画，那悠长的小径、起伏的远山、翠绿的树木，还有潺潺的溪流，我们不由得心驰神往，想去一睹那醉人的胜景踪迹。一写意，一写实，感觉全然不同。

人物性格形成的原因是复杂的，而塑造人物的方式中西却各有不同，无论是油画还是国画，都值得我们在阅读中去发现和揣摩。

用心期待美好——简·爱爱情观的启示

路德奎

很早接触到《简·爱》时，一般都是把它作为一本女性独立自尊的书，当然也是追求独立爱情的一部经典——爱情中最重要的便是保持独立人格。每每提到本书，就会想到那经典的独白：

“你以为因为我贫穷、低微、不美、短小，我就没有灵魂，没有心吗？——你想错了！——我跟你一样有灵魂——也完全一样有一颗心！要是上帝赐给了我一点儿美貌和大量财富，我也会让你感到难以离开我，就像我现在难以离开你一样。我现在不是凭着习俗、常规，甚至也不是凭着肉体凡胎跟你说话，而是我的心灵在跟你的心灵说话，就好像我们都已离开人世，两人平等地一同站在上帝跟前——因为我们本来就是平等的！”（《简·爱》夏洛蒂·勃朗特著，宋兆霖译）

其实这段话可以看作爱情宣言，尤其对女性而言，容易形成共识。可如今，对于中学生来说，情窦初开，对于爱情的理解和向往，这段话会带给他们怎样的冲击呢？也会散发出同样的魅力吗？我觉得可能会画一个问号。那么，这本书的爱情观对当代中学生阅读的意义何在呢？我觉得至少有以下两个方面：

一、爱情是美好的，追求爱情是每个人的权利

学生现在正处于花季雨季，对爱情充满了憧憬和向往，但是要有正确的爱情观，即首先明白什么是爱情。爱情是美好的，是自由的，是

光明正大的，更是需要祝福的。如果我们把现在的同学之间的好感当成爱情，甚至沉醉于其中无法自拔，势必会过早地品尝了爱情的苦果，是得不偿失的。

有人说，不要太早遇见太惊艳的人，否则余生都会不得安宁。那么，什么样的人值得你惊艳呢？我们在人生观价值观的形成阶段，成长是最美好的事。

爱情，需要阳光雨水，需要亲友祝福，如果我们的所谓“爱情”偷偷摸摸见不得光，不可对人言说，那么，自然会营养不良，过早夭折。与其这样，还不如静待花开，到了长大的年纪，大大方方地谈一场轰轰烈烈的恋爱。如简·爱一般，即使没有美貌，却依旧可以挺起胸膛，追求独立的人格和真正的爱情。

二、与人相处，要懂得自尊自重

在与罗切斯特的交往中，简·爱从最初的好奇，到慢慢地理解和认同，再到最后的相爱，她始终作为一个独立的个体，他们是平等的。从来不会因为自己是家庭教师就低人一等，也不因得到主人的追求就高人一等，忘乎所以，而是冷静地处理好这一关系。面对罗切斯特的追求，她发乎情止乎礼，虽然深深地爱着他，却并没有太多地表达和显露，即使在即将举行婚礼仪式时，她也与他保持着一定的距离。

罗切斯特的甜言蜜语并没有让她神魂颠倒，她没有接受他的馈赠和财物，她一直在思考自己的现状是否值得拥有这样的爱情，“视思明，听思聪，色思温，貌思恭，言思忠，事思敬，疑思问，忿思难，见得思义”，她在爱情中时刻保持着清醒。这对当代的学生或成人都是一个榜样，无论是什么时候，我们都要懂得自尊自重，不要为一点小恩小惠就动摇性情，陷入被动，细细想来，是不值当的。

作为一部经典，《简·爱》的价值是多方面的，但对于中学生来说，爱情观的传达是不可回避的。正如在学习《蒹葭》和《关雎》时，我们也应当引导学生如何看待爱情一样，美好的事物是值得你期待和守候的！

父母之爱子

李杨

5月，我们的整本书阅读是英国作家夏洛蒂·勃朗特的《简·爱》，当我找到家中的《简·爱》时，发现这本书已经在我家静静地躺了22年。22年前，我也和现在的学生们一般年纪，那时更多的是把它当作一本爱情小说去阅读，曲折的爱情故事吸引着对爱情有着无限憧憬的我，而简·爱那自尊、自强的性格，平等的爱情观也确实影响了我。

22年后重读此书时，我却从书中看到了关于孩子的教育问题。

简·爱的舅妈里德太太对三个孩子可以说是极其溺爱，尤其是溺爱儿子约翰。正是这种溺爱最终导致了三个孩子不幸的人生。

约翰在家里处于“唯我独尊”的地位，在他对简·爱说的一番话里可以看得很清楚：“你没有权利拿我们的书。妈妈说你是个靠别人养活的人；你没有钱；你父亲没给你留下钱；你该去要饭，不该在这儿跟我们这些绅

士的孩子一起过活，跟我们吃一样的东西，穿我们妈妈的钱买来的衣服。听着，你乱翻我的书架，我要教训教训你。书是我的；整个房子都是我的，或者不到几年工夫就会归我所有。”第一次读到这段话时只是为约翰的霸道、为简·爱寄人篱下的遭遇感到气愤。但多年后再看时却在这段话里看到了两个问题：一是约翰清楚地说到“妈妈说的”，也就意味着约翰的这种想法是在里德太太日积月累的影响下形成的，而这本不该是一位

母亲在孩子面前谈论的内容；二是约翰明确地说“书是我的；整个房子都是我的，或者不到几年工夫就会归我所有”，这个只有 14 岁的孩子，十分清楚自己对家产的继承权，这种对继承权的执着，在我看来是连自己的亲姐妹都不能触碰的，这点也由简·爱的叙述进行了证明：“约翰对他的母亲和姐妹没有多少感情。”

在简·爱和约翰打架后，里德太太不分青红皂白就将简·爱关进了红房子，我想哪怕有人向里德太太证明是约翰先动手，她依旧会如此对待简·爱，因为第一章里提到“里德太太呢，在这种事情上，总是装聋作哑；她从来看不见他打我，也从来听不见他骂我，虽然他常常当着她的面既打我又骂我”；而将本应该在学校学习的约翰接回家，就是因为里德太太把约翰脸色不好的原因归结为用功过度，或许还归结为想家，根本不顾教师迈尔斯先生说的“只要家里少给他捎些糕饼和糖食去，他准能过得很好”这种刺耳的意见。正是这种毫无原则的溺爱，让约翰越来越目中无人，让成年的约翰“在最坏的男人和女人中间把健康和产业都毁掉了”。当约翰欠债，进牢后，里德太太两次把约翰弄出来，可是并没有进行有效地教育，或者即便此时里德太太想教育约翰却已经力不从心了，因为约翰“一出牢就回到他的老伙伴那儿，恢复了他的老习惯”。最终约翰在受到“朋友”的欺骗，被母亲拒绝将本就不多的家产交给他后死亡，而死因却是“他怎么死的，上帝知道！——听说是自杀的”。

而在两个女儿的教育上，里德太太的做法也值得商榷。

伊丽莎对存钱有特殊嗜好，里德太太不仅没有对此进行积极的干预，反而助长了这种嗜好。“园丁从里德太太那儿得到过命令，小姐花坛上开的花，不管她要卖掉多少，他都得买下来……只得同意把它交给她母亲保管，她取重利——百分之五十或者六十光景；利息每季度索取一次，她急切而准确地把账记在一个小本子上”，有经济头脑这一点是应该值得认可的，但一味地纵容孩子以“不正当”的手段获取利益却是不正确的。俗话说“君子爱财，取之有道”不正是这个道理吗？

从对待金钱的态度中我们也可以一窥伊丽莎的处事态度。

伊丽莎向帮助她保管钱财的里德太太收取重利，里德太太的这种纵容“收获”的不是女儿的感恩，而是去世后女儿“镇静地俯视着她的母亲。沉默片刻以后，她说：‘像她那样的体质，本来应该可以活到高年；她的生命让烦恼缩短了。’一阵痉挛使她的嘴收缩了一下；痉挛过去以后，她转身离开了房间，没掉一滴眼泪”。

伊丽莎在里德太太即将去世，自己即将只剩乔治安娜这一位亲人时，却说出了这样一番话：“妈妈去世以后，我就同你一刀两断；从她的棺材抬到盖茨海德教堂下的墓穴的那天起，你就和我分手，像从不相识一样。你不必认为，因为我们碰巧是同一对父母所生，我就将容忍你用甚至最微弱的要求来束缚我；我可以告诉你——哪怕除了我们以外，整个人类都消灭了，只剩我们两人单独站在地球上，我也会让你留在旧世界，而我自己去新世界。”多么冷漠啊！而在妹妹对她反驳并哭泣时，伊丽莎却只是“冷冷地、无动于衷地坐着，勤奋地干着活儿”。伊丽莎最终也确实满足了自己的心愿——她找到一个幽静的住处，让严守时刻的习惯永远不受干扰，还在她自己和浮华世界之间放一些安全的屏障——做了修女，并成为修道院院长。从伊丽莎身上我们似乎看不到任何的感情。

乔治安娜因为从小就长相可爱而备受大家喜欢，热情的阿葆特总是说“是啊，我太爱乔治安娜小姐了——长长的鬈发，蓝蓝的眼睛，脸色那么可爱；简直像画出来似的”，而乔治安娜也很喜欢“坐在一张高凳子上，对着镜子梳头发，在鬈发中插上一些假花和褪色的羽毛”，这种从小就形成的对外貌的重视导致大家忽视了对灵魂的关注。在里德太太重病、简·爱来探望时，乔治安娜和简·爱的“知心话”只是“她自己，她的恋爱和悲哀”，并且“这些谈话，每天重新谈一遍，老是那同一个主题。很奇怪，她一次也没提到她母亲的病，或者她哥哥的死，或者现在家庭前途的悲惨。她的心灵似乎整个被对往日欢乐的回忆和对未来的放荡生活的渴望占据了。每天她在母亲病房里只待五分钟光景，不再多了”。乔治安娜最终在婚事上得以高攀，嫁给了上流社会一个年老力衰的有钱男子。

三个孩子，一个做了修道院院长，每天很忙，却很难看出她勤奋的任何效果；一个“听说是死于自杀”；一个只求能进上流社会。不知里德太太看到这样的结果，会不会后悔自己对孩子的溺爱。

《触龙说赵太后》中有言：“父母之爱子，则为之计深远。”能帮孩子树立正确的人生观、价值观，能让孩子自尊、自爱、自强的父母才是合格的父母。

那棵七叶树

李杨

阅读《简·爱》时，小伙伴们对第二十三章的结尾“果园尽头的大七叶树夜里遭了雷击，被劈去了一半”产生了疑问，疑惑作者这样写的目的何在。其实自己在阅读的时候也在这里做了标注，脑海中已经有了答案，但在小伙伴问出这个问题时，我却不想直接甩出答案，而是希望小伙伴们在我的提醒之下，通过自己的细心品味来解决这个问题。

同时，我自己也再次阅读相关章节，将文章中和七叶树有关的细节都画出来，一一品味七叶树在其中的作用。七叶树在文中出现在第二十三章、第二十五章和第三十七章，一共出现了八次。每一次的出现都和人物或情节有关。

第二十三章整章都在写简·爱从盖茨海德府回到桑菲尔德后和罗切斯特先生在果园中谈话：罗切斯特先生用要把简·爱送走的谎言来试探她对自己的心意，在确定简·爱的心意后向简·爱求婚成功。

第二十五章写了简·爱在婚礼前不安的心情，进入果园看到遭到雷击的七叶树后所思所想。

第三十七章则是简·爱回到桑菲尔德却发现这里早已成为一片废墟，在旅馆老板的指引下前往芬丁庄园寻找罗切斯特先生，并表明自己再也不会离开罗切斯特先生后两人的谈话。

七叶树的前六次出现都

是在第二十三回。

第一次出现是在两人谈话之前——路边长着月桂树，路的尽头是一棵巨大无比的七叶树，树底下围着一排座位——这是简·爱为了躲避罗切斯特先生从书房射来的关注的目光而选择的散步之地，在这里，简·爱可以漫步而不被人看到，仿佛会永远在这样的阴影里踯躅，简·爱此时心绪有些不平静，她需要一个安静、隐秘的地方想想自己的心事，而巨大无比的七叶树底下的这一排座位为罗切斯特先生和简·爱将要进行的长谈提供了场所，也为后文情节的发展做了铺垫。

第二次出现是在简·爱想躲避同样在花园附近漫步的罗切斯特却被他留住时——我们正走进长满月桂的小径，缓步踱向矮篱笆和七叶树——美丽的景色展现了两人谈话之前美好的环境和两人较为平和的心态。

第三次出现是在罗切斯特先生告诉简·爱自己将会和英格拉姆小姐结婚，而简·爱必须离开时——朋友们在离别的前夕，往往喜欢亲密无间地度过余下的不多时光。来——星星们在那边天上闪烁着光芒时，我们用上半个小时左右，平静地谈谈航行和离别。这儿是一棵七叶树，这边是围着老树根的凳子。来，今晚我们就安安心心地坐在这儿，虽然我们今后注定再也不会坐在一起了——在这看似平静的氛围下，酝酿着狂风暴雨。

第四次出现在罗切斯特先生试探出简·爱的真心后——一阵风吹过月桂小径，穿过摇曳着的七叶树枝，飘走了——走了——到了天涯海角——消失了——这摇曳的七叶树枝，暗示着两人摇曳的心情？抑或是暴风雨的前奏？

第五次出现在两人互诉衷肠后——七叶树受了什么病痛的折磨？它扭动着，呻吟着，狂风在月桂树小径咆哮，直向我们扑来——暴风雨终于来临，使得七叶树受到病痛的折磨，渐渐地，七叶树似乎和罗切斯特先生的命运越来越相似了。

第六次出现在花园谈话后的第二天早晨——果园尽头那棵大七叶树昨天夜里遭到了雷击，被劈掉了一半——一棵巨大无比的七叶树却在暴风雨中遭到了雷击，被劈掉了一半，可见暴风雨的猛烈，同时也暗示了后文罗切斯特先生和简·爱的婚姻会受挫以及罗切斯特先生的遭遇。由此，我们不难想到这棵“七叶树”就是罗切斯特先生的象征。

第七次出现是在第二十五回——我走下月桂小径，面前是横遭洗劫的栗树，黑乎乎的已经被撕裂，却依然站立着，树干中一劈为二，可怕地张着大口。但裂开的两半并没有完全脱开，因为坚实的树基和强壮的树根使底部仍然连接着。尽管生命的整体遭到了破坏——树汁已不再流动，每一片大树枝都已枯死，明年冬天的暴风雨一定会把裂开的一片或者两片都刮到地上，但是它们可以说合起来是一棵树——虽已倒地，却完整无缺。“你们这样彼此紧贴着做得很对。”我说，仿佛裂开的大树是有生命的东西，听得见我的话。“我想，尽管你看上去遍体鳞伤，焦黑一片，但你身上一定还有细微的生命，从朴实忠诚的树根的黏合处冒出来。你们再也不会吐出绿叶——再也看不到鸟儿在枝头筑巢，唱起悠闲的歌。你们欢乐的相爱时刻已经逝去，但你们不会感到孤寂，在朽败中你们彼此都有同病相怜的伙伴。”——这七叶树裂开的两半似乎就是后来分离的罗切斯特先生和简·爱——两人依旧相爱，却无奈分离；同时也暗示出两人旺盛的生命力。

七叶树最后一次出现是在第三十七回——“我并不比桑菲尔德果园那棵遭雷击的老栗子树好多少。”没有过多久他说。“那些残枝，有什么权利吩咐一棵爆出新芽的忍冬花以自己的鲜艳来掩盖它的腐朽呢？”“你不是残枝，先生——不是遭雷击的树。你碧绿而茁壮。不管你求不求，花草会在你根子周围长出来，因为它们乐于躲在你慷慨的树荫下。长大了它们会偎依着你，缠绕着你，因为你的力量给了它们可靠的支撑。”——在这一段里，虽然没有出现“七叶树”这个词汇，而是“老栗子树”，但根据罗切斯特先生“桑菲尔德果园遭雷击”的叙述，我们可以知道这应该是同一棵树。罗切斯特先生已经和七叶树融合在了一起。而简·爱则借“花草会偎依着你、缠绕着你”来表明自己对罗切斯特先生的依赖和永不分离的决心。

七叶树贯穿了罗切斯特先生和简·爱“表白”——“分离”——“重会”的始终，七叶树的遭遇也暗合了罗切斯特先生的不幸经历，随着两人幸福生活的展开，我们似乎又看到了那棵七叶树上萌发的新芽以及环绕在它周围的花草。

生活的英雄主义

王昌鹏

英国作家夏洛蒂·勃朗特的作品《简·爱》被誉为“诗意的生平写照”，曾经一度对世界文学产生了深刻影响。作者从独特的视角出发，以自传体的形式塑造了一个个性格鲜明的人物形象，其中简·爱形象尤为独特，她虽自小就无依无靠，被寄养在舅舅家中，受尽人间屈辱，到后来进入洛伍德孤儿院学习，简·爱依旧遭受着非人的待遇，再到后来在桑菲尔德庄园做家庭教师及与罗切斯特先生产生爱情，她所经历的这一切极其不顺，但却意义平凡。面对生活的重重重压，简·爱并没有选择屈服，反而是一种勇敢的姿态去面对和抗争，最终获得了最后的胜利。而今天的我们读《简·爱》，要体会的不仅是其鲜明、不同凡响的个性，更重要的是学习她面对生活重压时所表现的态度和行动，以此更加突出作品的时代意义和时代价值。

关于简·爱的悲苦遭遇，其实所有读者在阅读的过程中都有切身体会，不论在哪个阶段，苦难总是伴随着简·爱的成长，当然也正是由于这些苦难，让简·爱更加能辨清自己需要的东西，继而以一种更加自尊且自爱的方式去争取，这也许就是简·爱的可贵之处。在舅舅家中，简·爱地位低下，当约翰表哥夺走简·爱正在看的书时，简·爱没有一味地沉默，以自己的瘦弱之躯同表哥搏斗；在洛伍德孤儿院中，面对各种严苛的规定和不堪的

待遇，简·爱没有消沉，也没有丧失对生活的信心；在离开桑菲尔德庄园后，即使没有经济来源，哪怕是风餐露宿甚至是乞讨，简·爱始终也没有被生活打倒，而正是因为这种自强不息的生活态度，才使得简·爱有了面对生活的勇气与决心。

当然，谈到简·爱，就不得不谈爱情这个话题。作为生活的重要组成部分，简·爱同样渴望追求爱情，但她想要的爱情并非跌落在尘埃，依附于物质。她对罗切斯特的爱是发自内心的，并没有因为自己是普通的家庭教师和对方是高高在上的农场主而屈服或者退让，她始终认为他们彼此相爱不是因为物质财富，而是真挚、平等的爱恋，而且这种纯净的爱情至今还能让人为之动容，不仅是简·爱懂得自尊自爱，在她生活的那个相对保守的年代能够敢于为爱发声，更重要的是它依旧能够契合我们现代人追求爱情的心理，能够产生共振。

罗曼·罗兰曾说：这世上只有一种英雄主义，那就是在认清生活的真实面目后，依旧热爱生活。主人公简·爱饱受生活摧残依旧不改初心，历尽苦难后仍然能够笑对生活，这种大勇气、大境界不失为一种英雄主义。对于我们的现实生活，这种英雄主义则更加显得意义重大，而只有对生活投入最大的热情与笃定，生活才会报以最美的憧憬与期待。

总有阳光温暖你——简·爱成长中的重要他人

赵娜

我从一个很边远的小地方出来，没有很高的学历，但是我读了很多书，我觉得读一本优秀的书，相当于自己多活了一辈子。

——阿来

第一次读《简·爱》，那会也正值十三四岁，读到的是一个矮小平凡的女孩子追求尊严和爱情的故事，她矮小平凡却追求平等和尊严引起我的共鸣；如今再读《简·爱》，更多读到的是一个普通女孩子精神成长的历程，她与自己和解，与她周围的世界和解，从敏感、自卑、迷惘变得独立、善良、坚韧，其中她与周遭人物和当时大环境价值观的碰撞，引起我的共鸣和更多思考。

简·爱在里德舅妈那里是没有被善待，被孤立，被毒打，被冤枉，从未被温暖过。而红房子事件更是给她的心灵造成巨大的创伤和抹不去的阴影。这种种遭遇都让简·爱的性格变得更加敏感和富有攻击性，我们从她和里德舅妈的冲突中不难看出。她像一只“小刺猬”，用自己仅有的“刺”来保护自己最后的尊严。而简·爱就读的“学校”更酷似“人间地狱”，读到她们吃的糊了的稀饭和臭了的肥肉的时候，我在想，这样的环境即使满口“仁义道德”，培养出来的孩子会有温度吗？知道爱是什么吗？会爱人和被人爱吗？

幸运的是，简·爱在步入学校生活后，遇到了她成长过程中，甚至生命中的两个重要他人：一个是海伦·彭斯，一个是坦普尔小姐。

在海伦被罚时，简·爱与她的对话，是一次价值观的冲突。海伦的价值观是：“宁可忍受一下除自己之外谁也感受不到的痛苦，总比冒失行事，让所有和你有关的人都受连累好得多。”简·爱则不然，她主张“当我们无缘无故挨打时，我们一定要狠狠回击，不能对那些残暴不公的人一味纵容”。以今天我们的眼光来看，这两个女孩子的三观都很正，我们可能都是海伦，隐忍过；也都是简·爱，狠狠回击过。不同的是，海伦的心里有周围的人，有爱的人，而那个时候的简·爱，却还没有明显的为他人着想的意识，甚至有些许冷漠，这与她先天的性格有关，也和她的成长经历有关，而正是海伦的出现，让简·爱的心房慢慢照入了阳光，不知不觉受到改变和影响。

真正让简·爱感受到温暖和信任的是赫洛克赫斯特先生当众宣布她是撒谎者时，把她放在高高的凳子上羞辱她，让大家提防她，不要学她。这样的“陈列”，对一个极度敏感和自尊的少女来说，是精神上的“凌迟”，而刽子手是她毫无反抗之力的成年人，简·爱的绝望隔着书页和文字也让我这个二刷读者心颤不已。而此刻，海伦的目光犹如冰冷世界中的一米阳光，给了简·爱无尽的温暖和力量，原文是这样描述的：“那对眸子里闪出多么奇特的光芒啊！那光芒使我产生一种多奇特的感觉！这崭新的感觉又给我多大的支持呀……我克制住正要发作的歇斯底里，昂起头，在凳子上站稳了身子。”

海伦给了简·爱昂起头、站稳身子的力量，海伦回到自己座位时对她的微笑，这个微笑让简·爱终生难忘，它就像天使映出的光辉一样，让她懂得这是大智大勇的流露，让她悟道人的天性就是这样不完美，就连最明亮的星球上也有黑点，而有些人，他们的两眼却只能看到这些小小瑕疵，却看不见星球的万丈光芒。

海伦的温暖和信任让简·爱走出狭隘和偏执，懂得克制和宽容，更重要的是，她不再是一个人，她的生命中有了第一个重要她人——海伦·彭斯。

在简·爱及其伙伴对糊了的粥无法下咽时，是她自己掏钱给孩子每人加了一片面包；在风雪肆虐的路途中，是她陪着孩子们一起同行；在海伦因肺病隔离期间，也是她与海伦同住照顾她；她的出现，甚至可以说改变了简·爱的人生轨迹。是的，她就是简·爱成长中的另外一个重要他人——坦普尔小姐。在坦普尔小姐的房间里，在坦普尔小姐温暖又充满信任的目光下，简·爱克制地叙述了自己在里德舅妈那里的种种遭遇，简·爱和海伦吃了香草饼，简·爱听坦普尔小姐和海伦之间广博的讨论，似乎自己世界的一扇窗户被打开，看到了新的世界，那里充满温暖，充满新知，充满希望。坦普尔小姐从家庭医生那里核实了简·爱的遭遇之后，向全校宣布简·爱是无辜的，简·爱的沉重"包袱"就这样被天使轻轻卸去。

这件事成为简·爱成长中的转折点。她从此重新努力，勤奋苦干，学好法文、绘画等多种课程，简·爱重生了。她的人生因坦普尔小姐的温暖和信任而改变，她最终成了一个善良、有趣的人。她身上有很多坦普尔小姐给她的影响，她变得有力量，并且能温暖照耀他人了。这在她成为桑菲尔德庄园的家庭教师后表现得尤为明显。

在简·爱和罗切斯特最初的几次交谈中，有一次罗切斯特说道："我的心曾经一度有过天真的柔情，在你这样的年纪，我是一个很富有同情心的人，我爱护弱小，可命运不断地狠狠打击我，它甚至用它的指关节揉面似的揉我，现在我已经坚韧得像橡皮球了……而这橡皮球还有一两处透气的缝隙，你看我这还有希望吗？"罗切斯特也渴望有阳光照进自己的心房，让它柔软温暖，简·爱确实在某种意义上"救赎"了罗切斯特。还有简·爱在听说了阿黛乐的遭遇后说："我会对她更好的。"生命就是如此神奇，坦普尔小姐给予简·爱的温暖、爱、信任、力量，简·爱又将此再传递给了生命中的他人。

海伦死在了简·爱的怀里，那种震撼和悲伤岂是一个十几个小女孩能承受的，但海伦临死前简·爱光着脚丫去看望她，两人亲切的交谈让简·爱感受到海伦的平静和勇敢，这份超越血缘的姐妹般的情谊，对于从小没有被善待的简·爱来说，弥足珍贵，影响终生。

坦普尔小姐最终嫁人离开，她的离开导致简·爱重新审视自己的天性，重新梳理自己的价值观，最终离开学校去追求新的独立的生活。坦普尔小姐对于简·爱而言，是老师，是朋友，更是母亲般的存在，是她的信仰，也是她的精神家园。

电影《芳华》中说："一个从来不被善待的人，是最能感受和体察善良的。"童年从未被善待过的简·爱，何其幸运，遇到了生命中的两个重要她人，温暖和照亮了她的一生。

我们每个人，可能在成长的不同时期，都会遇到影响我们的重要他人，或许是我们的父母，或许是我们的朋友师长，又或许是一位陌生人。这些人在某些时刻给予我们的温暖、善意、信任、帮助，或多或少悄悄改变了我们的人生轨迹，让我们成为今天的我们，有能力去爱，去理解，去温暖更多的他人。

是的，大爱可能不是双向循环，而是单向传递，源源不断，生生不息。

后记：昨天下午码字的时候，孙飞羽和朱瑞同学在我这里答疑，我告诉她们我正在写简·爱生命中的重要他人，她俩说："坦普尔小姐真是圈粉无数，如果没有坦普尔小姐，在那样的学校环境，我们都不敢想象简·爱会成长为什么样的人，会不会偏执、冷漠、狭隘？"我听完表示认同："你们看，总有人会温暖你。"

简·爱，清醒理智清教徒式的爱情

孙玉红

因为下个学期学生的必读书目有《简·爱》，所以我也趁着假期再读一遍原著。经典不厌百回读，多读多思我自知。这次读简·爱，和以往读得感受完全不同。以前读《简·爱》，只觉得简·爱在精神上要求平等的精神让人钦佩，但是这次再读，我对简·爱的人生经历给她的爱情生活打下的烙印印象比较深刻。

简·爱的父母因爱情不被家族认可，孤独的父母双双不幸染病身亡，从小失去双亲的简·爱被舅舅收留，但舅舅不幸也早逝，只靠舅母里德太太收养。但狠心的舅母厌恶幼小的简·爱，因为她从小并没有一个顺从的性格，她不违背良心，敢于讲真话，她不因寄居人下而屈服堂弟的欺侮。在一次被堂弟打后反抗的过程中被关进了红房间，她内心的恐惧让她萌生了离开盖茨海德的想法，她求助于来给她看病的医生，终于在她十岁时一个人孤身踏上求学之路。

新的寄居地劳渥德学校并不比舅母家好多少，恶劣的食物、简陋的住地、极少的衣物，经常让她饥寒交加，所幸有可以不断学习的功课让她孜孜以求，有海伦·彭斯圣女般的生活启迪着她，有女教师坦普尔小姐温暖的陪伴庇护着她，即使斑疹伤寒瘟疫袭击学校时，简·爱也能坚强地活下来，是因为她的内心始终有一颗不屈服的力量在支持着她。

在坦普尔小姐结婚离开寄宿学校后，在此生活了八年的简·爱也有了要过新生活的追求，她求职到桑菲尔德当阿黛乐小姐的家庭教师，从此开启了她全新的家庭教师生活。在桑菲尔德，她遇到了她平生第一次接触的不高大但坚毅，不英俊但果敢的主人罗切斯特，曾一度对生活陷入绝望的罗切斯特在与简·爱的交往中被她虽弱小但强大的精神力量镇服，并深深地爱上了简·爱，简·爱也同时爱上了罗切斯特。两个相爱的人却因为罗切斯特年轻时的失误婚姻不能喜结连理，在罗切斯特的苦苦哀求下简·爱还是毅然决然地离开了桑莫菲尔德，即使在离开的途中磨难重重、九死一生。

我对简·爱这样婚恋观着实震撼。人常说，人是情感的动物。当爱情来了，人往往会陷入情感的泥淖中不能自拔。因为恋爱中的人往往不能客观地对事物做出应有的判定。但简·爱却打破了这种恋爱现象，她始终能理智在前，感情在后地看待爱情与婚姻。在得知罗切斯特有一段不幸婚姻的遭遇，她没有以泪洗面，没有彻夜哀号，即使她仍然爱着他，但她还是头脑清醒地做出了离开桑菲尔德的决定，并不再接受罗切斯特的拥抱和亲吻；尽管在罗切斯特的苦苦哀求下她也曾在离开桑菲尔德的途中几欲返回罗切斯特的怀抱，但理智让她不畏前行的困难，还是远离了桑菲尔德，越走越远，向着未知的未来坚毅地跋涉。

每每看到这里，我总是看到了一个人所受的教育对她后天影响。她从小在寄宿学校长大，那里简单简约式的生活给了她洁身自好的习惯，给了她不慕荣华的品格，给了她自立自强的性格，给了她理智大于情感的人生表现。在与罗切斯特的爱情里，我看不到爱的痴狂，更多地看到的是爱的理智，爱的清规，和爱的戒律。在简·爱身上，我看到了自律的伟大，同时，也不由地深深质疑，多少人能打破情欲的束缚始终以理智为先呢？也许可能正是因为难，才让简·爱身上有了更多人性圣洁的光辉。

一切人物皆态度，简·爱也不例外。在这次重读中，我读出了理性与自律的意义。

第四章　学生读书随笔

从死亡过程看人物性格

2018级四高一学部　王露云

指导教师：李杨

在《简·爱》中作者仔细描写了四个人的死亡，通过对死亡的描写，我们可以看到这些人物的内心世界。

全文第一个重要人物的死亡在第九章——海伦——这个可爱的小姑娘死于肺病。简在晚上偷偷跑到海伦的床边看她，这时海伦的神情是“既苍白又瘦削，但十分平静，她看上去变化很小”。试问一个小孩子在面对死亡、再也醒不过来的结局时怎么会如此平静？

首先，海伦短暂的一生中见过太多的死亡；其次就是海伦的内心。很显然后者是主要原因。她不畏惧死亡，是因为她有对上帝真挚的信仰，她对简这么说：“当你听到我死的时候，千万不要悲伤，没有什么可悲伤的……我回到我永久的家——最后的家去。”而我认为海伦对上帝的信仰，是来源于自己生活的痛苦：被父母抛弃、被老师们嫌弃、很少被人认可……这一切，让年轻的海伦无比信仰上帝。而通过海伦这一形象，我们也可以看到，在那时上帝是这些悲惨民众的镇静剂，天堂是这些可怜人的精神寄托处。

里德太太在第二十一章去世。里德太太一出现就是“偏爱”“可恶”的代名词，将儿子约翰·里德宠到极致——可以说，约翰的死和里德太太死后女儿们都没掉一滴眼泪的悲哀是她自己酿就的恶果。可同样，我们知道没有一个十足的恶人，里德太太也是一样。她其实也有一丝良心，所以才会在临终前将简·爱叫了回来，告诉简关于她舅舅的事，她自己也说“做了两件对不起你的事，我很后悔”。而她死后简·爱想到“只能引起一种为她的悲哀而不是为我的损失而感到的剧烈痛苦，引起一种对这样一种死的恐怖所感到的忧郁、无泪的惊愕”，简·爱自身也感受到了舅妈的可怜，因为抚养简本身就是里德太太不愿意的（里德先生生前很疼爱简·爱的母亲，在里德太太眼中这种疼爱甚至超过对自己的爱；简·爱的母亲去世后，里德先生又将这种疼爱延续到简·爱的身上，甚至超过对自己三个孩子的疼爱，两辈人的矛盾终于在里德先生去世后爆发出来），从本质上看她也是受害者，只是后来受害者慢慢变成了施暴者。

要说简·爱舅舅的去世给她带来了财富，展示了简·爱看重亲情、不重钱财的性格特点，那么罗切斯特太太的死亡，就是推动故事发展的重要情节。罗切斯特与简·爱间最大的障碍就是这个疯太太，她的死亡可以让两人顺利地在一起，“她大叫一声跳了下来，刹那间就躺在路上，摔得稀烂”，这是对她死亡的描述。我认为她虽然疯了，但她还保持一点点人性，因为在简·爱婚礼前一晚，罗切斯特太太在简·爱的房间撕毁了简·爱婚礼上要用的面纱，却没有伤害简·爱，并且后来在自己可能是最后清醒的一刻决绝地选择了死亡。

最后的死者是简·爱的表哥圣·约翰，作者没有明确写他的死，而是写“我知道，下一次将由一个陌生人的手来写信给我，告诉我这个善良、忠实的仆人终于被召去享受他的主的欢乐”。这一段作者再次阐述了圣·约翰的人生观、生死观，“他的脑子里没有愁云、他的心灵里没有畏惧、他的希望是可靠的、他的信念是坚定的”，读者可以从简·爱的视角看出圣·约翰把自己的一生都交付给了上帝，并且忠诚无比。这份对天国、上帝的信仰比海伦更加坚定、更狂热，海伦的信仰基于痛苦，但是约翰的信仰基于对世俗的不屑。如果说海伦的死亡是重生，那么圣·约翰的死亡就是向着他最希望的方向前进。

对错之分

2018级四高一学部　凯迪日耶
指导教师：李杨

每读完一本经典，我脑海中一些根深蒂固的想法、价值观就会被刷新。阅读《简·爱》这本书也不例外。《简·爱》在19世纪欧洲文学史上留下了浓墨重彩的一笔，女主人公简·爱被后世称为现代女性的先驱和楷模。这部佳作不仅让我看到了现代女性美，更让我懂得了一个尤为重要的道理——学会从多方面观察事物，你表面上看到的并不一定是真的。

我以前读书时更多持一种要不就是好人、要不就是坏人、要不就黑、要不就白的极端想法。我会忽略这个人物身上到底发生了什么，在这个时代大背景下，善恶的标准究竟是什么？我是不是可以一味地给别人贴上好人或者坏人的标签？但是《简·爱》中海伦的出现让我改变了我的想法，尤其是她跟简·爱的对话，两人的所作所为更是让我印象深刻。

在第六章中海伦被老师惩罚后，简·爱和她便在“忍受”这个信条上出现了争执。简·爱是个十足的以牙还牙的人，她很刚硬，自尊心也很强；而海伦则是那种能忍就忍、绝不会记仇的“容忍派”。虽然两人是好朋友，但两人三观不同，好似两个世界的人，这也引来了很多争议。有人说简·爱是性格野蛮、斤斤计较的小心眼；有人说海伦没有底线、懦弱到无能。

这么多的争论，好像在争个谁对

谁错，但是我想说单单就这事而言，两人谁也没有做错。我不会说，简·爱是错误的一方，因为她无缘无故被校长诽谤，之前为了得到别人认可而付出的所有努力都付之东流，所以我无权说她的愤怒是不可取的。但是同样我也不会认为海伦是过错方，她的生长环境、性格特点都影响着她的一举一动，毕竟“生命似乎太短暂了，不应用来结仇和记恨”。这样来说，换位思考、从多个方面考虑每个独特的个体、剖析每个人物的经历、分析每件事发展的全过程，就会发现很多时候没有绝对的好人和坏人。表面上的愤怒、睚眦必报，很可能是潜伏已久的委屈的爆发；表面上的忍让，很可能是有更在乎的东西。人是矛盾的，在没有理解一个人本身、看清事物本质之前，任性地给别人贴标签真的是对的吗？

世上没有绝对的对错之分，只是立场不同。很多事情并不是非黑即白，你对我错。所以我们应该在给某人下结论之前，先想想我们是站在哪个立场上，我们是否真的了解真相。毕竟一千个读者心中就有一千个哈姆雷特。可能你口中的对，就是别人口中的错呢？

各类不同的女性配角形象

2018级四高一学部　井昱凝
指导教师：李杨

《简·爱》一书中讲述了女主角简·爱从小到大的人生经历，其中不仅塑造了简·爱这样一位自由、自尊、自立的女性形象，也塑造了许多形象各异、性格各异的角色，引起读者的思考。

英格拉姆小姐便是其中的一位。她出身于贵族家庭、相貌美丽、才华横溢。书中曾说“她演奏，她演奏得很出色，她唱歌，她的嗓音很优美”，这样一个看似完美的外表下，却是一颗极度冷漠的心，她对待阿黛乐态度恶劣，甚至称她为“可恶的猴子”；她对待下人脾气暴躁，在简·爱面前高傲的讲述自己戏弄家庭教师的故事；她对爱情很市侩，在得知罗切斯特先生的财产不及她们想象的三分之一后，迷恋、爱慕的目光迅速变得冷若冰霜。正如简·爱的评价：“她外表美丽，看似多才多艺，但头脑空虚”，究竟是什么造就了这样的性格？其实不难理解，我们从英格拉姆夫人身上就可见一二，“她的体态很美，可是她的言行举止上却有一种难以忍受的高傲神气”，这也难怪英格拉姆小姐如此了。从英格拉姆小姐身上，我们可以看到，那时贵族生活的虚荣、婚姻观的扭曲和对金钱、权利的追捧。

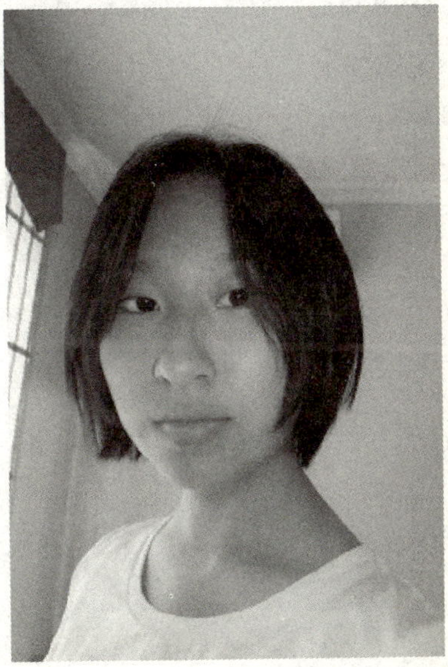

与英格拉姆小姐极为相似的便是简·爱的堂妹——乔治安娜。从她身上我们看到当时上流社会的人们对女性容

貌的绝对追求，乔治安娜可以说是身无长处，却能在社交圈中混得风生水起。英格拉姆小姐与乔治安娜身上有很多相同之处，她们同样貌美、出身较好、受过教育，英格拉姆小姐只以金钱的多少来考虑结婚对象是谁，乔治安娜最终嫁给了有钱、年长的上流社会的老头，她们的经历值得思考——也许一个人的学识、美貌并不能造就一个人的高贵品格。

书中还有另一类人，她们与英格拉姆小姐截然不同，那就是简·爱的两位表姐——戴安娜和玛丽。在简·爱第一次见到她们时，正处于饥寒交迫之中，她看着屋中的两姐妹“两位文雅的年轻的女子，从各方面看来都是大家闺秀”。戴安娜和玛丽与英格拉姆小姐和乔治安娜是完全相反的两面。戴安娜和玛丽出生于普通家庭，两姐妹靠做家庭教师维持生活，而英格拉姆小姐和乔治安娜家境富裕，无须任何劳动，无须关心生活艰难。但反观戴安娜和玛丽，她们的生活比英格拉姆小姐充实得多，她们靠自己的劳动获得报酬，自学德语，讨论自己的见解与看法，生活虽不富裕，但更有意义。所以简·爱与她们生活得非常融洽，“她们爱读的书，我也读；她们称许的事，我也尊重”，很明显，简·爱从她们身上学习良多。

无论是英格拉姆小姐、乔治安娜，抑或是玛丽、戴安娜，这些配角的成功塑造，让女主角简·爱的人物性格更为立体。英格拉姆小姐的虚荣、刻薄使简·爱追求自由、平等的性格更为突出；戴安娜和玛丽的得体端庄、自力更生可以与简·爱的富有学识、自尊、好学相互映衬。正是有了这些角色的存在，简·爱的形象才更生光彩。

关于金钱观

2018级四高一学部　张梓成

指导教师：李杨

在19世纪的英国，人们对金钱的看法各有不同，在诞生于这个时代的《简·爱》当中，也能够折射出不同人不同的金钱观。而我认为导致这些差异的原因大致有三种。

首先是大环境，即当时社会上的风气。19世纪的英国正处于第二次工业革命时期，这个时期英国经济迅速发展，资本主义达到鼎盛阶段，生活在这个时期的英国人疯狂地追求名利。在利益的驱使下，他们不惜付出一切。马克思在《资本论》中指出："如果有10%的利润，资本就保证到处被使用；有20%的利润，资本就活跃起来；有50%的利润，资本就铤而走险；为了100%的利润，资本就敢践踏一切人间法律；有300%的利润，资本就敢犯任何罪行，甚至冒绞首的危险。"《简·爱》中洛伍德学校的校长在衣食上苛刻的对待学生和教师，自己的妻子、女儿却服饰精美，享用美食；罗切斯特先生的父亲和哥哥为了不让自己的财产减少，就给罗切斯特先生找了一位带有丰厚嫁妆却有精神疾病的妻子。他们的所作所为清晰地验证了马克思的话：正是这种风气使整个社会更加热衷名利。

其次是小环境，即人们所处的地位、阶级。一般来说，处于上流社会的贵族、资本家们为了追求更加奢华的生活，对

金钱的欲望会更加强烈。英格拉姆小姐便是他们的代表，她与罗切斯特的订婚完全是家族政治需要与对钱财的贪婪结合的产物，然而在她得知罗切斯特并不是她想象的那样有钱后，“她的嘴角都挂下足有半英寸了”，恨不得立即解除婚约。但在此之前，她还朝罗切斯特大献殷勤，前后对比实在是令人唏嘘。而对于处在下层社会中的人们，比如盖茨海德府的仆人们，他们对约翰·里德，以及她的两个姐妹都十分尊敬，称之为“少爷”“小姐”，并且对他们赞不绝口，哪怕三人身上都有着极为明显的缺点。然而对简·爱，他们却说她“连仆人也不如”，究其原因，仅仅是因为约翰三人长大后将继承盖茨海德府的财产，而简·爱却是寄人篱下，将来会一无所有。这些仆人们因为社会地位卑微，家境贫穷，常年挣扎在温饱线上，对金钱极其热衷。由此看来，无论是富贵者还是贫穷者，都对金钱有着无比执着的热衷。

再次是自身遭遇。例如简·爱从小寄居在舅妈家，因为没钱而饱受欺侮，因此她明白了在这个世界上没有钱是绝对不行的，在她与劳埃德先生的谈话中便可见一斑，她宁愿在盖茨海德府饱受欺凌，也不愿去她的穷亲戚家中过没有欺凌的日子。在幼小的简·爱看来，贫穷是堕落的同义词，由此也可清晰地看出社会环境对人们思想的影响。但随着年龄的增长，简变得成熟了，金钱没有那么不可或缺了，而贫穷，似乎也不是那么可怕了，她成了金钱的主人。这一点表现在当她得到一大笔遗产时，毫不犹豫地分给堂兄妹们的行为上，可见在她心中金钱远比不上亲情的珍贵。

综上，能够左右我们金钱观的因素有很多，但我们应当坚守本心，因为金钱终究是身外之物，人生中还有更多更有价值的东西——爱情，友情，亲情，自由，等等，弥足珍贵。

华美的语言风格

2018级四高一学部　于佳彤

指导教师：李杨

《简·爱》这部作品中的一大特色便是它细腻地写出了人物的心理变化，而心理变化又是通过人物的语言以及对人物和环境的细腻描写体现的。在众多人物中，作者给部分极有特点和心理变化显著的人赋予了令人“过目难忘”却需细看才能略懂的华丽语言。

第七章布罗克赫斯特先生在全校人面前演讲、审判简·爱前，作者先用了一个比喻来描写布罗克赫斯特先生——“竖起了同一根黑色大柱，就是这根柱子曾在盖茨海德的壁炉地毯上不祥地对我皱过眉。这时我侧目瞟了一眼这个建筑物。对，我没有看错，就是那个布罗克赫斯特先生，穿着紧身长外衣，扣紧了纽扣，看上去越发修长、狭窄和刻板了”，这番形象的描写在读者脑海中形成了很强画面感；其次，作者在描写他的语言时用了许多排比句和比喻句和对比，而这一切只是为了审判简·爱那根本就称不上罪行的罪行，让读者感觉到布罗克赫斯特先生因自己拥有的一点“才华”而无比自负。

罗切斯特先生每次向简·爱吐露心声，语言都十分华丽，用了非常多的形容词来夸张地表达自己的情绪。罗切斯特先生说自己精神上的堕落，劝简·爱“当你受到诱惑要做错事的时候，你要视悔恨为畏途，悔恨是生活的毒药”；又把简·爱比作被木条紧固的鸟笼禁锢的鸟，“我透

过木条紧固的鸟笼，不时看到一只颇为神奇的鸟的眼神，笼子里是一个活跃、不安、不屈不挠的囚徒，一旦获得自由，它一定会高飞云端”，这样令人感到十分形象地比喻不仅给故事增加了鲜艳的色彩，也让我们更形象地感受到简·爱倔强、自由的人格魅力；当罗切斯特先生临走前对简·爱依依不舍时，他说出“仿佛我左面的肋骨有一根弦，跟你小小的身躯同一个部位相似的弦紧紧地维系着。如果咆哮的海峡和200英里左右的陆地，把我们远远分开，恐怕这根情感交流的弦会折断，于是我不安地想到，我的内心会流血”，本来很简单的担忧，却被这带着比喻和夸张的语言表达得淋漓尽致。

全书这样语言描写十分多，隐藏了人物的内心，使情感的流露更加含蓄，但一旦体会出这热烈的情感，就会被深深地打动。

作者笔下的简·爱却很少有这样的话。她的表达直截了当，和罗切斯特先生产生了反差，体现出她的不一样。作者对简·爱的描写则更多地放在了内心的变化上。“圣诞的霜冻在仲夏就降临，十二月的白色风暴六月里便刮的天旋地转，冰凌替成熟的苹果上了釉彩，积雪摧毁了怒放的玫瑰……啊，我的眼睛多瞎！我的行动多么软弱”，这是简·爱在得知罗切斯特先生已婚后的心理描写。大段的描写，形象地写出了简·爱感到幸福被冻结、凋零的过程。

《简·爱》中对人物与心理变化的描写细致入微，语言就像披上了欧式华贵的外套。很多句子都值得品味、借鉴。但也正是这华贵的外套让读者在阅读时不易抓住内容的关键信息，因为这些信息在精致的表象覆盖下变得太抽象，给人一种失真的感觉。人物情感太强烈，语言表现太华丽，有些空虚了。不过，这种细腻的描写方式也带给了读者一种的惊艳的享受。

简述《简·爱》中女主人公的情感变化

2018级四高一学部 全梦柯

指导教师：李杨

简·爱最终与罗切斯特修成正果，看起来是一段美好的情感。结局是美好的，但过程是一波三折的，这从简·爱对罗切斯特先生的外貌描写中就可见一斑。

在第十二章中，简·爱初见罗切斯特时这样评价他："他青春已逝，但未届中年，大约35岁。我觉得自己并不怕他，但有点腼腆，要是他是位漂亮英俊的年轻绅士，我也许不会如此大胆地站着，违背他心愿提出问题，而且不等他开口就表示愿意帮忙。"简的这句话真诚且直白，罗切斯特并不漂亮，也不够年轻，简不羞涩也不心动，在此时的简眼中，罗切斯特只是一位有些奇怪的陌生大叔罢了。

随着故事的推进，他们的感情线也悄然无声地向前移动，简这样形容罗切斯特："因为他有着一双乌黑的大眼睛，而且很漂亮，有时在眼睛深处也并非没有某种变化，如果那不是柔情，至少也会使你想起这种感情来。"简对罗切斯特的观察十分细腻，她甚至仔细分析罗切斯特眼底的感情，我认为他们二人的关系也在逐步升温。

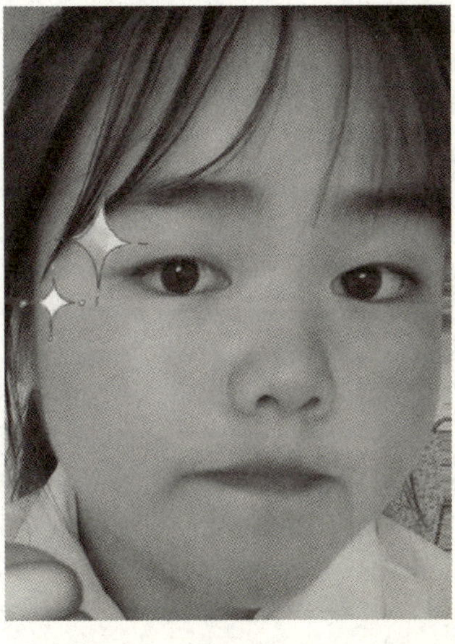

就这样，简对罗切斯特的描述越来越饱含情感，例如第十七章中的"情人眼里出美人"，说得千真万确，"我主人那没有血色的橄榄色脸，方方的

大额角，宽阔乌黑的眉毛，深沉的眼睛，粗线条的五官，显得坚毅而严厉的嘴巴——一切都透出一种活力，决断和意志——按常理并不漂亮，但对我来说远胜于漂亮”。罗切斯特的外貌在我眼中，或者在许多读者眼中并不好看，甚至有些丑陋，但在简眼里却大不相同。我想这些都足以体现出简对罗切斯特感情不断变化的心路历程。

作者利用对罗切斯特的外貌描写，详尽地写出了女主人公简·爱的情感历程，这大概就是这本书中的一个巧妙之处吧。

令人惊叹的环境描写

2018级四高一学部　薛湘桥

指导教师：李杨

《简·爱》是一部思想内容与艺术形式都十分独特的小说，它抒情浪漫的笔法令人读来回味无穷。读者的心情随着故事情节的跌宕起伏，时而上浮，时而下沉。本书的艺术表现形式丰富，其中环境描写最令人惊叹。

环境描写，有强烈的代入感与画面感，令人有身临其境的独特感受。例如在第九章中，疾病的阴郁和恐惧笼罩着洛伍德，而在户外“五月的明媚春光却毫无阴霾地笼罩着峻峭的山冈与美丽的林地”，两相对比，令人感到无比的压抑，用户外的春光明媚，衬托出了洛伍德的凄惨悲凉。紧接着，作者又对学校的花园进行描写“百合初开，郁金香和玫瑰开得正盛”，仿佛香飘四溢，弥漫着整个花园，然而室内“房间和走廊弥漫着医院的气味，药物和熏香徒然地想盖住死亡的恶臭”，洛伍德内似乎与世隔绝，它独自承载着死亡的压迫，无力反抗却又拼死挣扎，外界的美好事物就像是看热闹的旁观者，自顾自地展现着它的风光，看着洛伍德与死亡的抗争，却爱莫能助。“粉红色的海石竹”和“深红色的重瓣雏菊”企图用它们的娇艳为洛伍德增添一丝色彩，却徒劳无功，只除了时不时提供一束花草，放在棺木上，陪着棺木中的人渐渐的衰败、枯萎，直至腐烂。这些环境描写以色彩衬黑白，以明媚衬黑暗、以花香衬恶臭，表达效果强烈，细细品

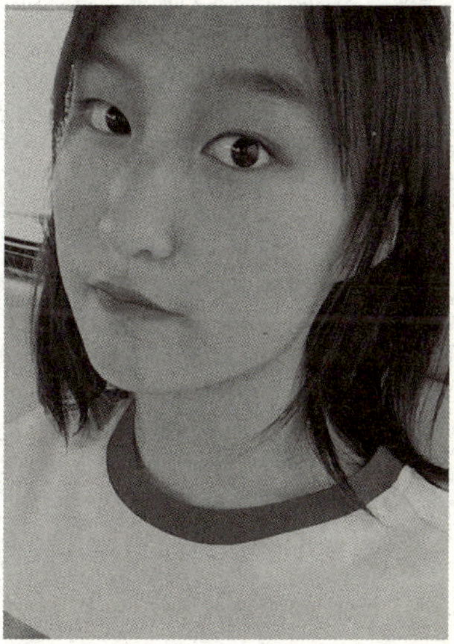

读，妙处自见。

其次，《简·爱》中的环境描写具有强烈的视觉冲击感。例如第二十六章中简·爱参加婚礼前，在教堂前看到的景象。“灰色的古老教堂耸立着，白嘴鸦正绕着它的尖顶盘旋，背后是一片朝霞映红的天空，我还依稀记得绿色的坟堆”。她以红色为底，大面积渲染的背景，在画面下部用笔刷出一抹绿色，紧接着又在画面正中央描绘出一座拔地而起、富有年代感的古老教堂，最后又用几只白嘴鸦画龙点睛。灰、红、白、绿四种颜色撞击着读者的视觉，作者正用笔在读者的脑海中作画，她用独特的手法创作着，最终在每个读者心中留下不同的画面。

此外，本书中的环境描写与主人公心理变化相结合，渲染氛围，表现人物情感。在第二十六章中，这样的环境描写再次刷新了我对心理描写的认识。当简·爱得知自己心爱的、即将成为自己的丈夫的罗切斯特先生已有妻子时，她深受打击，心寒无比，她感到迷惘、凄凉，离开的念头正企图冲破她思想的束缚。这时，作者用别具一格的方式表现：“圣诞节的严寒在盛夏降临，十二月的暴风雪在六月里卷起，冰凌结满在成熟的苹果上，积雪压坏了盛开的玫瑰，干草地和麦田上罩上了霜冻的尸布，昨夜还红花遍地的小径今日已盖满了未经踩踏的白雪。十二个小时前树林还像热带丛林般枝叶婆娑、芬芳扑鼻，如今却像挪威冬天的松林般广漠荒芜，白茫茫、乱蓬蓬的一片”。此处看似是环境描写，实则是对简·爱内心的真实写照。“严寒”与“盛夏”相对比，衬托出简·爱内心的凄凉；“十二月的暴风雪”与“六月”对比，进一步衬托出简·爱心中的寒风之猛烈；苹果上布满冰凌、玫瑰被积雪压坏、麦田上覆着霜冻、小径上盖满白雪、丛林一夜之间荒芜惨白，可见这意外的打击猝不及防，让简·爱无所适从，心中悲伤难以排解。她过去美好的想象与现实生活中前途的黯淡，此时化作一把把尖刀，深深刺痛简·爱的心。

本书中的环境描写深入人心，不仅能够将景色生动描绘出来，还能够与人物心理活动结合，给人独特的感受，着实是一部独特的艺术作品。

罗切斯特先生对简·爱的称呼变化

2018级四高一学部 胡哲昊
指导教师：李杨

罗切斯特先生与简·爱的感情可以说是文中剧情发展的关键，两人从相见——相识——相恋，到最终一起步入婚姻的殿堂，在关系不断亲密的过程中，罗切斯特先生对简·爱的称呼也在不断变化着。

爱小姐，这是罗切斯特初见简·爱对她的称呼。“× 小姐”是当时英国对所有年轻女性的尊称，这也表明罗切斯特一开始就用尊敬的态度去接纳简·爱，但文中说：“礼仪十足地接待我，反而使我手足无措。”这也使简·爱与罗切斯特的第一次谈话十分生硬。在后来桑菲尔德的日子里，罗切斯特都以“爱小姐”或“简小姐”来称呼她，直到罗切斯特在假扮吉卜赛人套出简·爱的话之后。“你宽恕我吗，简？”“简，你的肩膀曾支撑我，现在再支撑一回吧。”“简，要是我需要帮助，我会找你帮忙，我答应你。”虽然仅仅去掉小姐二字，但从对话中，我们发现罗切斯特开始找简·爱帮忙，想让自己和简·爱的关系更进一步，很显然，他成功地为后面的表白做了铺垫。

在帮完罗切斯特后，“我的小朋友”开始出现在罗切斯特的嘴边。或许他也发现简·爱对自己并无反感，甚至会帮自己的忙。“我的小朋友……你不认为她会使我彻底新生吗？”在初晨的花园，罗切斯特和简·爱独处相谈，虽然这时的简·爱已对罗切斯特产生了爱意，但并没有完全表现出来，所以在罗切斯特步步试探下，应答自如。

我想罗切斯特在现实生活中一定是一位暖男，因为他在表白成功后为简·爱起了种种充满爱情味道的称呼。从我的小夫人到我的小精灵，再到小傻瓜，虽然不像夫人和宝贝那样端庄、亲切，但这些字眼都是罗切斯特先生在简·爱身上看到的性格特点，简·爱认为这些称呼更像是“私人定制”，很喜欢这些个性化的称呼，有原文为证：“眼下我确实更喜欢这种粗野的宠爱，而不喜欢什么温柔的表露。”

我认为罗切斯特先生多样化的称呼使简·爱的注意力全停留在了罗切斯特身上，在他赢得简·爱的爱情上功劳不小。

心与心的交流

2018级四高一学部　易璐
指导教师：李杨

19世纪的英国经济繁荣、发展迅速，社会上层人士皆是打扮优雅或帅气，端着酒杯流转于各类聚会之间，可在这群美丽高贵的人中间挤入了一个普通人——简，她其貌不扬，但个性鲜明；她有着普通人一样的缺点，却也有着一般人没有的刚毅内心。而这刚毅之心的成就之路，就是简生命前十几年那些心与心的交流铺垫而成的。

第一场心与心的交流发生在简生活了八年的洛伍德，在这里简遇见了她的好友海伦，海伦比简大四五岁，是一位忠实的基督教信徒，她的精神信仰是上帝，一言一行禀行《圣经》。海伦是个爱看书的姑娘，简借此展开交流，海伦向简展示了她的"忍耐学说"，坚决"以德报怨"，激起了简对里德一家的回忆，海伦听完便明白了简，同时也向简揭示了忍耐学说的真谛：一个人的生命很短暂，若都将任何他人对自己做的不善事牢记心间，灵魂和躯壳便混为一谈。海伦也憎恨罪孽，但她将罪孽同人的灵魂区分开，宽恕有罪孽的人。一瞬间我们甚至很难想到，两个少女会对生命、信仰、灵魂进行如此深刻地探讨。海伦是一个一生都在忍耐的女孩，她对童年的简最大、也是最好的影响便是将一个刚强、凡事必争的简优化为了外柔内刚、懂得协调隐忍和斗争的坚强生命体。

八年的时光飞速流逝，简在洛伍德做学生六年，当教师两年，长成了十八岁的大姑娘，她开始对洛伍德以外的世界充满好奇。就这样，她来到了桑菲尔德，做了阿黛乐的家庭教师，她的主人罗切斯特的出现，为简的心灵带来了第二次洗礼。罗切斯特爱找简聊天，内容也比较深奥，罗切斯特高超的观察力使他不仅准确地摸清了简的感受，甚至说出了简未来的处境。与罗切斯特先生数次心灵的交锋，让简·爱慢慢地学会了观察人心而不是外表。后来，无论是高贵优雅的英格拉姆还是英俊的圣·约翰或者美丽的奥利弗，简都能很快地察觉他们真实的内心。

桑菲尔德的生活很愉快，简·爱上了主人罗切斯特，罗切斯特也爱她，两人即将步入婚姻的殿堂，不速之客出现了。此时简才知道她被罗切斯特欺骗了，忠贞于爱情的简选择离开桑菲尔德。她碰巧来到了沼泽山庄，生活了一段时间后简才得知，原来这里的戴安娜和玛丽是她的堂姊妹。约翰是一位牧师，但他志愿做一名传教士，他想娶简作为他的妻子，随他到印度传教，两人就结婚一事展开了一场心灵角逐。在这场对话中，读者可以很明显地体会到约翰对简的态度，在约翰心中，结婚是传教的一道重要工序，而爱只是他对原则、理想的恪守，约翰对简只是珍视而非爱。或许正是这一次心灵对话，唤醒了简心中对罗切斯特的爱，终于让这个经受磨难，爱情碰壁的女孩，在一次对爱的别样审视后，奔向了自己最终的也是最初的幸福！

《简·爱》中对女性个性坚强的高度推崇是广为人知的，用“一部女性独立成长史”来评价此书也不为过，但在此之余，对一个人人格的培养、心灵的强化，也应该成为被关注点。

尊师重道

2018级四高一学部　黄雨桐
指导教师：李杨

简·爱在得到舅舅的遗产成为“贵族小姐”前，做过贵族的家庭教师，做过乡村女教师。同样是作为教师，只是前者教贵族小姐，后者教乡下姑娘。

简·爱在桑菲尔德做家庭教师时所交的学生阿黛乐，是一名法国歌剧演员的私生女，对简极为亲切友好，称她为“亲爱的简妮特小姐”，这种和善、友好的态度源于费尔法克斯太太对简的尊敬与和善，源于罗切斯特先生对阿黛乐未有过分的宠溺行为，简对阿黛乐的培养无人干涉，她可以耐心地调教学生。

英格拉姆一家的家庭教师，就没有简那么幸运了。英格拉姆小姐自认为身份高贵，讲起自己施展诡计捉弄家庭教师的经历，不仅不以为耻，反而充满炫耀之意，得意扬扬。她称自己的几位教师为“病鬼”，认为他们“粗俗木讷”，认为与西奥多一起捉弄朱伯特夫人是“最有趣的游戏”。朱伯特夫人见孩子们胡闹，会发脾气，会着急，会训斥他们为“坏孩子”，可见她是真心想教好自己的学生，并没有对他们放任不管，以自求清静。然而英格拉姆一家并不领情，西奥多轻蔑地称她为“老家伙”，认为她不配教“聪明的公子、小姐”，可见阶级意识在其幼年时便已

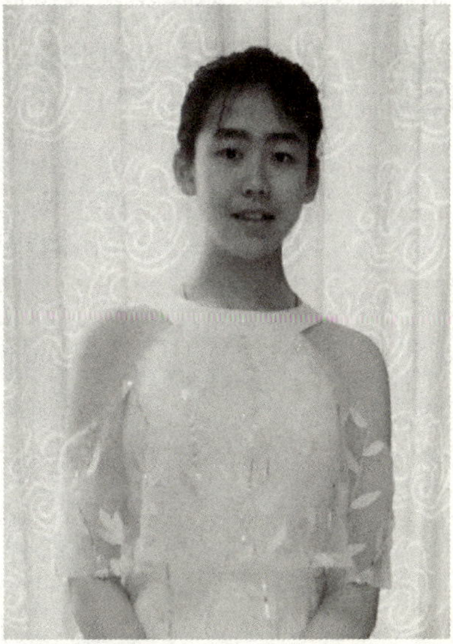

十分深刻。并且英格拉姆一家对家庭教师的诋毁，全是当着身为家庭教师的简·爱的面，毫无顾忌地大声说出，表现出他们对家庭教师这个行业的轻鄙。

同样是娇生惯养，英格拉姆小姐和阿黛乐对家庭教师的态度差距为何如此之大呢？我认为这与他们受周围人影响有关，英格拉姆夫人认为家庭教师“无能、任性”，认为教师恋爱“伤风败俗”，听信孩子的话，赶走家庭教师，这种观念与行为毫无疑问会传给下一代。

简·爱当乡村教师时，情况又有所不同。乡下孩子们给她留下的第一印象是无知、粗鲁，但随着她和学生的努力，她逐渐发现了乡下孩子的可爱之处，他们很愿意把功课做好，遵守纪律，追求知识，进步很快。他们的父母也极为热情好客。乡村孩子和家长们对简的欢迎与关心，不仅表现出他们淳朴的性格，更体现出一份对知识的尊重！不同于贵族小姐学习知识是为了在社交圈中出风头，对这些贫困的乡下孩子来说，知识或许真的可以改变命运。因此，乡村贫困的农民反而比上流社会的贵族更能做到“尊师重道”。

书中家庭教师的地位极其低下，乡村教师也算不上是一份光彩、值得骄傲的工作，贵族自以为身份高贵，看不起教师，社会对贫困的教师也不算友好。我想要做到尊师重道，不仅需要孩子们自己对知识的渴望、尊重，更需要家长的正确引导。

初探罗切斯特

2018级四高一学部　宋岱骋

指导教师：孙玉红

罗切斯特刚出现时，他骑着马在冰上摔倒了，扭伤了脚，正巧碰上了简。费尔法克斯太太给简说过，罗切斯特是一个非常古怪的人，罗切斯特不仅不接受简的帮助，在和简谈话时甚至说是她迷住了马或是绿衣仙人撒下了冰。他所说的话无疑荒诞至极且带有十足的傲气。

最开始时他所说的每一句话都居高临下、盛气凌人，仿佛自己已看透世间百态而在教育别人。当和简说到阿黛乐拿的画是否是她亲自画的时，罗切斯特完全不相信这是出自简的手。他问她是什么时间画的、谁教她画的、哪里弄来的摹本，他反复问来问去，丝毫不考虑简的感受，不尊重简的劳动成果，亵渎了简的灵魂。

罗切斯特还经常问简一些无礼而又无从回答的问题，他问简自己长得漂亮吗、自己有什么缺点。仅仅一个晚上性格反差巨大，前一个晚上还不想多说几句，打发简去抱阿黛乐睡觉，第二个晚上就十分健谈，逼着简去找话题同他聊天。他就如同精神分裂一般古怪，粗暴无礼，我行我素，盛气凌人。

但在一个恶毒、坚强的人的外表下，可能隐藏着一颗愧疚、脆弱的心灵。

罗切斯特在二十一岁被抛入歧途，半生流浪。原本有个哥哥，但哥哥死时却也没有见上最后一面。他在法国，结识了一个法国女郎，被她欺骗了感情和钱财。他经常独自坐在图书馆里，脑袋伏在抱着的双臂上，露出闷闷不乐近乎恶意的怒容，脸色铁青。可能正是因为这些经历使他本就古怪的性格又蒙上一层迷雾。

但在后面的几回我们却又发现，罗切斯特对简倾诉了自己的心声，可见短短几个章节并不能向我们展示一个真实的罗切斯特，还需要我们继续发掘。

里德家的女孩儿

2018级四高一学部　秦毓泽

指导教师：孙玉红

近期，我读到了简·爱在得知里德太太病重想见她后回到了盖茨海德，这次回去，她与她的表姐妹们有了一些交流。从这些交谈内容中，我对里德家的两姐妹有了一些认识。

乔治安娜是里德家的二小姐，天生丽质、貌美如花，小时候就像洋娃娃一般可爱，受尽宠爱。她从小就喜欢打扮自己，成年之后她依旧是如此，追求美貌与时尚，在社交季中受人欢迎，甚至得到了一名贵族的爱慕。但由于姐姐伊丽莎，她的爱情不能如愿，之后她就怨天怨地。童年时期乔治安娜和表妹简·爱没有什么来往，但这次两人倒是无话不谈了。其实乔治安娜并不关心简，她的“亲密话”还是关于自己，尤其是在社交季上的光彩。乔治安娜有些天真，她渴望旁人的关爱与照顾，但却又骄傲、自负、懒惰。她只以自我为中心，漠视母亲的病，哥哥的死。她满脑子都是往日的欢乐和对未来放荡生活的憧憬。我认为，乔治安娜是一个傲慢而自私的享乐主义者。

与乔治安娜不同，她的姐姐伊丽莎并不像她一样活跃在交际圈中。童年的她出场没有几句台词，家里的女仆称呼她里德小姐，而对她妹妹的称呼是乔治安娜小姐。一个是姓，一个是名，即使有长幼的区别，亲密与否也有所体现。

与幼时一样，她保护私有财产的意识，聚敛财富的本能很强，在家庭即将败落时，她成功保住了自己的财产。同样的，童年的伊丽莎在简的叙述中是遵照吩咐，尽量不与她搭话，而成年后的伊丽莎是不愿意和任何人搭话。她只渴望寻一个幽静的隐居之地，于尘世与自己间筑起一道屏障，过着如钟表一般的生活，规律却又死板。在我看来，伊丽莎很自闭，很冷漠，她对外界抱有的是一种“事不关己，高高挂起”的态度，她是保守的，按部就班的，但是又很有心眼儿，她能够认清现实，认清自己的处境，并做出最有利于自己的举动，无疑，她是刻板而冷漠的。

这两姐妹尽管有很大的不同，但都自我而冷漠，这与她们的成长环境有着密不可分的关系。毫无人情味的盖茨海德，冷漠的里德太太，都对她们造成了影响。而最终，随着里德太太孤独地死去，里德两姐妹分道扬镳，这场家庭悲剧终于落幕。

教科书式的爱情观

2018级四高一学部　唐若琛

指导教师：孙玉红

近来两周，我们在读《简·爱》，简·爱是一个自强自立，愿意用自己的双手来创造美好、追求平等自由的女孩。而说到简·爱，无法绕开的就是她的爱情观。

她追求优秀的自我，丝毫不会在爱情面前让步，反而会更加突出，她喜欢罗切斯特先生是发自内心、情真意切的喜欢，不掺杂任何功利之心。但是并没有因为自己是雇来的人，就表示出唯唯诺诺、小心翼翼，反倒是在罗切斯特先生面前直接表达自己的想法。

而她面对自己的情敌也是出奇的冷静，她并没有因为英格拉姆小姐是她的情敌就把她看得一无是处，而是说她长得漂亮，认为自己在外貌上比不上她，但是也直接表述她认为英格拉姆小姐不好的一面：她的虚假，她对待小孩子的不友善。

虽然书中的简·爱只比我们大几岁，但她的那份理智与冷静却是我们远不能及的。她没有被爱情冲昏头脑，反而更加理智，懂得克制自己。因为爱一个人，应该与他一起成为更加优秀的人，而不应该变成他的牵绊。

面对爱情，不能一时冲动，更应该像简·爱一样冷静，成为更优秀的自己，而不是自甘堕落，为了爱情不管不顾，失去自我。

逆来顺受背后的高尚品质——海伦

2018 级四高一学部　向科蕊

指导教师：孙玉红

独立、深刻人物形象的塑造，往往脱离不了作者的生活经历。果不其然，《简·爱》的人物刻画中，海伦是除了主人公简·爱以外第一个从这本书中步入我心的，她就是玛利亚·勃朗特（夏洛蒂·勃朗特的大姐）的人物映射。夏洛蒂眼中的大姐虔诚、细腻，生来就百伶百俐，使夏洛蒂对她钦佩万分。

文中的海伦起初给人的感觉非常木讷、懦弱。被罚站时的逆来顺受，受罚时的毕恭毕敬，以及被误会邋遢时的沉默不语，都使我感到愤怒，产生了与简·爱相同的态度——“我不明白她是哪一类姑娘，好姑娘还是淘气鬼”，也许她是个“淘气鬼”，如果是，我想她应该是脑瓜不灵敏，也不会耍小聪明的一个非常失败的淘气鬼。从来就没有看到她“淘气鬼”的缜密谋划与策略，也没有发现她“淘气鬼”那不为人知的伟大而明晰的目的。反倒散发出的是一种平静、从容、与世无争、不食人间烟火的个性，却又令人琢磨不透，耐人寻味。书页翻转，剧情推进。海伦的内心世界渐浮出水面，给人一种力量，一种无声的力量，却那样强烈，那样高深：“我能够清楚的分辨‘罪犯’和他的‘罪孽’，我可以真诚地宽恕前者，而对后者无比憎恨。”这句话不仅出自海伦之口，也是发自高尚之心。她

将“罪犯”与他的“罪行”区别对待。使复仇不会让她心烦，堕落不会使她感到过分深恶痛绝，不公正不会把她完全压倒。使她平静的生活，期待着末日。

人生观顷刻被灌入新元素的不只是读者，简·爱似乎也受到了影响。书中写到简·爱共三次向他人吐诉里德太太与她孩子的“罪行”，前后情绪与想法截然不同。显然，当她肆无忌惮地同第二位听者抱怨里德太太时，听者海伦的态度与看法改变了她，使得她向第三位听者坦普尔小姐倾诉时，回想起了海伦的告诫，没有一味沉溺于怨恨，叙述中掺杂的刻薄与恼恨比往日也少了许多，并且态度不再那么尖锐，内容也缩减了些。生性倔强的简·爱能被海伦平静的几句话语触动内心，这就是一种力量，一种令我琢磨不透的却能缓缓植入人心的力量。它没有冻风刺骨般让人为之一颤，更像是柔和的春风缓缓地吹进心田，沁人心脾，这也正是海伦的魅力之处，使得简·爱深深地被其吸引。

海伦成熟深意的话语背后是书籍对她的助攻。求知欲的迫切，促使她博览群书。当一个人安静阅读时，她享受于小小的独立空间，与世隔绝。她总在独立思考，一个人与自己内心对话，擦碰出火花，不断增生新的产物，沉淀自我。即使在旁人看来她生活窘态百出，卑微无能，但实际上，知识与灵魂的对话，使她的思想得以升华，看淡世俗万物，因而心如止水。但可惜的是，只有坦普尔小姐懂她，了解她，能与她愉快地进行畅谈。此外，别无他人。

在一个温暖的夜里，海伦走了，去了她信仰的家——永久的家。她坚信上帝在那里等候，她憧憬、她期待。临死前与简·爱的耳语，显得异常的平静，甚至流露出幸福与满足。只因她心中有所依靠，有所寄托，使得生与死对她而言，不值一提。此时此刻，如果有人依旧认为海伦木讷、懦弱，难免显得肤浅且薄情，事实上，她的存在难能可贵，她的离去引以为憾。

就是这样一个女孩。她高情远致，不屈不挠，博大精深，与世无争，只愿她来世在一个美好的时代“Resurgam”——“复活”。

用倾听沉淀自己

2018级四高一学部　刘晰

指导教师：孙玉红

你的高明之处不在于谈论你自己，而在于倾听别人谈论他们自己。

——夏洛蒂·勃朗特《简·爱》

或许从小开始，老师便不断地告诉我们要少说多做。若在别人发言的时候打断他，是一种非常不礼貌的行为。倾听是一种美德，更应该说是一种素养。学会倾听，是对他人的尊重。耳朵是通向心灵的路，善于倾听的人，就好像比别人多了一双眼睛，更能了解与其交流的人的内心，促进双方更好地沟通，为自己省去一些不必要的麻烦。

从童年开始，简·爱就是一个非常热爱读书的人。面对表哥的殴打和里德太太的厌恶，她选择用书籍来沉淀自己，用书中的故事来不断拓宽自己的视野。她进入洛伍德学校与海伦相识之后，听到海伦提出的一些异于他人的观点时，也会耐心地聆听她的话。她来到桑菲尔德后，从她与罗切斯特的对话中我们不难看出，绝大部分的时间里她都是一个倾听者。当然，正因为她这样不断地聆听他人的话语，不断包容他人的观点，才使得她对这个世界产生了一种独特的认知，让她成为一个不卑不亢，

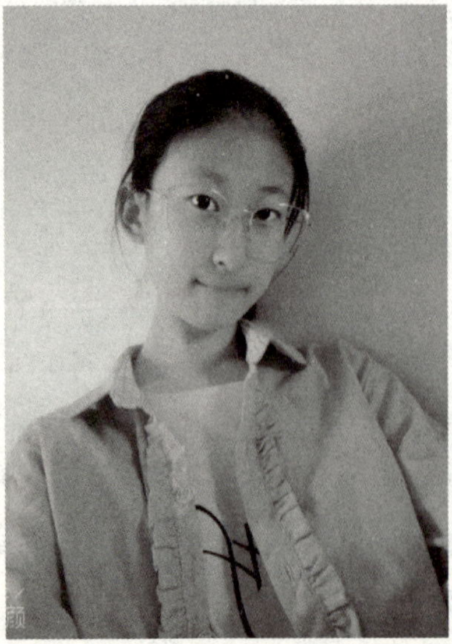

独立又坚强的女人。

莫里斯说过："要做一个善于辞令的人，只有一种办法，就是学会听别人说话。"一个聪明的演说家，一定不是只会高超的演讲技巧，还必须懂得善于倾听观众的声音。同样，如果一个人只会滔滔不绝地讲述着自己的故事，而不懂得听别人谈论他们自己，那么这个人终将只能生活在自己小小的方寸之地中。浅水是喧哗的，而深水是缄默的，丰满的稻穗总是将腰弯的最低。真正的强者，是能在群处时管住嘴，独处时稳住心。他们在生活中往往是沉默的，因为他们会用倾听来沉淀自己，丰富自己的阅历。当今社会上有太多的人只顾夸夸其谈，并不懂得去倾听。正如海明威所说："两年学说话，一生学闭嘴，懂与不懂。心乱心静，慢慢说，若真没话，就别说。"

你的高明之处不在于谈论你自己，而在于倾听别人谈论他们自己。倾听是一种智慧，它会让我们的生活变得鲜活。所以，让我们在生活中做一个善于倾听的人吧，学会用倾听来沉淀自己。

平滑的卵石——赏《简·爱》

2018级四高一学部　张志恒
指导教师：赵娜

简·爱是夏洛蒂·勃朗特笔下一个悲惨的，甚至是可悲的女性人物，初读此书的我因此改变了许多认知，女性的强大给我留下了很深刻的印象。

简·爱所处的是一个极为特殊的时期，那就是男权当道、金钱至上的维多利亚时期。她的遭遇极为悲惨：从小父母双亡，寄居在舅妈家中，但舅妈对她不假辞色。就这样，她在一个冰冷的“家”中饱受欺凌，她的童年是灰色的，没有一点其他色彩。

在里德舅妈那里，简·爱受尽屈辱。她是一个单纯的孩子，在她的眼中，你对我好，我就对你好。但她的极力讨好换来的却是舅妈的极度厌恶，这使她的心智受到了巨大打击。这些打击让简·爱的心灵更加成熟。家中的人对她都不友好，这使她的心灵受尽了创伤，哪怕是贝茜的一丝怜悯都会让她感到温暖。“一个从来不被善待的人是最能感受到善良的。”电影《芳华》的这句台词也让我感触颇多，其实简·爱从没被善待过，但只有她发现了这个冰冷家庭中的温暖，哪怕只有一点。

从里德府中的脱离本以为对于简·爱是一种解脱，可以重新开始与人交际，提升人与人的温度，让简·爱重新感到温暖，迎接她的却是长达八年的压迫。她的生活像行进在峡谷之中，就在我以为她将从一个低谷踏入另一个更

深的低谷时，她的世界出现了两束阳光，那是改变她的两个人——海伦和坦普尔小姐。简·爱与海伦思想的碰撞，让她的认知有了提升。坦普尔小姐用自己的钱给孩子们改善伙食，让孩子们那天享用了充足的食物。八年，让一个女孩儿看到了光明，却又一次陷入了深渊。

海明威曾说过："一个人可以被毁灭，但不可能被打败。"简·爱在童年经历了太多，但她的心灵因此变得很强大，甚至超越了一些成年人。

《简·爱》在桑菲尔德开启了她的爱情故事。虽然当时的社会男权至上，但她在与罗切斯特的相处中感受到了平等。故事曲折动人，可能在某些情节上略显俗气，但精彩的情节让故事的发展充满了神秘的色彩。书中对事件的刻画不如之前经历的那么真实，但正是这种手法体现了一个少女对自由、对恋爱的向往，其心中的波澜体现得淋漓尽致。

使卵石臻于完美的，并非锤的打击而是水的且歌且舞。童年的她在布满坑洼的生活中经受千锤百炼，后半生水流的冲击，使她的形象更加圆润丰满。

靠自己的努力，简·爱克服了贫苦、困苦，她经历了太多，这是对社会的控诉，卵石的平滑也一定象征着美好的结局，这给我一种心理上的慰藉。

没有风暴的海洋是池塘

2018 级四高一学部 冯腾玉
指导教师：赵娜

谁说现在是冬天呢？当你在我身边时，我感到百花齐放，鸟唱蝉鸣。

——夏洛蒂·勃朗特《简·爱》

往事回思如细雨，旧书重读似春潮。时隔两年，再次拿起《简·爱》一书，已经是 2019 年的夏天，与那年初读的懵懂不同，眼中简简单单的爱情故事，直到今日才缓缓落下，在我的心海中激起回响。

简·爱，本书的女主人公，在她的身上，绝不仅仅是收获到爱情的黑魔法那么简单。她的出生是一场苦难，父母双亡，被托付的舅舅不久离世，她无亲无故；她的成长是一场苦难，舅妈的冷眼、堂哥的欺凌、姐妹的孤立以及“红房子”的阴云，她孤苦伶仃；她的蜕变过程也是一场苦难，不公的责骂、食不果腹的日子、挚友的离世，让本以为是解脱的学习生活也充满沉重。可正如尼采所说：“但凡不能杀死你的，都会使你变得更强大。”那种种苦难、出出悲剧也曾让简·爱悲痛，但是，简·爱愿意含着泪奔跑，这正是她的勇敢。简·爱的生活从一段低谷到另一段低谷，她一直身处深渊，但也正因为她处于人生的最低点，她跨上的每一步、

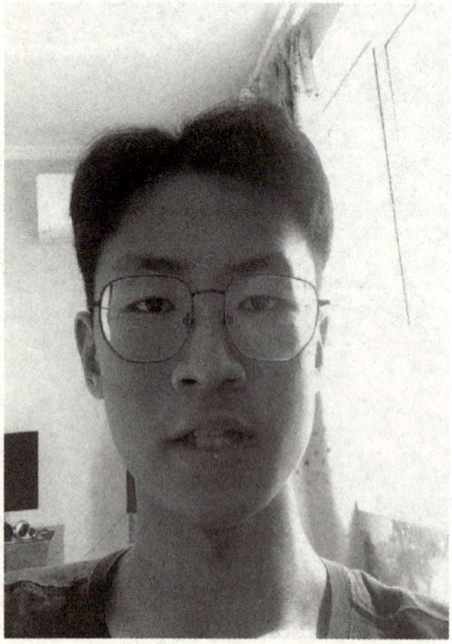

每一次的努力都是向上的一程路，在《简·爱》的前半部，在简·爱的坎坷之路上，在简·爱的每一个坚定的脚印处，也有他人的援手。童年时期贝茜不时流露出的善意，学生时代海伦的疏导，坦普尔小姐的关爱，都是在简·爱的阴暗岁月中格外醒目的一束束光亮。

当书中的简·爱遭遇种种不公时，我曾怒斥；当她孤立无援时，我会感伤，但令我深觉到庆幸的是，简·爱从深渊中走出，成了一个坚强、独立、有自尊心、积极进取的女性。可令我不解的是，是她对里德太太（简·爱的舅妈）的善良。在里德先生辞世时，她虽然答应将简·爱视如己出，但是在简·爱受到她的儿子欺凌时她却冷眼旁观，处处维护自己的爱子，将过错归结于简·爱，简·爱在她的眼中是连用人都不如的寄生虫。当里德舅妈宠爱的爱子死去后，她自己的境况也是一日不如一日，她派仆人来到菲尔德庄园找简·爱，希望简·爱回去见她一面，然而简·爱曾经说过“我无法忘记，也无法宽恕她”，并且发誓永远不再叫她舅妈。但是简·爱最终放下了憎恨，选择了原谅，一句“你好吗？舅妈！”，仿佛不曾受到过的辱骂和中伤。然而在舅妈的弥留之际，她听说了舅妈曾经谎称她已经死去，来断绝简·爱与她叔叔的联系，灭绝了他们亲人重见的希望，简·爱说：“舅妈，无论你是爱我，还是不爱我，我都选择宽恕你。”无论简·爱的原谅对里德太太是真心还是出于同情，这都是一个理性的决定。正如简·爱自己从前说的，她因为童年阴影的冲击是无法填补的，她后来谨慎、敏感的性格也离不开童年时期的遭遇，她说出对舅妈的原谅，无非是对一个长辈最后的劝慰罢了，而简·爱心底的伤疤会永远存在。

《简·爱》一书的后半部分，是简·爱与罗切斯特先生的爱情。“曾经沧海难为水，除去巫山不是云。”他们之间的爱情用这一句诗来形容再恰当不过。从简·爱对罗切斯特的救赎到罗切斯特带给简·爱的清醒，两人从甜蜜到分离再到陪伴一生，罗切斯特失去了一只胳膊和眼睛，却看到了他最想要的是什么。

在简·爱身上，我看到了一个善良女孩的顽强、自尊自爱，永远不向命运低头。在一次简·爱与罗切斯特的辩驳中，可以看到简·爱会对认定了的东西坚持到底。她相信光明、她拒绝余生沉浸在悔恨中。这就是简·爱柔弱外表下可爱的固执，也正是她对追求更好的自己的执着，才得以在黑暗中坚持到黎明，这让我想起另一部书中的主人公——郝思嘉。

《乱世佳人》中的郝思嘉，令那时的我大开眼界。郝思嘉出生在富裕的南方农场家庭，她的外表无可挑剔，从小过着养尊处优的生活。南北战争爆发后，她那叛逆而执着、能干而不择手段的个性愈加鲜明。她曾任性地为“报复”梦中情人而嫁给不爱的人，她又为了保住农场不惜再婚嫁给妹妹的未婚夫来取得资金，她能够自己开办工厂收益显著，她敢于杀死偷东西的士兵来捍卫庄园。然而，她也会接受昔日梦中情人请她照顾妻子的请求，在众人都在逃亡的时刻守在这位产妇身旁……年仅20岁的郝思嘉身上有着超越年龄的果断、坚决。我从这位女强人身上看到一些与简·爱的相似之处，柔弱的简·爱身上也有郝思嘉的影子。

尽管简·爱的背景是在维多利亚时期，可她在与郝思嘉面对爱情世俗的态度上都是一致的，那就是她们在爱情中坚持的平等、独立和面对不公命运时的勇气。“有的微笑背后是咬紧牙关的灵魂”，她们面对命运无情总会与其斗争，就像贝多芬说的“我要扼住命运的咽喉，它绝不能使我屈服”。在她们身上，是普通人不平凡的顽强，象征着新时代女性意识觉醒了。

所有随风而逝的都是属于昨天的，所有历经风雨留下来的才是面向未来的。没有风暴的海洋是池塘，在一次次风风雨雨的吹打中，闪电会划破黑夜，新的生机也正在苏醒。

从不同角度看待问题——读《简·爱》有感

2018级四高一学部　高佳钰

指导教师：赵娜

1847年英国文坛上同时升起了三颗巨星，夏洛蒂·勃朗特在《简·爱》中对女性独立性格的叙述，艾米莉·勃朗特在《呼啸山庄》中对极端爱情和人格的描写，安妮·勃朗特在《艾格尼丝·格雷》中让人印象深刻的寂寞情绪，勃朗特三姐妹因此在英国文坛上青史留名。而让我印象最深的是勃朗特三姐妹之首的夏洛蒂·勃朗特和她的代表作《简·爱》。

我第一次读《简·爱》时，还是一个刚从小学升初中的懵懂少年，当时只觉得读书只要看看内容就好，因此就泛泛地读了一遍。读完的第一感受是：约翰·里德怎么能这么可恶！里德太太怎么能这么不明事理！世上怎么能有格雷斯·普尔那么奇怪的人！……而今我已迈入高中校园，再读夏洛蒂·勃朗特的《简·爱》，才发现曾经的我看待问题有多么的浅显。曾经的我看到的只不过是《简·爱》的表面，这部作品的冰山一角而已，从不同人生角度看待问题，往往会得到不同的结论。

简·爱小时候就与其他人有了明显的不同，当时的人们自私自利，不明事理，仗势欺人，而简·爱却热爱读书，积极奋斗，努力上进，追求人与人之间的平等与自由，长大后，用自身的坚持与意志谱写着属于自己的爱的篇章。

重读《简·爱》才让我发现了我以前忽略的细节：虽然里德太太那么不明事理，但在生命的最后时刻也后悔了，格雷斯·普尔那么奇怪是为了替罗切斯特隐瞒真相，一切我曾经忽略的细节都有合理的解释。

夏洛蒂·勃朗特的《简·爱》是一部具有自传色彩的作品。反观人生，人在不同的时期，对事物的认知往往会有不同见解，就如同我在不同时期读《简·爱》一样，对人物的看法也会不一样，因此在人生的每一个时期都不要从单方面看待问题，一定要从多角度、深层次看待，这样才能看清事物的本质，这或许就是我读《简·爱》的感想吧。

活得自在　爱得热烈

2018级四高一学部　侯山杉

指导教师：赵娜

除了通过黑暗的道路，无以到达光明。

读《简·爱》，是一件值得每个人认真做的事。从形式上看，这是一部成长小说，讲一个出身寒微、父母双亡的女孩的成长故事。小时候的简·爱度过了一个寄人篱下的童年；稍大点的时候被舅妈送到一家慈善学校，在那里她遇见了照亮她前方道路的老师和朋友；随着海伦的病逝和坦普尔小姐嫁人，简·爱放弃了在学校一成不变的日子，为自己谋求了在桑菲尔德府做家庭教师的工作；因为对罗切斯特的失望，简离开那里，遇见里弗斯一家，最终在圣·约翰向她求婚后做出决定，回到了罗切斯特的身边。

一

有前面盘旋的秃鹰，有背后尖酸的耳语。黑色的童话，是给长大的洗礼。

——张韶涵《淋雨一直走》

如果用一个色调来描述简·爱关于童年的全部回忆，没什么比黑色更加合适。幼时的她，是里德太太眼中“鬼鬼祟祟的孩子”，是里德家用人口中的“古怪的孩子”，是她表哥表姐可以随便打骂羞辱出气的“耗子”。她为什么不受里德一家的待见呢？有的读者说她是某种程度上的咎由自取，认为寄人篱下就应该低眉顺目、乖巧听话，而不是总沉默寡言地在窗帘背后观察别人。我不赞同这样的想法，试问每一位读者：如果现在的你不是你，而是那个仅仅十岁的，每天承受别人辱骂欺负，受到不公平对待的简·爱，一抬头就是里德太太假意公平的嘴脸，一转头就是用人们议论纷纷的声音，耳边永远是难听的笑声，受到的永远是不把她当人看的目光。你是否还能向身边这些人每天报以笑脸，和言相对？

简·爱从很小的时候作者就在她身上有意渲染了反抗的性格，她敢与比她高大强壮的里德表哥打架，敢在里德舅妈面前大声提到里德舅舅让她恼羞成怒，敢在所谓学校老师的面前说出自己真实的想法。有些人身上的主角色彩，是从一开始就能让读者区分开配角和自己。

因为桀骜不驯，也因为非讨好型的人格，简·爱在童年吃了不少亏。“会哭的孩子有糖吃”，简恐怕就是人群中最“不会哭”的孩子，偏偏也是最嘴硬的孩子。于是她被关进了红房子，两天一夜的时间里，带给她的，却是要花一辈子时间去弥补、去掩盖、去舔舐的伤口。这是原生家庭带进她性格里的自卑和敏感。

二

即使世上的人都恨你，相信你坏，只要你自己问心无愧，知道自己是无辜的，你就不会没有朋友。

——夏洛蒂·勃朗特《简·爱》

如果说童年带给简·爱的，是苦难，是悲伤，是不愿回想，是永生的阴影。那么在盖茨海德府的几年，便让简·爱从初次面对这个社会的许多不解，只知道一味地坚持自我，到正确价值观的确定，对人事物的自我判断，简·爱从外到内变成了一个更引人注目的、更吸引人的、更有魅力的女子。这些源自简·爱自身不凡的品质以及坦普尔小姐和海伦对简·爱的雕琢、粉饰。海伦得病，简·爱半夜光着脚丫和她睡在一起，躺在她的身边，和她一同度过了生命最后的时光。

遇见海伦和坦普尔小姐算是“一喜”，还有“一悲”。慈善学校的校长让小小的简·爱坐在高高的凳子上，给她安加了莫须有的罪名。所有同学都不跟她讲话，因为他们认为简·爱是一个坏孩子，是强盗，是罪人，这是来自里德太太罪恶阴影的延续。后文里简·爱在桑菲尔德府第一晚独居时，床边的摆件都像是长鞭，窗帘的帷幔都像鬼影。这种创伤是一辈子难以修复的，她只能独自面对。

身边人的离开，让她一次次重塑自己，一次次洗刷自己，一次次为爱而迷惘，又因爱而美丽。她自修了各种语言，学习了画画，会谈钢琴。“腹有诗书气自华”，这使得她熠熠闪光。这样的简·爱也许不完美，但是有着与众不同而恰如其分的美丽。

读及此处，只觉命运待她不公极了。一面为海伦年轻美丽生命的早逝而悲叹，一面为简灵魂的拔节成长过程而感动。何其有幸，在最美的年华被灿如骄阳的光芒照亮，又何其有幸，简·爱看得见阴云背后的彩虹，触碰得到云端的朝阳。

三

世界上只有一种英雄主义，就是看清生活的真相后，依然热爱生活。

——罗曼·罗兰《米开朗基罗传》

简·爱遇见罗切斯特先生，是他们的互相救赎。她简单而有趣的灵魂将罗切斯特从混杂的社会泥潭中拉扯来，罗切斯特先生为她在风雨飘摇中搭建了一个家。他的小手段也好，甜言蜜语也好，或是他的背叛都不重要，重要的是她在这里所扮演的角色。关于爱情，无法评定好或坏，一切都是臆想是猜测。她的执着，对于爱情的小冲动，面对分岔路口的不犹豫，面对爱人的保持自我，更吸引我。

她有意突出英格拉姆小姐的优点，强化自己的缺点，画了两幅画像。也许有人无法理解这种过分的对比，但她只能这样直截了当地断绝自己的念想，面对她不熟悉的领域她只想保护自己。

她爱罗切斯特，深深地爱到了骨子里。但她也爱自己，爱到了血液里，每一个细胞里。她没法在爱情里失掉自己，所以她即使对罗切斯特心软，但她还是要走。即使她知道罗切斯特在找她，她还是不愿回去。她逃跑了，在清晨逃离了桑菲尔德府。她仍然爱着罗切斯特先生，但是她要过的是不依附任何人的生活，要的是完整的爱，完全的爱。作者写她继承了遗产，写罗切斯特先生残疾，就是完整地交代了简·爱的所有。至此，《简·爱》告一段落。

四

每个女孩都该认真读一读《简·爱》，不仅仅因为简·爱的成长历程，也因为她面对爱情和生活的抉择。她不期待在尘世中获得多少分甜度的爱情，她只愿纯粹而百分百付出。她不期待得到多么高的地位和财富，只愿不断丰富自己，随遇而安。

她不愿依赖于谁，但永远坚信自己有逃离世俗的勇敢，有不忘初心的真诚，她没有错过每个金光闪闪的日出日落，没有错失陌生人的好意。

愿你，如她一般，不胜过山间清爽的风，不胜过古城温暖的光，却活得自在，爱得热烈。

坚韧的灵魂

2018级四高一学部　陈恕
指导教师：赵娜

“你的灵魂本就应如晦暗中斑斓，渺小却照彻河山。”

简·爱给我的第一印象是：坚韧。我常常想，怎么会有这样一个坚韧的姑娘，饥寒交迫的生活、亲人的冷漠对待、不公平的命运，所有的所有，都没有打倒她。她说：“我还有生命，还有生命的一切需要。”仅此一句话，涌出无限的力量，我想不只是我，一定有千千万万人为此感动，为此震撼，为此而奋不顾身地继续努力生活。

她离开罗切斯特先生的时候很难过，难过到在路上一面孤独地走着，一面号啕大哭。但是，她依然会说：“我会坚持我清醒时，而不是像现在这样发疯时服从的准则。”她爱罗切斯特，但是她不会为了爱而盲目；她爱罗切斯特，但是她不会为了爱抛弃道德与尊严；她爱罗切斯特，但是她不会为了爱失去理智而沉溺其中。首先，我们是人，其次我们拥有爱。

原文中有这么一段：“我感到前途无望，但愿造物主认为有必要在夜里我熟睡时把我的灵魂要去；但愿我这疲乏的身躯能因为死亡而摆脱同命运的进一步搏斗；但愿它此刻无声无息地腐败，平静地同这荒原的泥土融为一体。然而，我还有生命，还有生命的一切需要、痛苦和责任。包袱还得背着，需要还得满足，痛苦还得忍受，责任还是要尽。

于是我出发了。”很长的一段，但也很有力量，就仿佛一个即将溺死的人，已经放弃挣扎，任由海水冲走，窒息感逼近，但是突然看到一束光，一束穿破海面刺进眼眸中的光，于是有了活的念头，开始猛烈挣扎。《活着》中说：“‘活着’在我们中国的语言里充满了力量，它的力量不是来自喊叫，也不是来自进攻，而是忍受，去忍受生命赋予我们的责任，去忍受现实给予我们的幸福和苦难，无聊和平庸。”活着本身，就已经是伟大了。

平静的潭水中总会有几处涟漪，在如此大的世界中，人显得如此渺小。我们渺小，但是我们的生命中有着一股韧性，这种韧性是任何其他的东西都无法比拟的，它比芦苇的杆，比参天古树的枝，比最硬的岩石还要坚韧。

我一直相信，在暗淡的时光中，这种坚韧会指引我们，在时光终点处，散发出的是永恒而璀璨的光芒。

朋友是生活中的阳光

2018级四高一学部　潘雨涵

指导教师：赵娜

“我以为我看够了阳光，它泛滥得多，廉价而寻常，直到与你人海相望，才知我从未曾真的见过阳光。”

主人公简·爱自幼失去双亲，与舅妈里德太太一家生活在一起。寄人篱下的生活并不如意，被他人欺负，被他人误解，年幼的简·爱过着本不该在她这个年龄过的生活。

简·爱就是在这样的环境中长大的，因为害怕被殴打，她渐渐变成了一朵带刺的玫瑰，用一身的刺来保护自己仅存的自尊。受到辱骂，她会像受了惊的兔子一样跳起来，骂回去；受到殴打，她会用最狠毒的眼睛盯着对方。

离开盖茨海德府后，简·爱被里德太太送到了一所学校，简陋的衣服、难以下咽的食物让简·爱无从适应，但她却在这里得到了救赎。

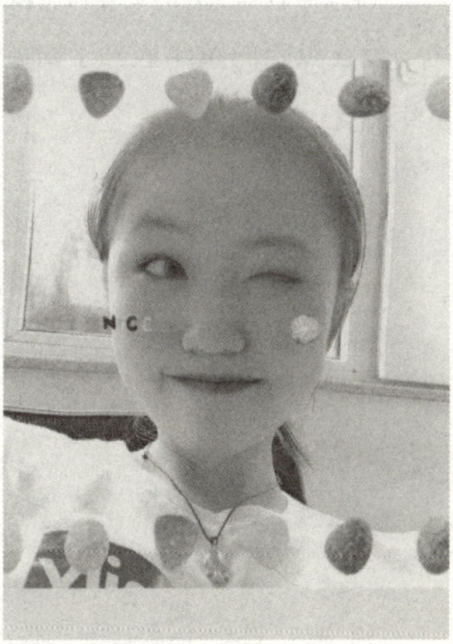

简·爱看到海伦时，不由得感慨：“那对眸子里闪出多么奇特的光芒啊！那光芒使我产生一种多奇特的感觉！这崭新的感觉又给了我多大的支持啊！这是怎样的一笑啊！直到今天我还记得一清二楚。我懂得这是大智大勇的流露。它就像天使脸上映出的光辉一样，照亮了她那不同寻常的外貌。”

海伦是个普普通通的女孩，受到老

师的冷嘲热讽、故意欺负的时候，她只是默默忍受，忍在心里。这让简·爱难以理解，她认为应该给欺负她的人一个很强的反击，不能忍气吞声。

在海伦了解到简·爱在里德太太家所遭受的一切时，说："看来她的不公正在你心上留下了特别深刻的烙印。没有任何虐待会在我心灵上留下这样的痕迹。要是你尽力去忘记她对你的严厉，你不是过得更快活一些吗？我总觉得，生命太短促了，不该把它花在怀恨和记仇上。"的确，简·爱无法忘却里德太太一家对自己的伤害，但海伦的一句话却让简·爱幡然醒悟，自己原来对里德太太的怨恨这么大。

而后来，简·爱在向坦普尔小姐讲述自己在里德太太家受到的欺辱时，努力克制自己的语气，变得温和，可以看出简·爱对于里德太太的恨似乎不那么深了。

坦普尔小姐在简·爱心里的分量十分重，她是简·爱的老师、妈妈，也是朋友。在海伦和坦普尔小姐的引导下，简·爱从稚嫩懵懂的女孩成长成了一个成熟的18岁女孩。随着海伦、坦普尔小姐的离开，简·爱也带着对未来的期待离开了学校，开始了新的生活。

曾经的简·爱对这个世界充满恶意，用自己的刺牢牢地保护着自己。

"幸运的人一生都被童年治愈，不幸的人用一生治愈童年。"幸运的是，简·爱在黑暗的童年遇到了对的朋友，那束阳光照亮了她的内心，将她的童年照亮、温暖。

浅谈《简·爱》中的读书智慧
——当书在“谈”读书时，书在谈些什么

2018级四高一学部　孙飞羽
指导教师：赵娜

四高一学部全体师生共读名著《简·爱》，同时学习了人教版九年级下册的课文《谈读书》，我不禁思考《简·爱》中无处不在的读书智慧。书中的人物在谈话时引经据典的坦荡，主人公深思时信手拈来的深刻，都令我印象颇深。

在《简·爱》的前25章里，讲述了这样的故事：简·爱打小父母双亡，寄住在里德舅舅家，受尽大人的蔑视与兄弟姐妹们的虐待，后独自进入条件异常艰苦的洛伍德学校学习，度过了8年的学习生活。后来，简·爱到罗切斯特家当家庭教师，独自谋生，并与罗切斯特相爱，本要步入婚姻殿堂，简·爱却意外得知罗切斯特早已结婚，便毅然决然到乡下当了教师。

简·爱的童年时期，伴随她的是插图鲜艳亮丽的图画书和一些历史故事。简·爱在里德舅舅家寄住的日子里，她喜欢独自一人在安静的角落里读书（即便这氛围常被她的兄弟姐妹们打扰），这些图画和文字便是她幼小心灵的寄托。书中第一章写到插图版《英国禽鸟史》中的北极风光时，写出年幼的简特有的童趣与好奇心，为简·爱的性格奠定了基础，这与培根《谈读书》中“读书足以怡情”的道理不谋而合。

在洛伍德学习的日子里，简·爱的思想有了根本的变化，在很大程度上形成了简·爱的价值观。其间，简·爱读了很多蕴含哲理的书籍，并积累下很多宝贵的前人思想，例如书中写道："所罗门说：'吃素菜，彼此相爱，强如吃肥牛，彼此相恨。'"这样的思想让简·爱懂得了不惧生活贫乏，努力学习提升自己的道理。

年轻的简·爱来到桑菲尔德府做家庭教师，在这里，她经历了人生中最为精彩的一段时期。人们说"没有白读的书，没有白走的路"，这句话完完整整地体现在了简·爱身上。年幼时书籍带给简·爱的学识与特殊气质，让罗切斯特深深着迷与敬佩。二人谈话时简机智大气的应对，与贵族们共处一室时简·爱的大方沉着，面对罗切斯特时的坚定谨慎，了解阿黛乐身世后表现出的善良温柔，这些都是书籍和教育送给简·爱最好的礼物。如同《谈读书》所云："其傅彩也，最见于高谈阔论之中；其长才也，最见于处世判事之际。"

"读书补天然之不足，经验又补读书之不足，盖天生才干犹如自然花草，读书然后知如何修剪移接。"《简·爱》中简因读书受教而焕发生机，如今，我们正读着《简·爱》，体验着一段不一样的人生，受益不言而喻。书中有书，更有一个瑰丽奇妙、耐人寻味的世界。

完善自己，不惧勇往

2018级四高一学部　刘芯羽

指导教师：赵娜

简·爱是个极其有自尊心的孩子，或许是跟她曾经的经历有关，简·爱从小在里德舅妈家长大，但是里德舅妈一家并不喜欢她，他们认为简·爱性格太过孤僻，要是简·爱再开朗一点，我觉得里德舅妈一家也会善待她一点。

在她离开了盖茨海德府后，她变了很多，遇见了很多人，海伦便是其中一个，在简·爱眼里，海伦是个惹人喜爱的姑娘，可能是因为二人在某些地方惊人的相似，二人都是被抛弃被排挤的人，所以简·爱对于她更有一种亲切感。而她俩的第一次见面，更是别具一格，在看书的海伦被简·爱发现了，这才导致了二人的相遇。海伦在老师眼里是个邋遢的孩子，每次被罚，简·爱都替她不平，但是海伦更愿意相信是自己的错误，才会让自己受罚。从这些地方能看出简·爱在这个时候才像个小孩子，而不再是盖茨海德府卑微的、敢怒不敢言的简·爱。这时的她更显出活力。她为自己所在乎的人受罚而打抱不平，她也是个有心的孩子，并不是里德舅妈口中的恶魔，更不是她哥哥和姐姐口中的讨厌鬼。海伦受罚时，只想着自己的错误自己承担，她更像是看淡了人生，看开了所有。海伦在简·爱眼里是最独特的存在，在劳沃德不久就迎来了一场死亡……海伦在这

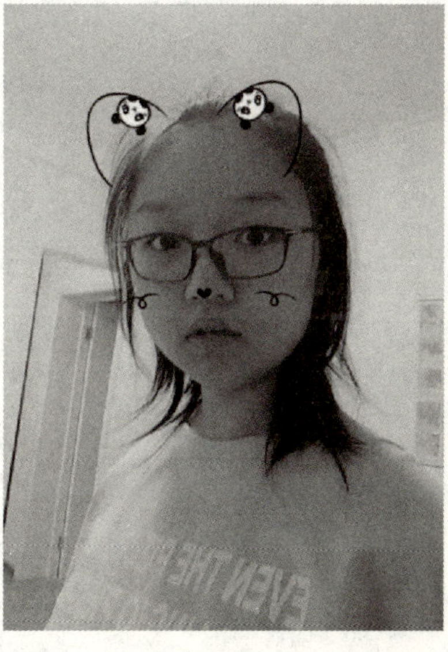

场病毒中死亡。我们普通人想都不敢想和去世的人一起睡觉，简·爱却抱着海伦的尸体睡了一晚上。简·爱得知海伦即将要去世的消息后，没有逃跑，反而去了海伦的卧室，抱紧了海伦，不怕病毒的传播，给了海伦一个亲吻。这便是简·爱眼里的友情，友情在她心里占比很大，这一幕很感人，也很心酸。最好的朋友走了，只剩她一个人，她更加孤单，让人不忍。压抑的气氛，沉重的打击，简·爱在这场灾难中迅速长大，直面死亡和离别。

海伦的离开让简·爱成长了，她学会了独立，而罗切斯特让她感知到了爱情。

罗切斯特是简·爱的主人，简·爱在罗切斯特家做家庭教师，帮助一个从法国来的小孩子学习本国语言。罗切斯特对简·爱而言更像是个父亲，简·爱比较依赖他，她从小没体验过父爱、母爱。在里德舅妈把简·爱关到小红屋子里时，简·爱就对母爱没了期望。罗切斯特大简·爱 20 岁，简·爱对他的感情更像是一种依赖，而不是情爱。罗切斯特对于简·爱的爱更加疯狂，令人唏嘘，为了摆脱原来的妻子，他疯狂地想娶简·爱，简·爱在得知事实后，毅然决然地逃离了那片伤心之地。

有些人在你的世界陪你走过一段时间，虽然时间不长，却让你记忆深刻。每个人都是你生命中的一个过客，善待自己，看清现实，迎接未来。

灵魂的力量——《简·爱》书评

2018 级四高一学部　谢欣格

指导教师：赵娜

我贫穷，卑微，不美丽，但当我们的灵魂穿过坟墓来到上帝面前时，我们都是平等的。

——夏洛蒂·勃朗特《简·爱》

穿越肉体，直达灵魂。《简·爱》这本书让我体验到了一场心灵盛宴。每一句话，每一处不起眼的细节，都充满力量。而这股让人敬畏不已的力量来源，源自作者夏洛蒂给予简·爱的无与伦比、崇高的灵魂。

简·爱不卑不亢，从一而终。夏洛蒂一手打造出的简·爱形象，在她眼里或许是最完美的，甚至是令她向往的。夏洛蒂的母亲与姐妹们相继离世，在那痛苦之时她创造了《简·爱》，这也不难理解简·爱为什么如此坚强，如此无依无靠仍旧独立。简·爱曾讲过一段话："我越是孤独，越是没有朋友，越是没有支持，我就得越尊重我自己。"简·爱就像是夏洛蒂的影子，简·爱灵魂深处的顽强，映照出来的就是夏洛蒂所向往的，超越肉体的，最真实的寄托。

简·爱相貌平平，在人群中并不出类拔萃。但坦普尔小姐和罗切斯特先生偏偏从优秀的孩子和优雅的贵族中选中了简·爱。我认为即

使是一个毫不知情的外人来看，也绝不是巧合。简·爱的内在战胜了肉体，将她普通的外表升华。她虽没有他人夺目，没有显赫的身世，但高贵的灵魂足以打败那些空有美丽的躯壳，实则空虚的心灵。坦普尔小姐不会喜欢靠卖弄花言巧语来讨喜欢的孩子，罗切斯特也不会选择如英格拉姆小姐一般漂亮的却带来不了灵魂呼应的女子共度一生。简·爱的灵魂有吸引力，也使她发着光。

整本书中刻意提到过简·爱与他人不同的地方少之又少，其中多数是从他人口中感到简·爱的特殊。这意味着简·爱并不感觉自己的心灵纯净而强大，只是当作遇到困难孤立无援时的自立自强。在他人看来这无疑是一把利剑，是在简·爱一无所有时也不会感到卑微的支柱，也是支撑她走过大大小小的低谷，并且最终遇到爱情和归属的信仰。人最值钱的东西不是华丽外表，而是内在的灵魂力量，终有一天人们会意识到她的不屈不挠，有主见的独特灵魂带来的力量是多么宝贵。

古话说："女为悦己者容。"许多人只看到简·爱没有好身世和好样貌，便欺压她，看不起她。像在盖茨海德府中里德太太一家，洛伍德中的布罗克赫斯特先生等等，她们一味欺负简·爱，而简·爱几乎不还手。海伦曾说过："生命太短暂了，不应该用来记恨。人生在世，谁都会有错误，但我们很快会死去。我们的罪过将会随我们的身体一起消失，只留下精神的火花。这就是我从来不想报复，从来不认为生活不公平的原因。"时间有限，没那么多功夫去记仇恨。简·爱也意识到了把时间花在喜欢并善待自己的人身上，比起去一个个解决那些恨自己的人要有意义得多。这或许也是她返回盖茨海德府时，释然地与童年阴影——里德太太打招呼并喊出"舅妈"的原因吧。能够理解到简·爱这一层人与人之间的感情生活观，也只有经历过简·爱式挫折才能体会到皮毛的，更多要拥有简·爱式内心，简·爱式灵魂。

站在上帝的脚下，我们都是平等的。心灵与心灵的交流，是简·爱最向往的，最美好的。而简·爱找到了那个能够用心灵陪伴她一生的人，也用那股灵魂的力量在千百年间引导着每个女性去学会自尊自爱。

用心灵热爱世界，以灵魂择偶视人

2018级四高一学部 张雪晨

指导教师：赵娜

万年后，我们会化为灰末于世间。但我们的精神永存。

世界上唯一一件不会因岁月而凋零的东西是灵魂。时光予人苍老、伤痛，而又予人愈发美丽的灵魂。

《简·爱》的故事发生在150多年前的英国。主人公是一个从小无人疼无人爱的小女孩，被寄养在上流社会家庭里。令我惊讶的是小小的简·爱注重心灵之璀璨而不在物质，注重灵魂之高洁而不在外表的品质。

简·爱的校园生活虽苦，但有离别也有救赎。坦普尔小姐与书救赎了她，她从中获得力量，观世界纵横，芥子毫微，以疗养心胸，释怀怨恨。几年的时光，让她变得文雅、安宁、善良。

简·爱对于景物，无论远山还是近水，总是有着一万种热爱和好奇。那些成片的描写无不展示着她眼中的万物之奇美秀丽。难道她真的生活在仙境吗？其实不然，只是因为她不以眼观世界，而以心察世界。因为对自然的热爱、好奇、敬畏，所有山川河流在她眼中，都是最辽阔的不朽。

多年后再回里德府，故地依旧，故人不同。成年的简·爱早已放下童年仇恨，心里只有些不可名状的悲哀。她对表姐们的评价与小时候对比，客观而理性。简·爱更关注人的谈吐以了解其内心与灵魂，而不是外貌。她所交往的朋友无不是惺惺相惜的。

抛去外表，用心视人，必能找到你一见如故的善意灵魂。

“如果她真心爱他，她根本就用不着这样一味地献媚装笑，不断地滥送秋波，也用不着这样煞费苦心地故作姿态。她只要安静地坐在他身旁，少说话，也不要左顾右盼，就能更贴近他的心。我就曾在他脸上看到过截然不同的表情。那种表情完全是自发的，绝不是靠献媚卖笑和玩弄花招诱引出来的。你只需泰然地接受它，老实回答他的发问，必要时和他说说话，不要扭捏作态。他的那种表情就会增强，就会变得更加体贴、更加亲切，如同抚育万物的阳光般使人遍体温暖。我确信，他的妻子可以成为一个阳光下最幸福的女人。”

这一段充分表述了她的理想爱情。简·爱无论交友择偶，都看重有趣、真诚、善良。罗切斯特先生不是美的，但简·爱依然被他吸引——他的学识、沉稳、诙谐，让简·爱与他相处时是自在而真挚的。

简·爱与罗切斯特是夫妻，更是知音，有绝对坦诚与无所顾忌的交流，无关外貌、年龄，他们是平等的灵魂伴侣。

这是简·爱式的爱情，也是大多数人的憧憬。

互相坦诚让他们密不可分，在婚姻里给予彼此体谅，在生活中给予彼此岁月，在灵魂间给予彼此真挚。

这是她足够向往，也达到了的完美爱情。

察物不独观其貌，视人不独观其表，择偶求灵魂以沫。这是我最喜欢简·爱的几点地方。

友谊最高的境界是守护彼此的孤独
——记简·爱与海伦纯真的友情

2018 级四高一学部　刘珊珊

指导教师：赵娜

提起《简·爱》，第一反应可能是简·爱与罗切斯特之间一波三折的爱情，又或许是一个追求个性自由，不向命运低头的坚强女性形象，但我注意到的，是那短暂却温暖的友谊。

简·爱第一次遇到海伦是她进入陌生又阴暗的洛伍德学校时。在她感到孤零零时，遇到了正在读《拉塞拉斯》的海伦。在一番交流后，简·爱有了第一份友谊。

但是简·爱与海伦似乎是不同的。海伦能够忍气吞声，被宗教的条例所辖制，沉稳是她最大的特点。而简·爱敢于反抗，敢于斗争，甚至有些偏执，但也正是这些差异使她们成了朋友，也让简·爱从海伦的身上获得了成长。

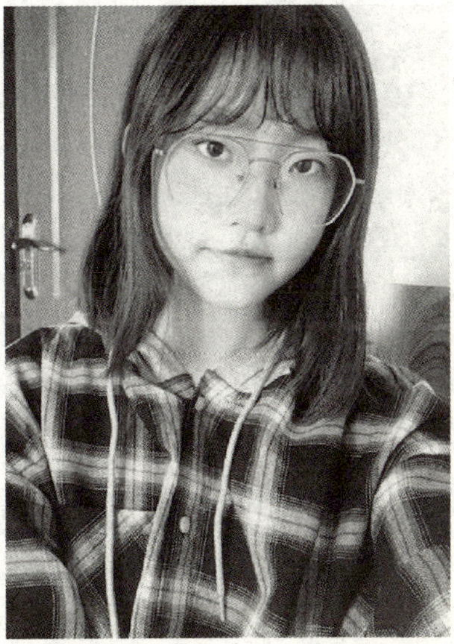

"即使整个世界恨你并且相信你很坏，只要你自己问心无愧，知道你是清白的，你就不会没有朋友。"这是布罗克赫斯特在随意指控简·爱之后，海伦对伤心不已的简·爱说的话，她相信简·爱，安慰简·爱，引导简·爱，她认为的简·爱是热情而明净的，她紧紧搂住简·爱，将"星球的万丈光芒"毫无保留地照耀在简·爱身上。

后来，海伦得了肺病。简·爱很担

心也很害怕，她害怕失去海伦——这个温暖照耀她的天使。深夜里，简·爱寻找海伦，她没有害怕苍白憔悴的海伦，她毫不畏惧疾病，紧偎着海伦。在生死离别之际，海伦想到的仍然是简·爱，她告诉简·爱不要在自己死后悲伤，保护着简·爱幼小又缺爱的心。最终，在“我的脸蛋紧贴着海伦·彭斯的肩膀，我的胳膊搂着她的脖子”这样亲密无间的姿态下，海伦安然地离去了。

培根说：“友谊的一大奇特作用是：如果你把快乐告诉一个朋友，你将得到两个快乐；而如果你把忧愁向一个朋友倾吐，你将被分掉一半忧愁。”简·爱与海伦便是互相依靠的。简·爱是受到舅妈与表兄妹虐待的小女孩，海伦是父亲刚新婚不久被送到他乡的小姑娘，两个女孩子都是孤独的，她们的相遇照耀温暖了彼此的人生。即使海伦陪伴简·爱的日子很短很短，但是她身上的温顺与宽容能够影响简·爱的一生，让她的未来勇敢坦然地面对爱。

她们的故事温暖到了我，友谊就像春风吹散心中的阴霾，它是孤独黑暗中的一束光，照耀彼此，温暖彼此，甚至能够助你走出阴郁，迎接新的未来。

在暴风中坚持

2018级四高一学部　张梓瑞

指导教师：赵娜

在本书中不难发现简·爱是个自强的女孩。不看重名利，不甘于平淡生活，有着当时女孩所不拥有的思想。

但我要在这对里德太太的教育与为人进行分析，是什么样的教育成就了如今的简？这种教育是合乎时宜的吗？

里德太大如同童话中的恶毒后妈，她捧自己亲生儿女如明珠，即使她们只是平凡的尘埃。把养女抛入泥潭，即使她有着珍珠般可贵的品质。她对于约翰的溺爱使得他越发不珍惜亲情，越发懒惰，最终死去。她对于乔治安娜的无脑夸赞与扭曲婚姻观教育使其忽略了人的情感，唯金钱至上，徒有其表。她对简苛刻、不讲理的态度，使简成功地得到了从未奢望过的东西。

那么是否说明人的未来与教育方式有着相反的关联呢？我想答案是否定的，不仅仅因为这是个个例，更是因为简本身的意志顽强，而她兄弟姐妹的性情易被左右，才导致他们的命运天差地别。

这也说明，一个人的未来、成就，与教育方式有关却又无关。当你真的意志坚定，不受外界左右时，教育方式对你便不那么重要了。重要的是你的坚持自我的决心。

简是不幸的，又是幸运的，她无法选择自己的童年，但她把握住了自己的未来。她在暴风骤雨中坚持自我，在不断的磨砺中使自己更优秀。她的“幸运”让她平安度过学校生涯，那时的她也具备了节俭刻苦的优秀品格。她所历经的磨难与付出，也在她成人后有所收获。

自由女神：简·爱

2018级四高一学部　徐樱宁

指导教师：赵娜

You know some birds, are not meant to be caged, their feathers are, just too bright.

——夏洛蒂·勃朗特《简·爱》

初读《简·爱》是在三年前。转眼间三年过去，再拿起这本书，给我的感觉大不一样。在简·爱被堂哥打骂而舅妈置之不理时的愤怒没有变；在海伦去世时的伤心也没有变，变了的是对于罗切斯特和圣·约翰的看法。

简·爱的童年是昏暗的，包括了寄宿学校的那段时光。在表哥表姐的鄙视、舅妈的畸形教育下成长的简·爱就好像是林中被人随意践踏的小草。但是时不时出现的阳光雨露——贝茜，给简·爱幼小的心灵以滋润，使简·爱最终没有成长为表哥约翰那样的坏家伙。

在寄宿学校，简·爱遇到了一生的挚友——海伦。这是简·爱童年里的第二缕阳光。她善良、友好，在简·爱被所有人误会时，愿意给予信任。虽然学校的老师总是打骂她，可她总是不当回事。是海伦让简·爱明白了生命太短促，不能用来记仇蓄恨。海伦的出现无疑给简·爱带来了巨大变化。而另一个人——坦普尔小姐则是简·爱一生中最明亮的一盏灯。坦普尔小姐亲切、温和而理性，愿意大费周章寄信，帮简·爱平冤；她能够及时察觉到所有学生对于饭菜的不满并顶着被骂的风险下令加餐；在布罗克赫斯特训斥学生时，帮学生解释。坦普尔小姐影响了简·爱的人生观，甚至爱情观。

“我有时候对你有一种奇怪的感觉——特别是像现在这样，你靠近我的时候，我左边肋骨下的哪个地方，似乎有一根弦和你那小身体同样地方的一根类似的弦打成了结，打得紧紧的，解都解不开。要是那波涛汹涌的海峡和两百英里左右的陆地把我们远远地隔开，那时候，我内心就会流血。”

读到桑菲尔德时期时，我并不欣赏罗切斯特。他的性格多变却符合简·爱的胃口。简·爱曾说过自己是苍白、瘦小、平凡的，从贝茜的评价中也能得知简·爱生得不惹人喜爱。换言之，她并不好看。这可能会是她与罗切斯特终成眷属的原因。简·爱所向往的是平等的、自由的、坦然的爱情。若罗切斯特是个英俊公子，简·爱绝不可能与他走到一块。简·爱对于自由的追求高于一切。在圣·约翰请求（实在说不上是求婚）时，简·爱虽然有迟疑，可最终还是选择了自由。圣·约翰是一个把信仰看得比一切都重要的人。他崇拜上帝，却冷酷自私。在与罗莎蒙德小姐两情相悦的情况下，他自欺欺人，认为自己应该找一个“适合成为传教士妻子”的女人相伴终生。

简·爱是善良的。她曾说过她永远不会原谅里德舅妈，可是里德太太病重时，只有简·爱守在身边。简·爱或许实际上没有原谅里德舅妈，她只是不恨了、释然了。九年过去，人人都发生了巨大的变化。里德太太的爱子爱女，无一例外，都没有成为什么好人。而简·爱在打骂中成长为一个善良的人，具备了出淤泥而不染的美好品质。

读完《简·爱》，我突然想起了一个人——佛罗伦·南丁格尔，19 世纪的著名女性代表。她们两人都十分坚强、倔强、理性，追求着平等与自由。南丁格尔是护理事业的创始人和现代护理教育的奠基者。她是一位真正意义上的女护士，她标志着新时代女性的崛起。她的柔中带刚不正与简·爱一样吗？瘦小单薄的身躯蕴含着无穷的力量。

书，已经读完。但一个追求自由的不屈女孩的身影还仍留在我的脑海。

即使远方荆棘遍布，我仍对未来心生向往

2018级四高一学部　罗文廷

指导教师：赵娜

简·爱是夏洛蒂·勃朗特笔下的一位女主人公，她乐观向上，冷静自持，是一位独立自主，心存远方，拥有自我人格的女性。

最吸引我的，不是她的性格，她的思想，她的情感，而是她永远心怀远方与勇于改变现状的勇气。

纵观全书你会发现，简·爱站在命运的十字路口时，总能追从本心奔向未知的旅途，即使前方荆棘密布。离开盖茨海德前往洛伍德，离开洛伍德去外面当家教，逃离桑菲尔德庄园开始新生活，拒绝圣·约翰回到罗切斯特身边，她似乎从未为自己的决定后悔过，哪怕处境多么困苦。

她就像一只向往自由的鸟儿，没有什么能够束缚住她。

小时候的简·爱，在盖茨海德府里能通过看图画书来了解外面的世界，所以对于简·爱来说外面的世界是美好的，才使她有勇气独自去外面。因为年幼，所以无所畏惧，因力天真，所以充满阳光，因为充满阳光，所以心生向往。

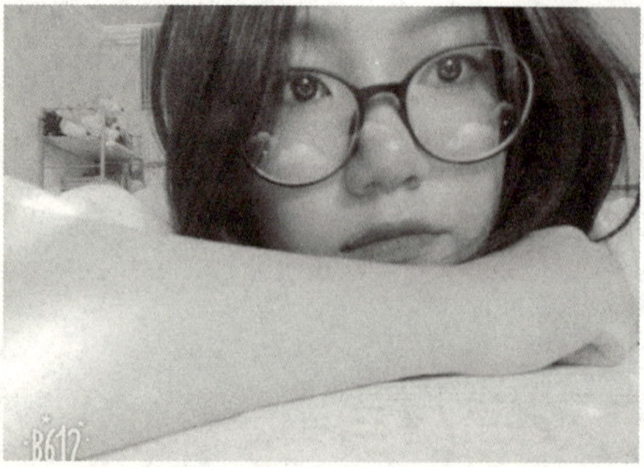

年少的我们总是能轻易地做出决定，但长大了的我们会因为种种顾虑担忧而失去勇气，与自己的心背道而驰。

在洛伍德生活八年后，因为坦普尔小姐的离去，她又成了金色囚笼中的囚

鸟，心底一刻不停地讲述着对自由和外面世界的渴望。

简·爱总喜观站在窗前向远处眺望。“我的目光越过所有这一切，停留在最远处那些蓝色的山峰上。我渴望着我能越过那些山峰。在它们的岩石和灌木包围住的这个范围内，整个儿就像是犯人的囚禁场和流放地。我的目光追随着那条沿着山脚盘绕，最后消失在两座山之间的峡谷中的白色大路。我多么想顺着它看到更远的地方啊！”简·爱正如罗切斯特所说的那般，“像是囚笼中的渴望自由和广阔天地的鸟儿”。

书中的简·爱独立自主，能把控自己的人生，怀揣着对远方、对未来不可知的向往，带着赤诚与勇气上路。我们憧憬着成为书中的简·爱，揣着满心的阳光，满身的勇气，带着年幼的鲁莽无知无畏风雨，在人生的十字路口追随本心。

我们又何尝不曾许过一个大愿，到心所极处、目所穷处、山之绝顶、沧海尽头去看看，又因为未知的恐慌而退缩。愿我们每个人都成为简·爱，又不同于简·爱。

我本心之向阳，无畏远方。

伤痛深处是花海

2018级四高一学部　朱瑞
指导教师：赵娜

如果你看过，大海每一处辽阔，可记得，蜉蝣也曾被深爱过。风掠过的是那些漫长摧折，艰苦的岁月，而心与灵魂，却在这段旅途中愈发明亮，飘向远方。曾经的伤痛，留下疤痕之处，不再是触目惊心的情景，而会开出一朵朵美丽的花。

简·爱的一生，历尽了人间的各种磨难。简·爱自幼丧失双亲，被寄托在里德一家。在里德先生过世后，里德太太对简·爱的态度愈发恶劣。在简·爱受到欺凌时，无人帮她主持公道，无论是主人还是用人，都对这“小老鼠”般的女孩不抱有善意。她的内心开始变得坚硬，像带刺的蔷薇，在风暴中冷艳地盛开。她不与里德太太家的“温室花朵”情投意合，她不屑于顺从。贝茜小姐是她在里德太太家中唯一的依靠，扮演着姐姐的角色，轻柔地给予她关爱。

被里德太太送到学校后，她遇到海伦和坦普尔小姐。如果说是简·爱是烈火，那么海伦就是清泉。简·爱痛苦时，感情长满了全身的细胞，随时准备反抗，眼中闪烁着怒气的焰火，海伦轻柔抚过，浇熄了怒火，融化了简·爱内心的坚冰。美好的事物转瞬即逝，海伦的出现像昙花一现，惊艳而又短暂。在海伦即将凋零之际，有简·爱陪着她。简·爱的内心感情变得丰富，内心世界铺上了彩绸，不再是荒芜的沙漠，寸草不生。海伦的温柔、信任像黄雏菊，在简·爱不堪的伤疤上萌芽，盛开如花海。

简·爱成年后，爱上了罗切斯特。那情愫的小粉花却被欺骗的大火肆意吞蚀。受到伤害的简·爱离开了罗切斯特，她治愈自己，冷静而理智。在此期间，她得知里德太太的“花朵”败坏的败坏，凋零的凋零时，她即使是曾决定不会宽恕她，但无可奈何，原谅了她。简·爱是否真的放下了过去，我们与里德太太无从得知。埋葬着她童年的地方，白色的康乃馨随风轻摇，一切都那样安静。春风吹又生，简·爱重新被罗切斯特感动，火红玫瑰，长满了名为“爱情”的山坡，过往欺骗的伤疤，被玫瑰花海覆盖，飘出淡淡清香。

简·爱终其一生，放下了伤痛与怨恨，用爱与温暖浇灌心田。作者的妹妹艾米莉的《呼啸山庄》中的希斯克利夫，作为孤儿被收养，受到兄弟的冷眼、排挤，心爱之人被抢走，被伤害，却无能为力。他在暴风雨中崩溃过，哭过，喊过，都无济于事。与简·爱不同，没人来爱他，保护他，他的唯一的曙光——爱人凯茜也病死了。希斯克利夫展开了疯狂的报复。他折磨死了埃德加的妹妹，夺得了埃德加的房产和财产，迫使埃德加和凯茜的女儿与自己的儿子相爱。但最后，小凯茜心有所属，爱上了哈里顿。他从两人身上看到了当年的自己与凯茜的影子，遂放弃复仇。几天后，他去世了。这份爱是苦涩而心酸的，不如简·爱幸福。

成长中的伤痛，我们以爱来温暖，终将开满花海，可名状的花，不可名状的花。我们仍未知道，那天所见之花的名字。

幸福总会来敲门

2018级四高一学部　贺如玉
指导教师：王昌鹏

初闻《简·爱》这本名著，是小学老师给我们介绍必读名著的时候。当时对《简·爱》的理解是：纯粹简单的爱情，大概内容应该是讲述主人公们美好的爱情故事。就这么理解到初中，当我真正翻开它，细心阅读时，我才感受到这本书带给人们的精神魅力。

主人公简·爱在很小的时候父母便得病去世，孤苦伶仃的她被她的舅舅——里德先生所收养住在盖茨海德府中。但好景不长，里德先生没过多久便过世了。他在临终前嘱咐他的妻子里德太太务必要好好照顾简·爱，但里德太太并不似她丈夫那样善良——她傲慢刻薄、势利冷漠，她看不起简·爱的身世，不仅没有让她得到家的温暖，还让盖茨海德府的所有人排挤她、轻视她。可简·爱并没有因此向他们低头妥协：人们对她的冷眼恶语，她视而不见、听而不闻；她对里德姐妹的谩骂与嫌弃表示蔑视，更是向对她拳脚相加的约翰反击。里德太太为此要将她送到五十英里外的洛伍德学校。当她被布罗克赫斯特先生恐吓她将会下地狱时，她的不屑与从容实在令人们惊叹。她的倔强与尊严使她幼小的心灵异常强大，她像一只刺猬，在遇到威胁时露出坚硬的刺来保护自己。但她也是有柔软、依赖别人的一面：女仆贝茜是这阴暗冰冷的盖茨海德府之中唯一待简好

的人。贝茜在简·爱生病后整夜陪着她，认真教她一些世俗道理害怕她受委屈，偷偷给她吃东西，给她拿来她最爱读的书，是她离开盖茨海德府时唯一为她送行为她担心的人……贝茜是简·爱在这里唯一感受过温暖与关心的人，这是她离开这里唯一的不舍，也是她收获的第一份幸福。

年仅九岁的简·爱孤身一人去往洛伍德学校，她兴奋且期待远离盖茨海德府的新生活。可现实并不如此如意：糟糕的饭食、严厉的规矩、枯燥乏味的课程，都在打击着简·爱的天性。她天性向往自由浪漫，厌恶被俗世的种种死板的规矩所束缚。她不信《圣经》，更不崇拜上帝。她认为人应该是为自己而活的，而不是一味地去宽恕与理解他人。她的思想在这所封闭的学校里处处碰壁，但她依然固守本心。她在这里认识了好朋友海伦与善解人意的坦普尔小姐，她们的出现就如简·爱生命中的亮光与温暖，教她懂得了许多道理。但天下没有不散的筵席，海伦因绝症肺病不得不与简·爱永别，坦普尔小姐也因结婚离开了洛伍德，离开了简·爱。简·爱在洛伍德生活了八年，从一名初来时格格不入的学生，成长为一位品格高尚的教师。在这漫长的八年中，简沉淀了许多，但坦普尔小姐的离开使她的心空了。她找不到继续待在这里的理由了，她年轻的心渴望着未知与冒险。于是，简·爱向报社投了简历，决定离开生活了八年的洛伍德。

如她所愿，桑菲尔德的罗切斯特府正好需要一位家庭教师，于是简·爱踏上了前往桑菲尔德的路。她初到罗切斯特府，感受到了前所未有的快乐——和善的费尔法克斯太太、活泼的学生阿黛乐，自由轻松的生活和没有世俗规矩的束缚。这正是在洛伍德压抑枯燥环境下生活了八年的简·爱真正所向往的。但是，日复一日淡如白水的生活使简·爱慢慢开始厌倦。她渴望去更繁华的地方看看，有更多的人生阅历，认识更多不同性格的人们。她认为女人天生不该平静地度过一生，女人可以和男人一样去冒险、有自己的事业与梦想，不必恪守常规。同时，她的身体里流淌着年轻的热血，她渴望着美好的爱情。

也许是上天听到了她的愿望，在她送信回来的路上，她搭救了一个落马的中年人，她平静如湖面的生活因此泛起了涟漪。她救下的是罗切斯特府的主人——罗切斯特先生。罗切斯特先生是个性格古怪、待人严肃、不近人情的人。他起初很排斥简·爱，因为他曾被爱人背叛，所以他觉得女人都是爱慕求荣、虚伪做作的。但是他在与简的相处中，她看到了女性不一样的一面——简的直白、勇敢、不爱慕虚荣的真实渐渐打动了他，他改变了许多，他也慢慢对简·爱产生了友人一样的感情。而简·爱在与罗切斯特先生的接触中，发现他与常人的不同之处：他懂得许多高深的道理、去过很多国家、见识很广、有很多商业伙伴，是个出色的商人。他为向往远方的简·爱打开了新世界的大门，两人在共同生活的日子里渐渐擦出爱情的火花，就在火花快要将两人之间的薄膜烧破时，英格拉姆小姐出现了。她高贵优雅，多才多艺，而且世家显赫，大家都觉得她和罗切斯特先生站在一起是天造地设的一对儿。对于光芒四射的英格拉姆小姐，简觉得自己变得微不足道起来：她对比了两人的容貌、才艺、身世、地位，觉得两人真是云泥之别。她觉得自己与罗切斯特先生身份悬殊，没有资格和他站在一起。她的尊严、倔强、坚强都在这份爱面前显得不堪一击。她在尊严的最后防线被击溃前，也就是在罗切斯特先生宣布婚期之前，提出了离开。

她本以为提出离开后两人将永不相见，所以将藏于心底的爱意尽数宣泄。她以为换来的会是他的不屑与嘲弄，结果却是罗切斯特先生更加激烈的告白与求婚。

这是简·爱人生中最幸福的时刻，她答应留下来，罗切斯特先生也与英格拉姆小姐解除了婚约。两人的感情日渐升温，就在他们将要说出神圣的婚礼誓言时，律师阻止了婚礼的进行，将罗切斯特先生小心翼翼掩藏起来的秘密公之于众：罗切斯特先生早有了妻子，那妻子正是被囚于密室的疯女人。得知了真相的简·爱心灰意冷，不顾罗切斯特先生的苦苦哀求与挽留，带着她的尊严离开了桑菲尔德。

简·爱一路颠沛流离地来到沼泽地，机缘巧合之下与收留她的圣·约翰兄妹三人认了亲，继承了一份遗产。圣·约翰成了一名传教士，他邀请简与他一起前往印度传教——以他妻子的名义，一个传教士的妻子，这仅仅是为了他的事业。可简·爱并不爱他，她的心依然属于罗切斯特先生，而且她想要的从来不是利益至上，虚伪无用的爱情。她要真正的爱情，同时也要自己的尊严。她毅然地拒绝了圣·约翰，回到了桑菲尔德，却早已物是人非：罗切斯特先生的疯妻子烧了府邸后摔死了，罗切斯特先生也因此失去了左臂与光明。但简·爱并没有因此离去，她守护在罗切斯特先生身边，两人终成眷属，简·爱终于获得了真正的幸福。

故事就此结束。简·爱的一生犹如但丁的《神曲》，一生分为三个阶段：地狱的烤炙——盖茨海德的无处容身与洛伍德的孤苦束缚；炼狱的净化——桑菲尔德的爱情与沼泽地的坚定；最后她来到了天堂，在这大彻大悟的理想境界彻底得到解放——与罗切斯特先生的结合是她最后的救赎。她这一生坎坷不断，终于获得幸福。

其实在现实生活中，我们都是简·爱，正经历着生活带给我们的磨炼，亦品尝着它带给我们的甜蜜。我们终会成长，最终收获幸福。

名著中的生活

2018级四高一学部　杨跞文
指导教师：王昌鹏

《简·爱》是英国女作家夏洛蒂·勃朗特创作的长篇小说，作品讲述一位从小变成孤儿的英国女子在各种磨难中不断追求自由与尊严，坚持自我，最终获得幸福的故事。其中的第一章到第十八章讲的是简·爱从使她饱受欺辱和虐待的盖茨海德府，到使她受尽屈辱和清贫的洛伍德学校，再到她以家庭教师身份去住的桑菲尔德府。这其中不乏趣味的故事和令人印象深刻的场景。反复思虑，使人觉得如沐春风、身心愉悦。

我认为《简·爱》前十几章主要讲述的是，主人公简·爱从一个特别自我的女孩，成长为关心身边每一个人的女孩。这或许与她周遭环境的变化有很大关系。不过这并不妨碍我们向她“请教”，请教那些在生活中困扰我们的事。

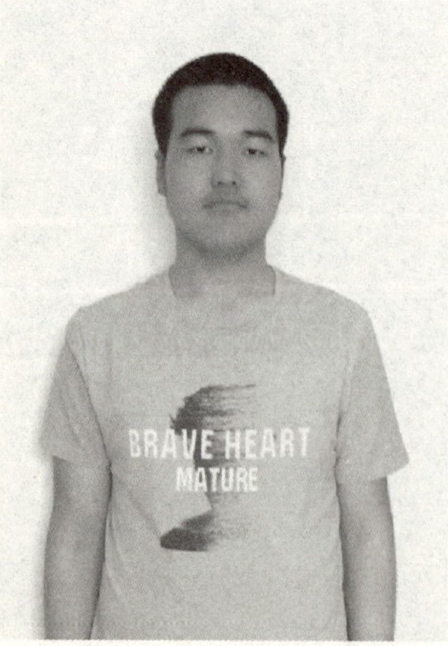

简·爱，从第一章起，就仿佛是一个弱势的“外人”，完全不受家里的待见，甚至后来到洛伍德学校后也受到不一样的待遇。她的转变发生在她向正在招家教的桑菲尔德府寄出求职申请之时。从那时起，她离开了原来的学校，步入一个新环境，遇到了许许多多的人，才会有如此的成长。

到这里，需要思考几个问题：她凭什么寄出那份求职申请？又凭什么能得到费尔法克斯太太的允许，进府教书？

讲课为什么能讲得很好？究其原因，是她平时非常努力。倘若她不努力，怎么能心安理得地寄出求职报告并上任？倘若她不努力，又怎么会因阿黛乐的进步获得罗切斯特的赞扬？由此看来，她是个很努力的人。再思考第二个问题：如果简·爱当时安于现状，没有寄出那份求职申请会怎样？毋庸置疑，她一定还在那所学校当老师，性格和人生不会有太大变化。

由此不难看出：简·爱之所以取得了阶段性的成功，是因为她付出了足够多的努力，并且尽力抓住每一次机会。这短短十几字的话可以被当作成功的真言。但是现实生活中又有多少人能做到呢？经常有人抱怨："生活太苦了，学习压力太大了，简直就是煎熬。"在说出这些话的同时，他们真的有努力过吗？《世说新语》里有一句话："从师家受书还，不觉日晚。"当你真正在用心做一件事的时候，是不会有过多感受的。所以，与其说生活苦，不如说你不够努力；与其在这里抱怨生活，不如多做一些实际的事情。成功没有捷径，只有脚踏实地才可能真正获得它。

除了简·爱，这部小说里还有一些次要人物，同样能带给我们一些思考，使我们受益匪浅。比如简·爱的雇主——罗切斯特先生。

这位先生在刚一出场的时候给人的感觉很不友好：明明是他自己摔下了马、扭伤了脚，却指责简·爱，说是简·爱使他摔下马，并且在后来也没有给简·爱多少好脸色。这确实是有些蛮横不讲理。但是当你读到后面，你知道罗切斯特先生在小时候就被他的兄长和父亲给予了继承家产的厚望，受到了严格的"训练"；在他遇到简·爱之前几乎没怎么快活；这栋大宅子他以前几乎几个月都不回来一次……知道了这些他以前的经历，你会觉得这也是情有可原。毕竟你无法要求一张宣纸在大海中滴水不沾；无法要求一双踩过泥巴的鞋子自己变得干净；也无法要求一辆年久失修的汽车自己变得焕然一新。这是不现实的，也是不可能的。

所以，我们平时在生活中遇到有些人不太友好，有一些攻击行为时，不要着急去报复或申斥，而是要先换位思考，尝试站在别人的角度看问题，或许你会发现一个全然不同的世界。这个世界将会是神奇的，内中一定有你从未见过的东西。如果可以，请尽你所能地帮助他。最后世界上将会减少一个不开心的人，多一个开心快乐的人，何乐而不为呢？

其实，阅读名著时最重要的感悟那些能够给我们生活带来启示的地方。经典的字词和生动的描写不是一朝一夕就能学会的，名著中的精彩故事也很难发生在你的身上，唯有这些精神上的感悟，一旦被你发现，无须死记硬背，只要用心读几遍，便会深深地印刻在你的脑海里，使你受用终身。《简·爱》就是这么一本书，语言生动形象，却朴实无华，内中蕴含着诸多等待人们去挖掘的“生活学问”。它不单单是文学，也不单单是写实，而是一部文学意义和现实意义并存的书。这种书，可以被当之无愧的称为“好书”。

遇见心灵的秘密花园

2018级四高一学部　葛一秀

指导教师：路德奎

今年初夏再次翻开《简·爱》后，眼球就被扉页上一行大字所吸引“To Jane：少数精神上的富有者。”落款日期是2017年12月17日，我的思绪一下子被拉回两年前。

记得那年暑假，整日百无聊赖的我在书店闲逛时，偶然发现了一本名叫《简·爱》的书，翻了两页后，它的内容一下子吸引住了我。这是一个孤女的故事，它不同于普通的外国名著，人物关系简单，背景独特，语言风格清新明了，让我一下子沉迷其中。

但是说实话，我当时仅仅关注简·爱个人的经历和感受，因为我曾与她有多次相同的感受，细腻、真实、具体的心理描写让我平生第一次窥见了人类特有的秘密花园——心灵。各式各样的情感便是这花园里各种各样的花朵，愤怒是火红的鸡冠花，悲伤是深紫的牵牛花，委屈是粉红的榆叶梅，快乐是浅黄的向日葵，愉悦是郁郁葱葱的薰衣草，平淡是洁白的浮莲……它们把这秘密的花园打扮得多姿多彩，灿若云霞。

当我读完它时，内心充满感慨，我既为简·爱和罗切斯特的终成眷属而欣慰，又为罗切斯特的残疾而感慨万千，便提笔在扉页上写了这开头的一句话。

再次翻开《简·爱》时是初中语文老师要求阅读的书

目。那次再翻开时，我发现了“教育”的重要性。

为什么简·爱在得知罗切斯特有个疯了的妻子时，毅然决然地忍痛离开了他。是谁或是什么曾教给或促使她作出那样的决定？当我看到原文中“这些小故事大多来自古老的神话和更古老的歌曲，或者是（我后来发现）来自帕梅拉和《莫兰伯爵亨利》”，其中书下部的批注中写道：“帕梅拉是英国作家查逊所著小说，描写一位贞洁的女仆拒绝了男主人的勾引，最后又正式嫁给他，她的美德得到了报偿。”此言意味深长，这为简·爱后来的所作所为做了很好的铺垫。再比如，简·爱的三个表哥表姐，因他们母亲的管教无方，一个因挥霍无度而自杀，一个冷酷自私当了修女，还有一个凭着貌美如花嫁给了风烛残年的有钱人。如此看来，一个人的性格、命运与他所受到的教育有关。如此一看，让我如获至宝，应用在不少角色面前，都一一灵验，就像种下了什么花的种子一样，就能开出什么样的花，每个人的秘密花园都是不同的。

今年我又打开它时，我发现了简·爱与罗切斯特爱情最宝贵的地方——平等与自由，简·爱爱上罗切斯特不是因为他有权有钱，更不是因为他英俊潇洒，而是丰富的学识，高贵的品行。罗切斯特并不因自己深爱简·爱而囚禁她，他喜欢简·爱也并不是因为她出身名门、雍容华贵，而是喜欢她的品行与才华，他们是心灵的知音，是灵魂伴侣，简·爱后来与残疾了的罗切斯特结婚了，再看到这段时，我才意识到，并不是罗切斯特傻。他对简·爱承诺过，不管遇到什么，只要你是我的妻子，我就会在危急之时救你。这样的事，应该让简·爱在心里开出了几丛鲜艳的玫瑰。

《简·爱》带给我的，不仅是阅读技巧的提升，更是对人生的思考。在参观简·爱的秘密花园的同时，我也无意中浇灌、修剪了自己的秘密花园，每次都有新的收获，这是没有阅读过的人根本领略不了的美，我想这就是在当今时代阅读好书的现实意义。

【第二编】

师生共读《儒林外史》

第一章 《儒林外史》导读

《儒林外史》是我国文学史上一部杰出的现实主义长篇讽刺小说。“儒林”，指封建社会里“读书人”或“士人”这一群体。鲁迅先生在《中国小说史略》中写道：“烛幽索隐，物无遁形，凡官师，儒者，名士，山人，间亦有市井细民，皆现身纸上，声态并作，使彼世相，如在目前，惟全书无主干，仅驱使各种人物，行列而来，事与其来俱起，亦与其去俱讫，虽云长篇，颇同短制；但如集诸碎锦，合为帖子，虽非巨幅，而时见珍异，因亦娱心，使人刮目矣。”本书不仅描写了一个时代的知识分子的生活命运，而且反映了以他为代表的先进知识分子对社会理想的探索和追求。

小说并没有贯穿全书的中心人物和主要情节，而是由众多故事连缀而成，表现的是普通士人日常生活中的生存状态与精神世界。书中的大多数人物，熙熙而来，攘攘而去。或唯利是图，自甘下流；或貌似君子，内心卑污；或故弄玄虚，欺世盗名；或倚仗权势，横暴不法；或假作清高，实则鄙陋；或终老科场，迂腐可笑；“他们全无读圣贤书”的儒生应有的学识与品德，而是为功名利禄所颠倒，丑态毕露。通过描绘这幅士林的“群丑图”，展现功名利禄对读书人灵魂的毒害，作者清楚地表明了自己否定功名富贵的基本立场，并通过书中少数淡泊名利、恪守道德、张扬个性的贤者奇人，寄托了自己对理想社会的追求。

作者吴敬梓生活在清政权已趋稳固的时代，而科举制度已经过兴盛之期，显露出它的弊端。文士们醉心举业，道德沦丧。《儒林外史》主要描写对象为儒林文士，正如鲁迅所说：“迨《儒林外史》出，乃秉持公心，指擿时弊，机锋所向，尤在士林；其文又戚而能谐，婉而多讽：于是说部中乃始有足称讽刺之书。”作者托明写清，目的是要塑造生活在封建末世和科举制度下的封建文人群像，生动描绘吃人的科举制度、礼教制度和腐败的政治体制，展现了一幅封建科举时代的社会风俗画卷。

然而，作为今天的中学生在阅读本书时，却可能有另外几个切入点：一、深入了解中国传统文化，尤其是了解科举考试的一面镜子；二、培养批判性阅读的意识，通过了解封建社会读书人的价值追求，结合当今的认识，有助于形成批判阅读的意识和正确的人生观和世界观。

正如黑塞在《读书：目的和前提》一文中提到的一样，“对每一部思想家或作家的杰作的深入理解，都会使你感到满足和幸福——不是因为获得了僵死的知识，而是有了鲜活的意识和理解。对于我们来说，问题不在于尽可能地多读、多知道，而在于自由地选择我个人闲暇时能完全沉浸其中的杰作，领略人类所思、所求的广阔和丰盈，从而在自己与整个人类之间，建立起息息相通的生动联系，使自己的心脏随着人类心脏的跳动而跳动”。我们也期望在师生共读的学习中树立一种意识，一种与古人心灵对话，一种跨越时空的历史感，从而更好地面对今天的生活。

第二章 《儒林外史》学习阅读任务

《儒林外史》阅读任务分解表

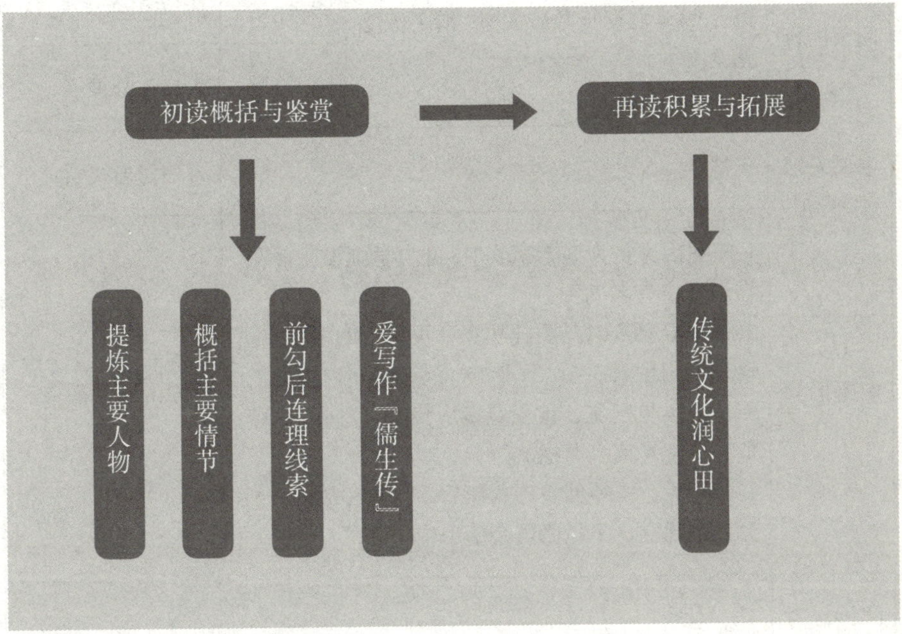

第三章　教师学习范例

《儒林外史》第一回情节梳理范例

李杨

阅读内容	第一回《说楔子敷陈大义　借名流隐括全文》	阅读时间	2019 年 3 月 1 日
		阅读时长	（15）分钟
主要人物	王冕		人物勾连线索
主要情节	1. 王冕因家贫为秦老家放牛，并自学画没骨荷花，在当地小有名气。 2. 诸暨县县令时仁委托翟买办买二十四幅花卉页册送上司危素。 3. 危素欲见王冕，被王冕多次找借口避开，惹怒危素，王冕离乡避祸。 4. 半年后，王冕回乡，六年后，母亲亡故。 5. 明朝建立，王冕隐居会稽山中。		王冕——秦老——翟买办——危素
阅读思考随手记	与众不同的王冕		

《儒林外史》第八回情节梳理范例

孙玉红

<table>
<tr><td rowspan="2">阅读内容</td><td rowspan="2">第八回《王观察穷途逢世好　娄公子故里遇贫交》</td><td>阅读时间</td><td>2019 年 3 月 1 日</td></tr>
<tr><td>阅读时长</td><td>（13）分钟</td></tr>
<tr><td>主要人物</td><td colspan="2">王惠</td><td>人物勾连线索</td></tr>
<tr><td>主要情节</td><td colspan="2">王员外王惠在帮助同科好友荀玫料理完父亲的丧事后回到京城恰逢新任命赴江西南昌做知府，前任知府蘧祐蘧太守派自己的儿子蘧景玉和新任王惠做政务交接。在两人言谈中可知，上一任蘧太守是一相对闲散之人，崇尚清简息民的政令，他的衙门里有吟诗声、下棋声和唱曲声；岂知这王惠乃一官场政客，只想用严苛的法令束缚百姓，蘧公子讥诮他是“戥子声、算盘声和板子声”。也因他的严厉，在江西宁王反叛时，被朝廷推升为南赣道台却不堪一击，投降宁王做江西按察司一职。不想两年后宁王被新建伯王守仁杀败，王惠慌不择路，逃跑为上。在逃亡途中巧遇蘧太守的孙子蘧公孙，只讲旧交却绝口不提自己投降一事，在蘧公孙赠送给他银子后更名改姓，削发披缁去了。</td><td>王惠——蘧太守——蘧景玉——蘧公孙——娄三公子娄四公子</td></tr>
</table>

爱写作 ·“儒生传”示例：《儒林外史丑角系列之严贡生》

孙玉红

汤知县枷死了老回子师傅引起了众回人的愤怒后，不得已到按察司处请托，上司帮了忙才按下了这场民闹事件。为挽回自己知县面子，在严惩几个闹事的头目时，严贡生出场了。

他的出场并不光彩，是被两个小民告出来的。一个是王小二，就是严贡生严大位的邻居，严家的一头刚生下的小猪娃不小心跑到了王小二家，王小二赶紧送回严家，结果严家以走丢再寻回最不吉利为由坚决不要，硬是逼着王小二用八钱银子买走。结果这头小猪养大成百十来斤时不小心又跑回严家，结果严家坚决不还，硬说猪本就是他家的，要王小二家按照时价估值买回，王家喊冤，被严家几个儿子打折了腿。

第二个告状的是年近五六十岁的黄梦统。状告严贡生的原因是，在向县里交钱粮时因一时短缺，央中人向严贡生以每月三分息借二十两银子，将借约写好送给严府，回来时遇到几个乡邻劝说他不要借严家银子，于是黄梦统听从了乡邻的劝告，没有到严家借银子。结果大半年过去，才想起还有借约在严家。想去取回，结果严贡生要问黄梦统要这几个月的利息，说虽不曾借走，但因将银子放着准备他来借耽误了钱生利息。黄梦统没钱，严贡生着人把他家的驴和米口袋抢了去。

借二人之口，蛮横无理、肆意欺凌他人的严贡生不光彩出场。面对二人状告，严贡生的反应是卷卷行李，溜到省城，躲之大吉。

面对严贡生欠下的债，只能拖累他的弟弟严监生严大育掏腰包结案了事。

在严监生与内人兄弟王德王仁谈话中，严贡生的家境逐一清晰了，吝啬得出了名。从来不曾请过客，在成为贡生的大喜日子里，不得已摆下的酒席，还是各处派分子，厨子钱、肉钱一直欠拖不还。家里五个儿子，吃了上顿不想下顿，无田无产却顿顿赊鱼赊肉贪图享受，一群寄生虫的群像活画出来。

在弟弟严监生死后看到遗孀赵填房送了丰厚的礼，他才勉强去吊丧，兄弟手足之情全然不顾。

严贡生的二儿子在省城与周家结亲。在雇佣吹打手时，八钱银子都叫不来吹打手，他却想用二钱四分银子雇佣，压低价钱，并且肆意克扣，扣二分戥头，让本喜气洋洋的婚礼冷冷清清，贻人笑柄。

在严贡生带着一对新人回乡的船途中，他因恶心吃了云片糕，还剩下的几片被开船的船夫吃了，他在将所有东西运送上岸后，硬说这云片糕是价值几十两银子的贵重药材，闹着要告官府，最后硬是把船费赖没了，他本人则硬气十足地上岸回家了事，无耻之嘴脸跃然纸上。

他的弟弟严监生死后留下的儿子不久染上天花也死去了。弟媳赵氏需要有继子延续香火，本想过继严贡生的五儿子，可严贡生硬是把刚新婚回家无处可住的二儿子和儿媳过继过去，并且无耻提出要求，要将正房挪出来给自己儿子住，让赵氏住偏房。赵氏不满，四外告状喊冤，因县官老爷也是妾生，所以判了让赵氏自由择继承人，这让严贡生越发不爽，也开始四处告状，县里告不过告府里，结果判决一致，于是严贡生到京里告状，想借着与周进的渊源逞一己之私，结果周进周司业四下想来也未想到这一攀附亲戚的严贡生与自己的私交，并未出手帮忙，只是草草打发他了事。

严贡生的故事至此收束。一个蛮横无理、坑蒙拐骗、吝啬卑鄙、无耻至极的乡绅恶霸活现眼前，小说在生动的叙事中演绎了鲜活的世态人情。

第四章　学生合作小组共同梳理情节

<table>
<tr><td rowspan="2">阅读内容</td><td rowspan="2">第一回《说楔子敷陈大义　借名流隐括全文》（黄雨桐）</td><td>阅读时间</td><td>2019 年 3 月 4 日</td></tr>
<tr><td>阅读时长</td><td>（20）分钟</td></tr>
<tr><td>主要人物</td><td colspan="2">王冕</td><td>人物勾连线索</td></tr>
<tr><td>主要情节</td><td colspan="2">王冕幼年丧父，帮秦老放牛，赚钱补贴家用。长大后他学识渊博却又安于贫贱，卖画为生。知县吩咐翟买办要二十四幅花卉册页送京官危素，翟买办找王冕作画。危素喜爱他的画，欲约见王冕，王冕几番推脱避开，惹怒知县危素，只好离乡避祸，远走山东。后山东洪灾，王冕回乡奉养母亲，六年后其母亡故。不久天下大乱，王冕偶然遇见吴王并为他指点。数年后明朝建立，议定用八股文取士，王冕对此并不认同。朝廷要征召王冕做官的消息传出，王冕得知后秘密离开，隐居会稽山。</td><td>王冕——秦老——翟买办——危素、知县</td></tr>
<tr><td>阅读思考随手记</td><td colspan="3">王冕是书中为数不多的正面形象了，他学识渊博却不慕名利、不惧权贵、安于贫贱。作者借他之口，抨击了封建科举制度，奠定全文主调，为后文描绘封建科举制度下读书人种种丑恶行径做了铺垫。</td></tr>
</table>

<table>
<tr><td rowspan="2">阅读内容</td><td rowspan="2">第二回《王孝廉村学识同科　周蒙师暮年登上第》（王露云）</td><td>阅读时间</td><td>2019 年 3 月 4 日</td></tr>
<tr><td>阅读时长</td><td>（15）分钟</td></tr>
<tr><td>主要人物</td><td colspan="2">周进</td><td>人物勾连线索</td></tr>
<tr><td>主要情节</td><td colspan="2">薛家集中村民们想让孩子们念书，便请来有学识却考不上秀才的周进做老师。周进在那里过得不顺心，被读书人看轻，就与姐夫一起出去做生意。他们行到贡院，周进看到考场现场，百感交集，一头撞在号板上。</td><td>薛家集村民——周进——王孝廉——周进姐夫</td></tr>
<tr><td>阅读思考随手记</td><td colspan="3">只是考不上，周进居然生出轻生的念头。那时候的读书人，也怕是像这样不知变通，迂腐死板吧，同时也看出科举对人的影响之深。</td></tr>
</table>

<table>
<tr><td rowspan="2">阅读内容</td><td rowspan="2">第三回《周学道校士拔真才　胡屠户行凶闹捷报》（欧英才次克）</td><td>阅读时间</td><td>2019 年 3 月 6 日</td></tr>
<tr><td>阅读时长</td><td>（20）分钟</td></tr>
<tr><td>主要人物</td><td colspan="2">周进、范进</td><td>人物勾连线索</td></tr>
<tr><td>主要情节</td><td colspan="2">1. 周进的姐夫等人可怜周进，凑钱替他捐了个监生。
2. 周进一路考中进士，任广东学道。
3. 周进遇到范进考秀才，因可怜而录取他，后范进又考中举人。
4. 范进得知中举消息后疯了，被胡屠户一巴掌扇清醒。
5. 张乡绅前来拜会并结交，并赠予银子、房子。</td><td>周进——范进——胡屠户——张乡绅</td></tr>
<tr><td>阅读思考随手记</td><td colspan="3">范进中举后人们都来巴结奉承，可见人们追求仕途、趋炎附势的丑恶嘴脸。</td></tr>
</table>

<table>
<tr><td rowspan="2">阅读内容</td><td rowspan="2">第四回《荐亡斋和尚吃官司　打秋风乡绅遭横事》（凯迪日耶）</td><td>阅读时间</td><td>2019 年 3 月 9 日</td></tr>
<tr><td>阅读时长</td><td>（20）分钟</td></tr>
<tr><td>主要人物</td><td colspan="2">范进、张静斋</td><td>人物勾连线索</td></tr>
<tr><td>主要情节</td><td colspan="2">1. 范进母亲因忽然得到阔绰的房子和家饰，兴奋过度而亡。
2. 张静斋为了和尚的土地派庄户算计他，和尚被不由分说地抓到知县那儿。后因范进急着给母亲做法事，便找知县放了人。
3. 范进服丧三年后，张静斋与他一起拜访汤知县，因跟回民之间禁食牛肉的纠纷，狡猾的张静斋为了升职，趁机献计让知县打死了送牛肉的人，引来了回民的围攻。</td><td>范进——僧官——何美之——张乡绅——张静斋——严贡生——汤知县</td></tr>
<tr><td>阅读思考随手记</td><td colspan="3">张乡绅夺人田地，打秋风，通过陷害别人达到自己升官的阴险心计实在是丑陋之极。
正所谓“人心可畏”，张乡绅这类人物在当时比比皆是，真是社会的悲哀。</td></tr>
</table>

<table>
<tr><td rowspan="2">阅读内容</td><td rowspan="2">第五回《王秀才议立偏房　严监生疾终正寝》（楚文文）</td><td>阅读时间</td><td>2019 年 3 月 8 日</td></tr>
<tr><td>阅读时长</td><td>（20）分钟</td></tr>
<tr><td>主要人物</td><td colspan="2">严监生、严贡生</td><td>人物勾连线索</td></tr>
<tr><td>主要情节</td><td colspan="2">1. 有两人告严贡生，一个告他抢夺别人的猪，一个告他抢利钱，知县下令捉拿。
2. 严贡生逃走，严监生为他料理官司，自己出钱赔偿的赔偿，打点的打点。
3. 王氏病重，赵氏被扶为正房。
4. 婚礼上，王氏病故，严监生不久也病故。</td><td>严贡生——严监生——王氏——赵氏</td></tr>
<tr><td>阅读思考随手记</td><td colspan="3">本章体现了严贡生的霸道，严监生的吝啬。</td></tr>
</table>

<table>
<tr><td rowspan="2">阅读内容</td><td rowspan="2">第六回《乡绅发病闹船家 寡妇含冤控大伯》（张梓成）</td><td>阅读时间</td><td>2019 年 3 月 9 日</td></tr>
<tr><td>阅读时长</td><td>（15）分钟</td></tr>
<tr><td>主要人物</td><td colspan="2">严贡生、赵氏</td><td>人物勾连线索</td></tr>
<tr><td>主要情节</td><td colspan="2">严贡生回乡途中发病，吃了云片糕后病愈。
船夫因偷吃云片糕被严贡生勒索，最后只好不收一分船钱。
赵氏儿子死后，严贡生将刚新婚无房住的儿子过继，并要求住到正房，赵氏不服，告到县里，知县令严贡生搬走。严贡生十分生气，告到府里，判决依然相同。严贡生于是告上京师，去找周学道。</td><td>严监生——严贡生——赵氏——周学道</td></tr>
<tr><td>阅读思考随手记</td><td colspan="3">仅仅为了船钱，严贡生便公然向贫困的船夫们敲诈勒索，甚至不惜演戏。严监生，严贡生兄弟两个果真“不是一家人，不进一家门”啊。但严贡生却比他的兄弟更加吝啬且厚颜无耻至极。</td></tr>
</table>

<table>
<tr><td rowspan="2">阅读内容</td><td rowspan="2">第七回《范学道视学报师恩 王员外立朝敦友谊》（阳景晨）</td><td>阅读时间</td><td>2019 年 3 月 12 日</td></tr>
<tr><td>阅读时长</td><td>（20）分钟</td></tr>
<tr><td>主要人物</td><td colspan="2">范进、王员外</td><td>人物勾连线索</td></tr>
<tr><td>主要情节</td><td colspan="2">1. 范进考中进士，周进请他提拔荀玫。
2. 荀玫被范进提拔，并且荀玫考中进士。
3. 荀玫结识王员外，想一同考试。
4. 荀玫母亲去世，三年内不能考试。
5. 荀玫被王员外劝说执意考试，但最终没能考成，只得回家葬母。</td><td>范进——周进——荀玫——王员外</td></tr>
<tr><td>阅读思考随手记</td><td colspan="3">孝敬是中华民族的传统美德，不应追求名利而违背道德。</td></tr>
</table>

阅读内容	第八回《王观察穷途逢世好 娄公子故里遇贫交》（王译禾）	阅读时间	2019年3月16日
		阅读时长	（25）分钟
主要人物	王太守		人物勾连线索
主要情节	1. 王惠回省城后，担任太守一职。 2. 到南昌后的王惠故意不上任，直到太守送了银子才上任。 3. 宁王反叛，攻下南昌，王惠投降，后宁王兵败，王惠逃走。 4. 蘧公孙送王惠银两，王惠送蘧公孙《诗话》，不辞而别逃离。		王太守——王道台
阅读思考随手记	王惠如此贪财，让人唏嘘不已。		

阅读内容	第九回《娄公子捐金赎朋友 刘守备冒姓打船家》（蒋雪莹）	阅读时间	2019年3月17日
		阅读时长	（20）分钟
主要人物	杨先生、娄家三公子、娄家四公子		人物勾连线索
主要情节	邹三遇见娄家公子，请客吃饭，提到了杨先生开盐店亏了七百两银子。娄家三公子、四公子用七百五十两银子给晋爵替杨先生还债，晋爵却只用二十两银子把杨先生放了，剩下的钱私吞。杨先生只感谢晋爵，却没有感谢娄家公子。娄家两位公子乘小船去找杨先生，看见有人装腔作势，假借娄家的威名欺凌打人，娄家公子亲自出面平息了这件事。两位公子到了杨先生的家，杨先生因为误会了他们姓氏，迟迟不和他们见面。两人在乘船游玩时看到卖菱角的小孩有杨先生写的卷子。		邹神甫——邹三——杨先生——娄家公子
阅读思考随手记	晋爵太可恶了，为了钱，骗了娄家公子和杨先生。		

<table>
<tr><td rowspan="2">阅读内容</td><td rowspan="2">第十回《鲁翰林惜才择婿　蘧公孙富室招亲》（孙一铭）</td><td>阅读时间</td><td>2019 年 3 月 17 日</td></tr>
<tr><td>阅读时长</td><td>（20）分钟</td></tr>
<tr><td>主要人物</td><td colspan="2">鲁翰林、蘧公孙</td><td>人物勾连线索</td></tr>
<tr><td>主要情节</td><td colspan="2">1. 娄三娄四遇见鲁编修，谈到杨允。
2. 娄三娄四邀请鲁编修宴饮，在宴上娄三娄四谈到蘧公孙，鲁编修有意招为女婿。
3. 鲁编修打听蘧公孙，听到的都是很好的评价，十分满意，派陈和甫说亲。
4. 蘧公孙入赘鲁家，与鲁小姐成亲。</td><td>娄三、娄四——鲁编修——蘧公孙——陈和甫——鲁小姐</td></tr>
<tr><td>阅读思考随手记</td><td colspan="3">人不可貌相，也不能仅凭别人的评价判断一个人的好坏，鲁编修草率地做了决定，为后面的悲剧埋下了伏笔。</td></tr>
</table>

<table>
<tr><td rowspan="2">阅读内容</td><td rowspan="2">第十一回《鲁小姐制义难新郎　杨司训相府荐贤士》（薛鹏杰）</td><td>阅读时间</td><td>2019 年 4 月 5 日</td></tr>
<tr><td>阅读时长</td><td>（15）分钟</td></tr>
<tr><td>主要人物</td><td colspan="2">鲁小姐</td><td>人物勾连线索</td></tr>
<tr><td>主要情节</td><td colspan="2">1. 大婚之后，鲁小姐才貌双全，而蘧公孙的文采学识很一般，鲁小姐却也无可奈何。
2. 邹吉甫来到娄府，又谈到了杨执中，决定再次去拜访。见面后，相谈甚欢。
3. 因蘧公孙学识太低，鲁编修担心他不能考学做官，想再娶一妾，以图再生一子。引来老夫人的不满。鲁编修因此发病。
4. 此时，因见娄氏公子极好结交贤士，杨执中向娄氏二公子推荐了一个学识渊博的人，名叫权勿用。</td><td>鲁小姐——蘧公孙——鲁编修
邹吉甫——杨执中——娄氏二公子——权勿用</td></tr>
<tr><td>阅读思考随手记</td><td colspan="3">曹丕：“文人相轻，自古而然。”</td></tr>
</table>

<table>
<tr><td rowspan="2">阅读内容</td><td rowspan="2">第十二回《名士大宴莺脰湖　侠客虚设人头会》（黄雨桐）</td><td>阅读时间</td><td>2019 年 3 月 14 日</td></tr>
<tr><td>阅读时长</td><td>（12）分钟</td></tr>
<tr><td>主要人物</td><td colspan="2">权勿用、杨执中、张铁臂</td><td>人物勾连线索</td></tr>
<tr><td>主要情节</td><td colspan="2">杨执中向娄三、娄四推荐权勿用，二人派仆人宦成去请权先生。宦成在路上听了权勿用无赖骗人之事，觉得娄府二位公子可笑。权勿用进城时被乡里人挑走帽子，追赶时冲撞了魏厅官的轿子，遇到旧相识侠客张铁臂为他解围，二人一道前往娄府。张铁臂为娄三娄四表演舞剑，众人大赞，权、张二人成为娄府上宾。娄三娄四邀请杨、权等人游莺脰湖。杨执中之子杨老六偷权勿用五百文，杨、权不合。张铁臂用猪头冒充人头，吓得娄三娄四心胆皆碎，又借报恩之名骗走二娄五百金。</td><td>娄三、娄四——杨执中——权勿用——宦成——张铁臂</td></tr>
<tr><td>阅读思考随手记</td><td colspan="3">权勿用满口“我和你至交相爱，分甚么彼此？你的就是我的，我的就是你的”，刻画出一个十足的无赖形象，哪有什么高士之风，娄三、娄四居然还把他奉为上宾，实在是识人不清。相比之下仆人宦成认为权勿用是个“混账”，倒比他俩更有见识一些。</td></tr>
</table>

<table>
<tr><td rowspan="2">阅读内容</td><td rowspan="2">第十三回《蘧駪夫求贤问业　马纯上仗义疏财》（郭雨荷）</td><td>阅读时间</td><td>2019 年 3 月 20 日</td></tr>
<tr><td>阅读时长</td><td>（17）分钟</td></tr>
<tr><td>主要人物</td><td colspan="2">蘧公孙、马纯上</td><td>人物勾连线索</td></tr>
<tr><td>主要情节</td><td colspan="2">娄府两公子等了张铁臂许久，但没有等到，两人拆开了张铁臂的革囊，发现里面不是人头而是个猪头。蘧公孙去拜访马纯上，听他讲升学的窍门，觉得很受启发。娄府的仆人与蘧家的丫鬟私通，带着蘧公孙得来的枕箱跑了，蘧公孙报官，差役知道了枕箱是叛官的赃物，吓唬仆人骗走了仆人的银子，告诉仆人去吓吓蘧公孙，吓他几百两银子，再把丫鬟送给仆人。又找到了马纯上，要马纯上出钱赎枕箱。</td><td>蘧公孙——马纯上——双红——仆人——差役</td></tr>
<tr><td>阅读思考随手记</td><td colspan="3">差役为了钱，连钦犯的赃物也要想方设法地得到，威胁，欺骗了许多人，足以看出他的贪婪，心机深沉，不择手段。</td></tr>
</table>

<table>
<tr><td rowspan="2">阅读内容</td><td rowspan="2">第十四回《蘧公孙书坊送良友　马秀才山洞遇神仙》（李俞静）</td><td>阅读时间</td><td>2019 年 3 月 21 日</td></tr>
<tr><td>阅读时长</td><td>（25）分钟</td></tr>
<tr><td>主要人物</td><td colspan="2">马二、差人</td><td>人物勾连线索</td></tr>
<tr><td>主要情节</td><td colspan="2">马二与差人商议替蘧公孙赎枕箱，差人要两三百两，马二与他讨论一番，马二决定把自己仅有的九十多两银子给他，蘧公孙回来后得知，十分感谢。第二天，马二先生辞别，要前往杭州，马二先生带着几个钱在西湖上走走转转。马二先生步出钱塘门，走过六个桥，找到一个山门，吃了些东西，回清波门住下，又去了城隍山，走到了山冈上，又走到了丁仙之祠，遇到了一个白须老人。</td><td>蘧公孙——双红——差人——马二——丁仙</td></tr>
<tr><td>阅读思考随手记</td><td colspan="3">娄公子几百两银子，只为交得一朋友，却不及蘧公孙的一顿酒饭来的真心。</td></tr>
</table>

<table>
<tr><td rowspan="2">阅读内容</td><td rowspan="2">第十五回《葬神仙马秀才送丧　思父母匡童生尽孝》（张佳怡）</td><td>阅读时间</td><td>2019 年 3 月 18 日</td></tr>
<tr><td>阅读时长</td><td>（18）分钟</td></tr>
<tr><td>主要人物</td><td colspan="2">马纯上</td><td>人物勾连线索</td></tr>
<tr><td>主要情节</td><td colspan="2">洪憨仙了解到马纯上生活十分窘迫贫苦后想办法接济他。于是洪憨仙给了马纯上几块“煤炭”，马纯上带回家后用火一炼就成了银子。后来洪憨仙以准备炼丹的物品为理由向有钱的胡公子要了万两银子，并承诺四十九日后可以炼出“银母”点石成金。结果没过多久洪憨仙就去世了。后来洪憨仙的仆人告诉了马纯上洪憨仙不是神仙只是有意接济他。办完丧事后马纯上在大街上遇到了一个父亲重病的少年——匡迥，借给他十两银子救急。随后在回家的船上遇到了郑老爹，并从郑老爹那了解到张氏兄弟关系不和经常打架，张氏兄弟被他们的父亲告官后，又冒名顶替父亲撤诉的恶劣行径。</td><td>洪憨仙——马纯上——匡迥——郑老爹——张氏兄弟</td></tr>
<tr><td>阅读思考随手记</td><td colspan="3">从这一章节的故事中可以了解到马纯上是一个心地善良，乐于助人的人，为后文埋下伏笔做了铺垫，人物形象鲜明突出。</td></tr>
</table>

<table>
<tr><td rowspan="2">阅读内容</td><td rowspan="2">第十六回《大柳庄孝子事亲　乐清县贤宰爱士》（陈雪莹）</td><td>阅读时间</td><td>2019 年 3 月 25 日</td></tr>
<tr><td>阅读时长</td><td>（18）分钟</td></tr>
<tr><td>主要人物</td><td colspan="2">匡迥（匡超人）</td><td>人物勾连线索</td></tr>
<tr><td>主要情节</td><td colspan="2">匡超人回到家中，从父亲口中得知三房里的阿叔要强占自家房子，还把父亲气下了病，母亲也是终日以泪洗面。匡超人回家后尽心尽力地照顾父亲，夜里父亲出恭也是细心服侍。匡超人稳住三房里的阿叔后，便白天做生意补贴家用，晚上读书。一天夜里，村里失了火，匡超人一家不得不租房。匡超人依旧晚上勤奋读书，父亲的病因为村里失火变得更重了。知县听闻匡超人的事，很是赏识，便自助其银两叫他报名应考。考到了案首，接着去参加考试。</td><td>匡超人——匡太公——匡超人的哥哥——三房的阿叔——潘老爹——知县</td></tr>
<tr><td>阅读思考随手记</td><td colspan="3">匡超人很是孝顺，父亲曾经夜里出恭，因为没人便忍到天亮，而匡超人回到家，父亲夜里要出就出；村里失火的时候，其他人都在忙着抢衣物，而匡超人觉得其他都不打紧，父亲是最重要的。匡超人在赚钱补贴家用和侍奉父亲期间还不忘勤奋读书。</td></tr>
</table>

<table>
<tr><td rowspan="2">阅读内容</td><td rowspan="2">第十七回《匡秀才重游旧地　赵医生高踞诗坛》（姜丽娟）</td><td>阅读时间</td><td>2019 年 3 月 26 日</td></tr>
<tr><td>阅读时长</td><td>（20）分钟</td></tr>
<tr><td>主要人物</td><td colspan="2">匡超人、赵雪斋、景兰江</td><td>人物勾连线索</td></tr>
<tr><td>主要情节</td><td colspan="2">匡超人进学之后，连续拜望了老师。不久，匡超人的父亲病逝。不知什么原因，知县也被革职摘印，可是百姓们都很拥戴知县，就去围了省里的官员。上面派人来捉拿带头造反的人，却连累了匡超人。匡超人就到杭州躲避祸患。恰好在杭州与民间的贤士景兰江及他的一帮朋友们结识。后来，这些人经常相聚作诗。</td><td>匡超人——匡父——景兰江——赵雪斋</td></tr>
<tr><td>阅读思考随手记</td><td colspan="3">太公死后给匡大和匡二的遗言是一定要重德行而非重功名，娶一个不爱权势的女子，他不是知识分子却有这样的认识，那些为权势读书的人不就很悲哀吗？</td></tr>
</table>

<table>
<tr><td rowspan="2">阅读内容</td><td rowspan="2">第十八回《约诗会名士携匡二 访朋友书店会潘三》（董美萱）</td><td>阅读时间</td><td>2019 年 3 月 27 日</td></tr>
<tr><td>阅读时长</td><td>（21）分钟</td></tr>
<tr><td>主要人物</td><td colspan="2">匡超人</td><td>人物勾连线索</td></tr>
<tr><td>主要情节</td><td colspan="2">匡超人与店主一起商讨如何批改考卷这事。
匡超人在六天内批改了几百份考卷，店主请匡超人吃了饭。
匡超人受邀去参加西湖宴会，当天，大家把写好的诗都贴在了墙上，但有些人文采一般。</td><td>匡超人——胡三公子——文剑锋</td></tr>
<tr><td>阅读思考随手记</td><td colspan="3">匡超人正被社会污浊同化，逐渐成为唯利是图、见钱眼开的小人！</td></tr>
</table>

<table>
<tr><td rowspan="2">阅读内容</td><td rowspan="2">第十九回《匡超人幸得良朋 潘自业横遭祸事》
（邱润天）</td><td>阅读时间</td><td>2019 年 3 月 28 日</td></tr>
<tr><td>阅读时长</td><td>（19）分钟</td></tr>
<tr><td>主要人物</td><td colspan="2">匡超人、潘自业、施美卿、金成崖、郑老爹</td><td>人物勾连线索</td></tr>
<tr><td>主要情节</td><td colspan="2">匡超人见到潘自业，看到他为人大方，介绍了关于潘自业的几个事件：
1. 胡财主看中一个丫头，潘自业在官府中疏通并出银子把事办成。
2. 施美卿误把妻子卖给别人，别人不退，潘自业出银子了却官司，把事办成。
3. 潘自业找匡超人代金成崖儿子考学，考中后给匡超人银两并娶了郑老爹女儿。但不久潘自业被告下监。</td><td>匡超人——潘自业——施美卿——金成崖——匡超人——郑老爹</td></tr>
<tr><td>阅读思考随手记</td><td colspan="3">潘自业在帮助别人的同时也在损失自己的名誉，可见后果是直观的。</td></tr>
</table>

<table>
<tr><td rowspan="2">阅读内容</td><td rowspan="2">第二十回《匡超人高兴长安道　牛布衣客死芜湖关》（薛晓萌）</td><td>阅读时间</td><td>2019 年 3 月 29 日</td></tr>
<tr><td>阅读时长</td><td>（20）分钟</td></tr>
<tr><td>主要人物</td><td colspan="2">匡超人、牛布衣</td><td>人物勾连线索</td></tr>
<tr><td>主要情节</td><td colspan="2">因为匡超人卷入了潘三的案子，便将自己的妻子赶回了乡下，自己到京师见李给谏，老师十分欣赏他，便想把自己的外甥女嫁给他，而匡超人因为虚荣心谎称自己还未娶妻，便答应了婚事。他原本的妻子因为乡下生活太劳苦而去世，匡超人拿钱给自己大哥，托付他去给妻子埋葬。景兰江让匡超人去看看潘三，但匡超人怕牵扯到自己就说了谎。匡超人在船上遇到了牛布衣，向他吹嘘自己的才能学识。牛布衣到了芜湖，到甘露庵住宿，将两本自己做的诗交给了老和尚。不久病死，周围的邻居帮他办了丧事。</td><td>匡超人——李给谏——匡大——景兰江——牛布衣——老和尚</td></tr>
<tr><td>阅读思考随手记</td><td colspan="3">匡超人的性格特征在这一回被作者描写得很细致，现在的他变得虚伪、薄情寡义、撒谎成瘾，面对曾经的夫妻之情和朋友之情毫不顾忌，不见半点旧情，再也不是当初那个可爱善良的少年了。</td></tr>
</table>

<table>
<tr><td rowspan="2">阅读内容</td><td rowspan="2">第二一回《冒姓字小子求名　念亲戚老夫卧病》（杨跞文）</td><td>阅读时间</td><td>2019 年 4 月 1 日</td></tr>
<tr><td>阅读时长</td><td>（25）分钟</td></tr>
<tr><td>主要人物</td><td colspan="2">牛浦、牛老儿、卜崇礼</td><td>人物勾连线索</td></tr>
<tr><td>主要情节</td><td colspan="2">1. 牛浦在晚上经常到甘露庵里念诗，老和尚十分诧异，细问之下才知道他是因为觉得念书的声音好听，所以偷了自家钱买了本书。老和尚决定日后把牛布衣的诗集送给他。
2. 牛浦趁着老和尚下乡念经，掇开房门，偷出那本诗集来看，看到全是写给老爷们的诗，于是就动了歪心思，将“布衣”变为他的“字”，冒名顶替牛布衣，为了取信于人，还找郭铁笔刻了章。
3. 牛浦的祖父牛老儿在店中和卜老爹喝酒，商量着把卜老爹的外甥女嫁给牛浦。次日早，就下了帖子。到了二十七日，两人正式结婚。
4. 牛浦外出讨赊账，路过甘露庵，老和尚给他交代了一番之后，就去京城了。至此，牛浦也就正式启用了“牛布衣”这个名号。</td><td>老和尚——牛浦——牛老儿——卜崇礼——卜崇礼的外甥女</td></tr>
<tr><td>阅读思考随手记</td><td colspan="3">牛浦有一个好的初心，这份对知识的热爱一定会使他有所作为。但可惜的是后来他却为了攀附权贵，做了冒名顶替的勾当，令人惋惜啊！每个人当以此为戒。</td></tr>
</table>

<table>
<tr><td rowspan="2">阅读内容</td><td rowspan="2">第二二回《认祖孙玉圃联宗　爱交游雪斋留客》（薛茗一）</td><td>阅读时间</td><td>2019 年 4 月 5 日</td></tr>
<tr><td>阅读时长</td><td>（15）分钟</td></tr>
<tr><td>主要人物</td><td colspan="2">牛浦</td><td>人物勾连线索</td></tr>
<tr><td>主要情节</td><td colspan="2">牛浦窃取牛布衣生前名声后，董瑛不知道便慕名前来拜访他。牛浦为了表现自己的大气，让一个舅舅端茶倒水，另一个舅舅收拾卫生。接待完后，牛浦埋怨两个舅舅不懂礼数，惹得两个舅舅将他赶出家门。牛浦只好去投奔董瑛。他在途中遇到了牛玉圃，牛玉圃认他做了孙子。后来又遇到牛玉圃的结拜兄弟王义安被人殴打。到杭州后，他随牛玉圃去拜访万雪斋，在池塘边散步时一不小心掉入池塘，牛玉圃觉得丢脸，把他骂了一番。</td><td>牛浦——董瑛——牛玉圃——王义安</td></tr>
<tr><td>阅读思考随手记</td><td colspan="3">牛浦偷书、冒名、讽刺长辈、卖别人东西，作者把小人物的丑陋嘴脸表现得淋漓尽致。</td></tr>
</table>

<table>
<tr><td rowspan="2">阅读内容</td><td rowspan="2">第二三回《发阴私诗人被打　叹老景寡妇寻夫》（孙成雨）</td><td>阅读时间</td><td>2019 年 4 月 6 日</td></tr>
<tr><td>阅读时长</td><td>（18）分钟</td></tr>
<tr><td>主要人物</td><td colspan="2">牛浦、牛玉圃</td><td>人物勾连线索</td></tr>
<tr><td>主要情节</td><td colspan="2">1. 牛浦同道士去道士师兄家走走，从道士口中得知，万雪斋以前是程家书童，因挣几个钱便自立门户，与程家关系不好。
2. 牛浦对牛玉圃谎称万雪斋与陈家交好，牛玉圃便在万雪斋面前提起此人，万雪斋恼羞成怒。
3. 牛玉圃受万家帖子去为王汉策写寿文，受到王汉策家人的侮辱，又听其说完万雪斋对他不满，知道了牛浦骗了他就将牛浦暴打一顿。
4. 黄客人路过，将牛浦救了出来，牛浦拜托他去找董老爷。
5. 冯主事从董老爷口中得知牛布衣行踪，将其行踪告知牛奶奶，牛奶奶便去寻牛布衣。</td><td>牛浦——牛玉圃——万雪斋——王汉策——黄客人——董老爷——冯主事——牛奶奶</td></tr>
<tr><td>阅读思考随手记</td><td colspan="3">牛浦也算一个苦命的人，受制于人，低三下四，但为人却不忠厚。</td></tr>
</table>

<table>
<tr><td rowspan="2">阅读内容</td><td rowspan="2">第二四回《牛浦牵连多讼事　鲍文卿整理旧生涯》（陈恕）</td><td>阅读时间</td><td>2019 年 3 月 27 日</td></tr>
<tr><td>阅读时长</td><td>（22）分钟</td></tr>
<tr><td>主要人物</td><td colspan="2">牛浦、鲍文卿</td><td>人物勾连线索</td></tr>
<tr><td>主要情节</td><td colspan="2">1. 入赘黄家后，一日旧邻居石老鼠来找牛浦借钱，牛浦不给，两人争吵要掀对方的底。
2. 牛奶奶找上门来，不知道丈夫已死，认为是牛浦害死了她丈夫才冒充的牛布衣，于是告了状。
3. 知县一共审了三件事，第一件为“为活杀父命事”，二为“为毒杀兄命事”，三为牛奶奶告的状。知县以为只是同名，不予审理，发回了原籍去审理。
4. 上司认为知县不务正业，欲参他，被戏子鲍文卿所救，鲍文卿回到南京，想找几个人成立一个小戏班子。</td><td>牛浦——石老鼠
牛浦——牛奶奶——向知县——鲍文卿</td></tr>
<tr><td>阅读思考随手记</td><td colspan="3">牛浦这样的人真正诠释了“厚颜无耻”这个成语，牛奶奶亲自找上门他都丝毫没有羞愧、不安之心，用别人的名号招摇撞骗，这和小偷、强盗又有什么分别呢！</td></tr>
</table>

<table>
<tr><td rowspan="2">阅读内容</td><td rowspan="2">第二五回《鲍文卿南京遇旧　倪廷玺安庆招亲》（余萍）</td><td>阅读时间</td><td>2019 年 4 月 5 日</td></tr>
<tr><td>阅读时长</td><td>（30）分钟</td></tr>
<tr><td>主要人物</td><td colspan="2">鲍文卿、倪廷玺</td><td>人物勾连线索</td></tr>
<tr><td>主要情节</td><td colspan="2">1. 鲍文卿在街上游走，遇到一个修理乐器的老者。遂请到家中帮忙修理乐器。
2. 期间谈到倪老爹做了二十多年的秀才，家贫如洗，五个儿子已经卖出去了四个。最后一个也是难以养活，与鲍文卿商议后，两相情愿，过继给鲍文卿，更名鲍廷玺。
3. 由此，鲍文卿带着儿子四处开班演戏。
4. 一日在街上遇到原来的向知县，已到本地升任知府，经知府介绍，将府上看门人王老爹的女儿许配给了鲍廷玺。</td><td>鲍文卿——倪老爹——倪廷玺——鲍文卿——鲍廷玺</td></tr>
<tr><td>阅读思考随手记</td><td colspan="3">鲍文卿虽不是儒生，是当时社会地位低下的艺人，但他当时比很多读书人都更有风骨，操守，着实让人钦佩。</td></tr>
</table>

<table>
<tr><td rowspan="2">阅读内容</td><td rowspan="2">第二六回《向观察升官哭友　鲍廷玺丧父娶妻》（侯山杉）</td><td>阅读时间</td><td>2019 年 4 月 11 日</td></tr>
<tr><td>阅读时长</td><td>（20）分钟</td></tr>
<tr><td>主要人物</td><td colspan="2">向知府、鲍文卿、鲍廷玺</td><td>人物勾连线索</td></tr>
<tr><td>主要情节</td><td colspan="2">1. 向知府未被摘官印，只是一场误会。
2. 鲍廷玺迎娶王家小姐，在衙门日子快活，家里也井井有条，生活美满。
3. 向知府不信任小厮，委托鲍家父子帮他监考，鲍廷玺欲举报童声作弊，被鲍文卿拦下。
4. 季守备因他的戏子身份而看轻鲍文卿，向知府巧言化解，鲍文卿称赞季守备之子季萑才貌双全，前途必一帆风顺。
5. 王小姐难产去世，向知府赠鲍家父子一千两料理。二人来到南京后，鲍文卿病故。临终前嘱咐家人一定要为鲍廷玺再娶妻。
6. 向太爷赶来却闻鲍文卿已故，悲痛之余为他题写铭旌，又给鲍廷玺百两银子聊表心意。
7. 金次福为鲍廷玺介绍了胡家女儿，归姑爷从沈天孚处知晓胡家真实境况。
8. 归姑爷为得赏赐，嘱咐沈大脚刻意隐瞒一定要撮合两家结亲。于是沈大脚虚报鲍家条件和境况，鲍、胡两家结亲。</td><td>向知府——鲍廷玺——小王——鲍文卿——季萑——季守备——王家女儿——青衣人——金次福——鲍老太——胡家女儿——王三胖——荷花、采莲——归姑爷——沈大脚——沈天孚——王太太</td></tr>
<tr><td>阅读思考随手记</td><td colspan="3">向太爷和鲍文卿之间的信任和情谊在当时的社会是非常难得，让人唏嘘，亦让人感动，一个人的人品风貌才是真正的“名声”。</td></tr>
</table>

<table>
<tr><td rowspan="2">阅读内容</td><td rowspan="2">第二七回《王太太夫妻反目　倪廷珠兄弟相逢》（官玉）</td><td>阅读时间</td><td>2019 年 4 月 9 日</td></tr>
<tr><td>阅读时长</td><td>（25）分钟</td></tr>
<tr><td>主要人物</td><td colspan="2">鲍廷玺、鲍文卿、倪廷珠、季苇箫</td><td>人物勾连线索</td></tr>
<tr><td>主要情节</td><td colspan="2">1. 婚后，因鲍家有个婆婆，丈夫也并非举人，也没有字号店，这些事实都显露出来，鲍太太脾气大发，气出病来。
2. 鲍老太太不堪忍受，在女儿及姑爷的建议下，把鲍氏夫妇赶出了家门。
3. 鲍廷玺的大哥倪廷珠一直在抚院姬大人那里做幕僚，来到南京时找到了鲍廷玺，给了些银子，叫他买所房子。
4. 因马上要去苏州，叫兄弟过几日去苏州找他，再给些银子做些生意。不料鲍廷玺到苏州后得知大哥已经病亡。幸巧在来时的路上遇到了季苇箫，就去扬州找季公子。季公子此时是鲍老爹的孙女女婿。</td><td>鲍廷玺——鲍文卿——倪廷珠——季苇箫</td></tr>
<tr><td>阅读思考随手记</td><td colspan="3">这本书里面无论是温婉女子还是泼妇，女性地位非常低下，婚姻的好坏直接决定了一生的命运，可悲可叹可怜。</td></tr>
</table>

<table>
<tr><td rowspan="2">阅读内容</td><td rowspan="2">第二八回《季苇萧扬州入赘　萧金铉白下选书》（张译文）</td><td>阅读时间</td><td>2019 年 4 月 26 日</td></tr>
<tr><td>阅读时长</td><td>（20）分钟</td></tr>
<tr><td>主要人物</td><td colspan="2">季苇萧、季恬逸、诸葛天申</td><td>人物勾连线索</td></tr>
<tr><td>主要情节</td><td colspan="2">1. 鲍廷玺遇到小厮阿三得知哥哥已经去世。
2. 因盘缠用尽投奔季苇萧，在他的招亲宴上结交了两位名士。
3. 季苇萧给鲍廷玺回南京的路费，托他带书信给季恬逸让他来找他。
4. 季恬逸收到信后因没有盘缠回不去安庆。
5. 诸葛天申来找季恬逸与萧金铉一起选文，用来选文的住所因为房价太高去了一位僧官家中寄居。</td><td>小厮阿三——鲍廷玺——季苇萧——季恬逸——诸葛天申——萧金铉——僧官</td></tr>
<tr><td>阅读思考随手记</td><td colspan="3">鲍廷玺的命运也可谓一波三折了，想到一句话：时运不济，命运多舛。</td></tr>
</table>

<table>
<tr><td rowspan="2">阅读内容</td><td rowspan="2">第二十九回《诸葛佑僧寮遇友　杜慎卿江郡纳姬》（赛菲耶）</td><td>阅读时间</td><td>2019 年 4 月 12 日</td></tr>
<tr><td>阅读时长</td><td>（25）分钟</td></tr>
<tr><td>主要人物</td><td colspan="2">季恬逸、季苇萧</td><td>人物勾连线索</td></tr>
<tr><td>主要情节</td><td colspan="2">1. 龙三扮女人来找僧官，萧等人欲逐他，金东崖来赶走了他，又一人递书给季恬逸，几人将晚时散席。
2. 季恬逸等三人选书刻字，杜十七飞桥路过，次日，诸葛天申去会，几人相见。
3. 一日几人见杜慎卿，吃酒设席。</td><td>僧官、萧、诸葛、季三人——龙三——金东崖——季恬逸——郭铁笔——杜十七——杜慎卿——沈大脚</td></tr>
<tr><td>阅读思考随手记</td><td colspan="3">书中对他们吃的美食描写得很好，能体现那个时代的饮食文化，风土人情。</td></tr>
</table>

<table>
<tr><td rowspan="2">阅读内容</td><td rowspan="2">第三十回《爱少俊访友神乐观 逞风流高会莫愁湖》（孙飞羽）</td><td>阅读时间</td><td>2019 年 4 月 10 日</td></tr>
<tr><td>阅读时长</td><td>（20）分钟</td></tr>
<tr><td>主要人物</td><td>季苇萧、杜慎卿</td><td></td><td>人物勾连线索</td></tr>
<tr><td>主要情节</td><td colspan="2">1. 杜慎卿、季苇萧二人交好。季苇萧回城，杜慎卿同鲍廷玺回寓吃酒过夜。
2. 季苇萧同宗先生来拜，送客后，季、杜二人设席。沈大脚来拜，给杜慎卿介绍了一位姑娘及其弟弟。杜慎卿厌恶妇人、喜爱男色。郭铁笔来拜，递了台印便走。
3. 季、杜二人继续交谈，杜慎卿说出自己重男色。季苇萧开玩笑向杜慎卿介绍来霞士，说是个男美。
4. 杜慎卿听信季苇萧，去神乐观寻来霞士，才知来霞士生得又老又胖，明白季苇萧是在开玩笑，便回到下处。
5. 萧金铉、辛东之、金寓刘、金东崖来送礼，杜慎卿觉得可厌。
6. 季苇萧来贺，二人谈起来霞士一事大笑。鲍廷玺同一道士来拜，四人说要在莫愁湖办会选戏子，写了全帖，准备物件不在话下。杜慎卿见了王留歌，很是喜爱，便让其参会。
戏会热闹万分，选出榜来，前三名分别是郑魁官、葛来官、王留歌，各赏了贺礼，传遍大街小巷。</td><td>杜慎卿、季韦萧——鲍廷玺——宗先生——沈大脚——王留歌——郭铁笔——来霞士——萧金铉、辛东之、金寓刘、金东崖——郑魁官、葛来官</td></tr>
<tr><td>阅读思考随手记</td><td colspan="3">杜慎卿这个人虽不近女色，却无处不流露出对女性的鄙视，一身封建的大男子主义习气，不仅说明当时女性的地位之低下，还说明杜慎卿的迂腐做作。</td></tr>
</table>

<table>
<tr><td rowspan="2">阅读内容</td><td rowspan="2">第三一回《天武县同访豪杰　赐书楼大醉高朋》（喻锦鸿）</td><td>阅读时间</td><td>2019 年 4 月 24 日</td></tr>
<tr><td>阅读时长</td><td>（20）分钟</td></tr>
<tr><td>主要人物</td><td colspan="2">鲍廷玺、杜慎卿、杜少卿</td><td>人物勾连线索</td></tr>
<tr><td>主要情节</td><td colspan="2">1. 通过戏子大会鲍廷玺看到了杜慎卿的慷慨大方，就想借些银子重新建立一个戏班。
2. 杜慎卿向鲍廷玺介绍自己的堂弟杜少卿，说他更大方。
3. 鲍廷玺在路上遇见了同去拜访的韦四太爷，两人结伴而行。
4. 杜少卿果然慷慨大方，不仅好酒好菜招待客人，还在自身无钱的情况下典当衣服为别人的母亲买棺材。</td><td>鲍廷玺——杜慎卿——杜少卿</td></tr>
<tr><td>阅读思考随手记</td><td colspan="3">只为他人，不为自己，杜少卿的做法是俗人所不能理解的，这样的人也许也只存在于吴敬梓的理想中了。</td></tr>
</table>

<table>
<tr><td rowspan="2">阅读内容</td><td rowspan="2">第三二回《杜少卿平居豪举　娄焕文临去遗言》（林冒宇）</td><td>阅读时间</td><td>2019 年 4 月 22 日</td></tr>
<tr><td>阅读时长</td><td>（20）分钟</td></tr>
<tr><td>主要人物</td><td colspan="2">杜少卿</td><td>人物勾连线索</td></tr>
<tr><td>主要情节</td><td colspan="2">1. 杜少卿卖田凑钱给娄太爷孙子回家钱，又资助黄大修房子，还帮臧蓼斋补上他买秀才的钱，赞助张俊民的儿子去考试，帮张俊民捐学，又给鲍廷玺许多银子回家整理戏班，重新开张。不久就将卖田的银子花光。
2. 娄太爷病重，想要回家，临走前告诉杜少卿少给那些与自己无关人钱财，再多钱也会被花完，还得不到任何好处。
3. 娄太爷走后，杜少卿更大手大脚的散财。</td><td>杜少卿——王胡子——娄太爷——黄大——臧蓼斋——张俊民——王老爷——鲍廷玺</td></tr>
<tr><td>阅读思考随手记</td><td colspan="3">在读杜少卿的时候，不禁让我想起作者。他们都出身门第，年少挥霍，不会打理生计，也都以病避官。这时再想王胡子逃离他时，杜少卿的那一笑，包含了多少辛酸与看破红尘。杜少卿，一个成功的慈善家，一个失败的当家人。</td></tr>
</table>

<table>
<tr><td rowspan="2">阅读内容</td><td rowspan="2">第三三回《杜少卿夫妇游山　迟衡山朋友议礼》（高佳钰）</td><td>阅读时间</td><td>2019 年 4 月 13 日</td></tr>
<tr><td>阅读时长</td><td>（9）分钟</td></tr>
<tr><td>主要人物</td><td colspan="2">杜少卿</td><td>人物勾连线索</td></tr>
<tr><td>主要情节</td><td colspan="2">1. 杜少卿自娄太爷回家后又大胆用银子，钱财散尽，决定和娘子搬去南京住。
2. 到南京后，去了表侄卢华士的家，又遇到了迟衡山，一同去了书店遇到马纯上等人，然后买了房子。
3. 次日季苇萧拜访说要与杜少卿做邻居，后又与郭铁笔等人闲谈，杜娘子和王太太等人去姚园游玩。
4. 娄太爷去世，杜少卿哭丧后回家得知朝廷想让他做官，但被他拒绝，后拜访庄绍光先生，一同商量议礼之事。</td><td>杜少卿——杜娘子——王胡子——卢华士——迟衡山——马纯上——蘧公孙——景兰江——季苇萧——萧金铉——诸葛天申——季恬逸——郭铁笔——来霞士——金东崖——鲍廷玺——王太太——姚奶奶——庄绍光——娄太爷——李巡抚——韦四爷</td></tr>
<tr><td>阅读思考随手记</td><td colspan="3">杜少卿这样散尽千金，颇有古代侠士风度，可谓名士风流。但做慈善也不能太博爱，这样会让很多人只知道向别人伸手，觉得什么都是应该的。</td></tr>
</table>

<table>
<tr><td rowspan="2">阅读内容</td><td rowspan="2">第三四回《议礼乐名流访友 备弓旌天子招贤》（牛柯静）</td><td>阅读时间</td><td>2019 年 4 月 25 日</td></tr>
<tr><td>阅读时长</td><td>（30）分钟</td></tr>
<tr><td>主要人物</td><td colspan="2">杜少卿、庄绍光</td><td>人物勾连线索</td></tr>
<tr><td>主要情节</td><td colspan="2">1. 杜少卿掩病辞了征辟后，薛乡绅宴请众朋友，包括迟衡山、马纯上、蘧駪夫、萧柏泉、季苇萧、余和声等人，杜少卿推病不去。
2. 期间迟衡山谈到杜少卿拒绝征辟之事时，高老先生大谈杜少卿没有做官的本事，征辟也不是正当入仕，谈及杜少卿将历代积累下的家产都挥霍空了，表示十分不屑。次日，众人拜访杜少卿，杜少卿与其一起解书。
3. 迟衡山同杜少卿去拜访庄绍光，商议建造泰伯祠堂的事。而庄绍光受徐巡抚举荐，准备要进京赴任。在客店遇到押解银饷的孙守备。同行。
4 孙守备的马队遇到响马，孙守备的朋友萧昊轩夜宿客栈遭人算计，情急之下用头发组装弹弓搭救。</td><td>杜少卿——邓老爷——知县——薛乡绅——迟衡山、蘧公孙、马纯上、萧柏泉、季苇萧、余和声——高老先生
杜少卿——迟衡山——庄绍光——孙守备——响马（强盗）——萧昊轩</td></tr>
<tr><td>阅读思考随手记</td><td colspan="3">杜少卿不愿做官是因无才，还是不愿混入官场的黑暗？</td></tr>
</table>

<table>
<tr><td rowspan="2">阅读内容</td><td colspan="2" rowspan="2">第三五回《圣天子求贤问道 庄征君辞爵还家》（狄杨允丽）</td><td>阅读时间</td><td>2019 年 4 月 26 日</td></tr>
<tr><td>阅读时长</td><td>（20）分钟</td></tr>
<tr><td>主要人物</td><td colspan="3">庄征君、杜少卿、太保</td><td>人物勾连线索</td></tr>
<tr><td>主要情节</td><td colspan="3">庄绍光应诏觐见皇帝。皇上大为赞赏他的才学，但是他不谙官场事故，得罪了太保，当皇帝要重用他时，太保说不适宜用没有通过正规渠道进学的人。于是皇上赐了银两和南京元武湖，允许他回乡著书立说。庄绍光回乡的路上，借宿到一老农家，不幸老农夫妇双亡，庄绍光花费银子安葬了。回家中途及到家后，各路官僚、乡绅因为他被皇上召见，纷纷前来拜见，庄绍光不堪其扰，搬到了皇上赐予的元武湖上。卢信侯随即到湖上来访，因为卢信侯收藏了禁书，被官府追来捉拿。卢信侯自首，一个月后，被庄绍光疏通关系救了出来。迟衡山、杜少卿来找他商议需找一个贤士主祭泰伯祠堂。</td><td>庄徽君——卢德——徐侍郎——天子——萧柏泉——迟衡山——杜少卿——马纯上——蘧駪夫——季苇萧——萧金铉——金东崖</td></tr>
<tr><td>阅读思考随手记</td><td colspan="4">庄绍光接受举荐上京，是为了尽自己的责任，而当自己的“道”无法得到重用时，他就只有不甘地做隐士，他的最大特征是悠然，这种悠然无法和俗世的喧嚣相容。所以尽管他表明自己和山林隐逸不同，但他又不得不“隐居”起来。不同于虞育德的是，庄绍光对于志不同、道不合的世俗小人和官僚是不屑一见的。甚至最初虞育德前往拜见，都吃了闭门羹。</td></tr>
</table>

<table>
<tr><td rowspan="2">阅读内容</td><td rowspan="2">第三六回《常熟县真儒降生　泰伯祠名贤主祭》（陈甜莉）</td><td>阅读时间</td><td>2019 年 4 月 28 日</td></tr>
<tr><td>阅读时长</td><td>（20）分钟</td></tr>
<tr><td>主要人物</td><td colspan="2">虞博士、祁太公、杜少卿、庄征君、武书</td><td>人物勾连线索</td></tr>
<tr><td>主要情节</td><td colspan="2">常熟有个虞博士五十多岁考中进士，为人极其忠厚，做了一系列善举：受朋友之托，到南京国子监后即履行诺言，给予武书以关照；储信和伊昭劝虞博士在春天时举行生日宴会，以便收些礼金用来春游，被他拒绝；虞博士的旧邻汤相公来找他，告诉他因缺钱用，把虞博士让他住的房子拆卖了，虞博士不但没有生气，还另给了银子让他再去租房住；应天府送来一个犯了赌博罪的监生，虞博士不但不治他的罪，反而与他同吃同住，过了几日就放回了家。因此，虞博士被选为泰伯祠堂大典的主祭。</td><td>虞博士——祁太公——尤滋——严管家——武书——庄征君——杜少卿——储信——伊昭——汤相公——端监生</td></tr>
<tr><td>阅读思考随手记</td><td colspan="3">杜少卿是通过一系列惊世骇俗的异举达到了个性的升华，相比之下虞博士没有奇言异行，他的生活环境并不比其他士人特殊，为什么他却也给人留下了深刻的印象和影响？虞博士的泰然，固然可以独善其身，可以引领贤人们做出一番事业，却也没有成功。</td></tr>
</table>

<table>
<tr><td rowspan="2">阅读内容</td><td rowspan="2">第三七回《祭先圣南京修礼　送孝子西蜀寻亲》（王雅菲）</td><td>阅读时间</td><td>2019 年 4 月 30 日</td></tr>
<tr><td>阅读时长</td><td>（20）分钟</td></tr>
<tr><td>主要人物</td><td colspan="2">虞博士、杜少卿、郭孝子</td><td>人物勾连线索</td></tr>
<tr><td>主要情节</td><td colspan="2">三月二十九日，虞博士、迟衡山、齐杜仪、马静、季萑、金东崖等人在泰伯祠举行祭祀大典。虞博士主祭，庄征君亚献，马二先生终祭，众乡人围观。过了几日，马纯上同蘧駪夫到河房里来辞杜少卿，恰巧见到了张铁臂，改头换面成了张俊民，张俊民见到马纯上，脸上挂不住，过几日便去了。武书给杜少卿讲了两个虞博士的事迹，一是虞博士监考时发现考生作弊带小抄，却替他掩了过去。二是虞博士想把丫头许配给严管家，严管家却不领情，虞博士给了他们十两银子。武书遇到了寻父几十年的郭孝子，杜少卿娘子给郭孝子浆洗衣服，虞博士等人凑了二十两银子送他去四川继续找父亲。</td><td>虞博士——迟衡山——金东崖——马二——张铁臂——杜少卿——郭孝子</td></tr>
<tr><td>阅读思考随手记</td><td colspan="3">虞博士为人品行厚重，不计较势力才贵。是全书少有的真名士。
郭孝子二十年为寻父走遍天下，不畏艰苦，实是“孝子之志，莫大于亲”。</td></tr>
</table>

<table>
<tr><td rowspan="2">阅读内容</td><td rowspan="2">第三八回《郭孝子深山遇虎　甘露僧狭路逢仇》（彭玥涵）</td><td>阅读时间</td><td>2019 年 5 月 1 日</td></tr>
<tr><td>阅读时长</td><td>（20）分钟</td></tr>
<tr><td>主要人物</td><td colspan="2">郭孝子、虞博士、杜少卿、庄征君、武书、尤瑞亭、木耐、郭孝子父亲、老和尚、卖酒老妇人</td><td>人物勾连线索</td></tr>
<tr><td>主要情节</td><td colspan="2">杜少卿得知郭孝子的故事之后托虞博士和庄征君分别写了状子，帮郭孝子开路。孝子拿了帖子找到了尤瑞亭。尤瑞亭将他安排在海月禅林住下，从而结识了老和尚。几日后辞了老和尚去寻父亲，路上遇见一老虎，孝子吓到装死，老虎便将他埋了，走了以后孝子爬到树上躲避，老虎回来时带着一只异兽，发现人不见了。老虎被异兽打死了，孝子吓得掉下来，异兽扑上来吃却被树杈捅死了，孝子逃过一劫。后来又遇到木耐夫妇劫道吓人骗钱，被孝子识破后，孝子给夫妻两个送了十几两银子，教了木耐一些功夫后辞去。路上又遇见老虎，老虎却不小心掉进冰河里死了，孝子又死里逃生。后来孝子好不容易找到已经出家的父亲。父亲说什么也不肯认他。孝子只好作罢。回到海月禅林拜托老和尚照顾自己的父亲。话说这老和尚因为以前得罪过一个恶和尚，恶和尚怀恨在心，要去吃老和尚脑子，被一个老妇人提醒，得知如果自己回去一定会命不久矣。</td><td>杜少卿——郭孝子——虞博士——庄征君——武书——尤瑞亭

郭孝子——木耐——海月禅林老和尚——郭孝子父亲——海月禅林老和尚——海月禅林恶和尚——卖酒老妇人</td></tr>
<tr><td>阅读思考随手记</td><td colspan="3">老和尚很好一老头，郭孝子孝有孝报，一路都很幸运。</td></tr>
</table>

<table>
<tr><td rowspan="2">阅读内容</td><td rowspan="2">第三九回《萧云仙救难明月岭　平少保奏凯青枫城》（田蕊铭）</td><td>阅读时间</td><td>2019 年 5 月 2 日</td></tr>
<tr><td>阅读时长</td><td>（20）分钟</td></tr>
<tr><td>主要人物</td><td colspan="2">萧云仙、郭力、平少保、萧昊轩</td><td>人物勾连线索</td></tr>
<tr><td>主要情节</td><td colspan="2">赵大以前被老和尚赶出过山门，怀恨在心，要害老和尚。一个老妇人让他去找一个少年帮忙救老和尚。这个少年便是萧昊轩的儿子萧云仙，他跟老和尚返回庵里，用弹弓射中了赵大，背着老和尚逃出来。在途中遇到了郭孝子，他的父亲病逝，郭孝子要将父亲的遗体送回到湖广安葬。正遇上番兵夺了青枫城，京里派平少保剿灭番兵。萧云仙要去投军，以博取功名。投军的路上，遇到了也要去投军的木耐，便与木耐同行。萧云仙打头阵攻城，军队垫后，萧云仙潜进城去，与大军里应外合，拿下了青枫城。</td><td>萧云仙——恶和尚——郭力——萧昊轩——平少保——木耐——马老爷</td></tr>
<tr><td>阅读思考随手记</td><td colspan="3">萧云仙年纪尚轻，就有如此武功与智计，前途不可限量。</td></tr>
</table>

<table>
<tr><td rowspan="2">阅读内容</td><td rowspan="2">第四十回《萧云仙广武山赏雪　沈琼枝利涉桥卖文》（迪娜冉）</td><td>阅读时间</td><td>2019 年 5 月 3 日</td></tr>
<tr><td>阅读时长</td><td>（15）分钟</td></tr>
<tr><td>主要人物</td><td colspan="2">萧云仙、武书、沈大年、沈琼枝</td><td>人物勾连线索</td></tr>
<tr><td>主要情节</td><td colspan="2">萧云仙留在青枫城休整被破坏的城池，开垦荒地，安抚百姓，兴修水利，又请教书先生教授幼童知识。城池修好后，萧云仙向朝廷上报所花费用，但朝廷说有虚报，让萧云仙自行承担七千两。后来四川知府调走，新任知府提升萧云仙为守备，去南京任职。船上遇到了曾在青枫城教书的沈大年，正要把女儿沈琼枝送到扬州嫁与宋为富，未料到，宋为富是纳妾，沈大年告状，由于宋家暗中疏通，沈大年被押解回常州，女儿私自逃到了南京。</td><td>萧云仙——教书先生——知府——沈大年——沈琼枝——宋为富</td></tr>
<tr><td>阅读思考随手记</td><td colspan="3">沈琼枝是奇人，虽为红颜，却有文采。萧云仙是个好官。</td></tr>
</table>

<table>
<tr><td rowspan="2">阅读内容</td><td rowspan="2">第四一回《庄濯江话旧秦淮河　沈琼枝押解江都县》（刘思羽）</td><td>阅读时间</td><td>2019 年 5 月 4 日</td></tr>
<tr><td>阅读时长</td><td>（15）分钟</td></tr>
<tr><td>主要人物</td><td colspan="2">武书、杜少卿、沈琼枝、庄濯江</td><td>人物勾连线索</td></tr>
<tr><td>主要情节</td><td colspan="2">武书与杜少卿在南京城遇到了庄濯江等人，庄濯江与杜少卿的父亲是旧相识，但却是庄绍光的族亲侄子。几个人相互拜访，游玩作诗。看到了沈琼枝的招牌后，前去认识。引来沈琼枝到杜少卿家的回访。此时，江都县差役来捉拿沈琼枝。沈只得随他们回去。回去的船上，遇到李老四带着两个妓女投奔汤老六。</td><td>武书——杜少卿——庄濯江——沈琼枝</td></tr>
<tr><td>阅读思考随手记</td><td colspan="3">庄濯江为一“好友敦伦”君子，其子非熊却“眼张失落”看女人，一副轻薄相。此或为作者所慨叹之世风日下、一代不如一代之现象耶！
南京之初夏以及新秋景象，文木老人以清疏淡笔，点染勾勒，如在眼前。</td></tr>
</table>

<table>
<tr><td rowspan="2">阅读内容</td><td rowspan="2">第四二回《公子妓院说科场　家人苗疆报信息》（李青晓）</td><td>阅读时间</td><td>2019 年 5 月 5 日</td></tr>
<tr><td>阅读时长</td><td>（15）分钟</td></tr>
<tr><td>主要人物</td><td colspan="2">王义安、汤六老爷、李老四、汤镇岩、两公子</td><td>人物勾连线索</td></tr>
<tr><td>主要情节</td><td colspan="2">李老四带着两个妓女到汤老六那儿，汤老六欢喜极了，和两个姑娘饮酒作乐。
汤镇台的两个儿子到南京赶考，路过汤老六那儿，受到他的接待，大摆宴席。席上，两公子说起考场上的程序、排场等科场之事。二人考后，请戏班表演，还找戏子一起快活。
众人席间吃得开心，两公子与人发生争执，被喇子关了起来，被汤大爷救出。过了二十多天，放出榜来，两公子均没中，大骂考官不通。</td><td>王义安——大爷——二爷——细姑娘——汤六老爷——李老四——汤镇岩</td></tr>
<tr><td>阅读思考随手记</td><td colspan="3">汤二公子一副官油子气。
通过行诈可见当时社会状况不好。</td></tr>
</table>

<table>
<tr><td rowspan="2">阅读内容</td><td rowspan="2">第四三回《野羊塘将军大战 歌舞地酋长劫营》（栾沛遥）</td><td>阅读时间</td><td>2019 年 5 月 6 日</td></tr>
<tr><td>阅读时长</td><td>（15）分钟</td></tr>
<tr><td>主要人物</td><td colspan="2">雷骥、冯君瑞、庄燕</td><td>人物勾连线索</td></tr>
<tr><td>主要情节</td><td colspan="2">家书传来，大爷二爷回仪征，杜少卿为六爷荐臧岐，王汉策让他们照顾万雪斋的两船盐，船遇风浪搁浅，被强盗打劫，去报官，地方官府认定是他们自己嫖赌花销，不问是非就动刑，朝奉无奈认罪，汤大爷让知县放了他们。大爷二爷到镇远府，汤镇台和雷骥要救冯君瑞，大军趁其不备攻入，冯君瑞本是奸棍，娶苗女为妻，苗人死伤惨重，汤镇台设计让苗婆在营中作乐，埋伏在外，苗酋中计，庄冯二人装在赛会却被设计拿住。</td><td>汤二分子——六老爷——臧岐——雷骥——汤镇台</td></tr>
<tr><td>阅读思考随手记</td><td colspan="3">冯君瑞本是一生员，但在苗子那里却为美色和金钱所动，可气可叹。</td></tr>
</table>

<table>
<tr><td rowspan="2">阅读内容</td><td rowspan="2">第四四回《汤总镇成功归故乡 余明经把酒问葬事》（丁晨越）</td><td>阅读时间</td><td>2019 年 5 月 7 日</td></tr>
<tr><td>阅读时长</td><td>（15）分钟</td></tr>
<tr><td>主要人物</td><td colspan="2">汤镇台、杨老六、萧柏泉、余有达、杜少卿、迟衡山</td><td>人物勾连线索</td></tr>
<tr><td>主要情节</td><td colspan="2">汤镇台卸任到家，见侄子汤老六油嘴滑舌言语下流，十分生气，过了几个月又发现两个儿子学识太差，欲请教书先生教导。世兄萧柏泉介绍了余有达，却因大公子汤由傲慢自大，又正好遇上故人约他去无为州，余有达便顺水推舟，谢绝了萧柏泉。余家父母过世多年，余有达与其弟余有重因找不到风水得当之地一直未将父母安葬。余有达从无为州回家顺路经过南京，与杜少卿谈论风水之事时，迟衡山劝导他不能太过相信风水，还举出了施御史家的例子证明风水不可信。</td><td>汤镇台——萧柏泉——余有达——余有重——州尊——杜少卿——迟衡山</td></tr>
<tr><td>阅读思考随手记</td><td colspan="3">迟衡山关心朋友，真心帮助他人，不愧为名士。</td></tr>
</table>

<table>
<tr><td rowspan="2">阅读内容</td><td colspan="2" rowspan="2">第四五回《敦友谊代兄受过　讲堪舆回家葬亲》（邢双飞）</td><td>阅读时间</td><td>2019 年 5 月 7 日</td></tr>
<tr><td>阅读时长</td><td>（15）分钟</td></tr>
<tr><td>主要人物</td><td colspan="3">余大先生、杜少卿、余二、赵麟书</td><td>人物勾连线索</td></tr>
<tr><td>主要情节</td><td colspan="3">身在南京的余有达接到弟弟来信，令其暂时不要回家，原来，余有达在无为州曾收入钱财。差役去抓余有重，余有重以自己考试并未去过无为州为由，应付掉差役。余有达回家后与弟弟一起和堂弟余敷和余殷看风水。堂弟二人高谈阔论，余有达不以为然。但哥俩还是找了张云峰帮忙择地，择日期，安葬了过世多年的父母。</td><td>余有达——余有重——余敷——余殷——张云峰</td></tr>
<tr><td>阅读思考随手记</td><td colspan="4">感受到兄弟之情和父母之情。</td></tr>
</table>

<table>
<tr><td rowspan="2">阅读内容</td><td colspan="2" rowspan="2">第四六回《三山门贤人饯别　方盐商大闹节孝祠》</td><td>阅读时间</td><td>2019 年 5 月 8 日</td></tr>
<tr><td>阅读时长</td><td>（20）分钟</td></tr>
<tr><td>主要人物</td><td colspan="3">余有达、虞博士</td><td>人物勾连线索</td></tr>
<tr><td>主要情节</td><td colspan="3">1. 余有达葬了父母后，去南京谢杜少卿，逢汤镇台来拜，余有达暂居杜少卿河房。
2. 正是九月初五，汤镇台与庄征君、迟衡山、武正宇、萧云仙、虞博士、杜少卿等聚集吃酒作诗寻乐。
3. 杜少卿为虞博士送行。余有重来信言虞华轩请余有达教儿子读书，让大哥回去。唐二棒椎，姚五爷依次来拜访虞华轩。
4. 厉太尊因当铺戥子太重，剥削小民，派季苇萧来查问，但唐二棒椎却一口咬定来人不是季苇萧，因为若是季苇萧就一定会先拜访方老六、彭三爷二位，并非虞华轩。（刘晰）</td><td>迟衡山、庄绍光、虞博士、武书等人⇔余有重朋友⇔余有达←虞华轩兄弟、请其来教子读书
（兰翔宇）</td></tr>
<tr><td>阅读思考随手记</td><td colspan="4">反映了当时社会的读书人对饮酒作诗取乐这些事的看重，也反映出彭老四、方老六这些乡绅的趋炎附势的丑恶嘴脸。（李邱睿）</td></tr>
</table>

<table>
<tr><td rowspan="2">阅读内容</td><td rowspan="2">第四七回《虞秀才重修元武阁　五河县势利熏心》</td><td>阅读时间</td><td>2019 年 5 月 9 日</td></tr>
<tr><td>阅读时长</td><td>（20）分钟</td></tr>
<tr><td>主要人物</td><td colspan="2">虞华轩、成老爹</td><td>人物勾连线索</td></tr>
<tr><td>主要情节</td><td colspan="2">1. 成老爹来找虞华轩，言乡下有几分田地，庄户因方家刻薄不想卖给方家，虞华轩同意要买。
2. 成老爹说自己还有公事办，要在这里留几天，还言方六房要请自己吃饭。
3. 虞华轩派唐三痰去打听，发现成老爹的话是假的。虞华轩就伪造了一份请帖送给成老爹，成老爹因此饿了一天，被戏弄了一番。
4. 唐二棒椎发现季苇萧是真的。县里节孝入祠，要把已故的女性老人牌位送到祠里。
5. 虞华轩和余有达找不到来送行的人，因为他们都去给家大势大的方、彭两家送行。
6. 送行时，方彭两家热闹非凡，虞余两家冷清凄凉。成老爹也来讥讽虞华轩。后虞华轩因嫌田贵，不买成老爹的田地了。（刘晰）</td><td>（称家中有田地，回绝邀请后声称方六房请自己吃饭）
成老爹⇔虞华轩
（答应要买地，知道其在说大话后送假帖戏弄对方）
（兰翔宇）</td></tr>
<tr><td>阅读思考随手记</td><td colspan="3">反映出当时社会的人们跟风，倚仗权贵，只想着自己的荣华富贵的心理和对亲情淡漠，毫无亲情可言的人生态度。（李邱睿）</td></tr>
</table>

阅读内容	第四八回《徽州府烈妇殉夫　泰伯祠遗贤感旧》（黄月）	阅读时间	2019 年 5 月 7 日
		阅读时长	（11）分钟
主要人物	王玉辉		人物勾连线索
主要情节	1. 余大到徽州做官，王玉辉来拜，拿了自己三本书稿给余大、余二看。 2. 王玉辉女婿病逝，女儿不听劝，追着去了，王玉辉却觉得这忠烈之举好。过几日入祠时才觉得伤心，想去南京游一番。 3. 王先生到了南京一位名士也不曾会着，盘缠也用尽，遇着同乡邓质夫，把书稿给了他，他给王先生路费回徽州。		余大、余二——王玉辉——邓质夫
阅读思考随手记	越靠后的篇目，名流越多。		

阅读内容	第四九回《翰林高谈龙虎榜　中书冒占凤凰池》（唐若琛）	阅读时间	2019 年 5 月 6 日
		阅读时长	（16）分钟
主要人物	秦中书		人物勾连线索
主要情节	1. 高翰林请宴武、迟、万、秦、施。谈起马纯上，说他讲的都是些不中用的举业。 2. 宴毕，秦中书又提出明日都去西湖，最后迟、武没到。四人又开始说武、迟没什么学问，从前都是受虞博士照拂。 3. 四人遇着善武的凤四老爹，一起看戏，有个官员来把万中书带走了。		武、迟——马纯上——高、秦、施、万——凤四老爹
阅读思考随手记	自己越优秀，想和你做朋友的人就会越多。		

<table>
<tr><td rowspan="2">阅读内容</td><td rowspan="2">第五十回《假官员当街出丑 真义气代友求名》（郎浩成）</td><td>阅读时间</td><td>2019 年 5 月 7 日</td></tr>
<tr><td>阅读时长</td><td>（11）分钟</td></tr>
<tr><td>主要人物</td><td colspan="2">凤四老爹，万中书</td><td>人物勾连线索</td></tr>
<tr><td>主要情节</td><td colspan="2">凤四老爹提醒几位朋友应去探寻捉走万中书的原因，管家去打探，但未搞清。凤老四自己去打探才搞清楚。
原来是台州一名总兵被参，万中书受了牵连。但公文上说万是秀才。在凤四老爹的追问下，万里才承认自己是秀才，借中书之名骗取钱财。本来官司不大，但若牵涉到假冒官职则事态严重。
凤四老爹一心救人，叫秦中书活动，施御史等人保举一个真的中书官衔，如此在把万中书押解回台州后，再打官司就无大碍。</td><td>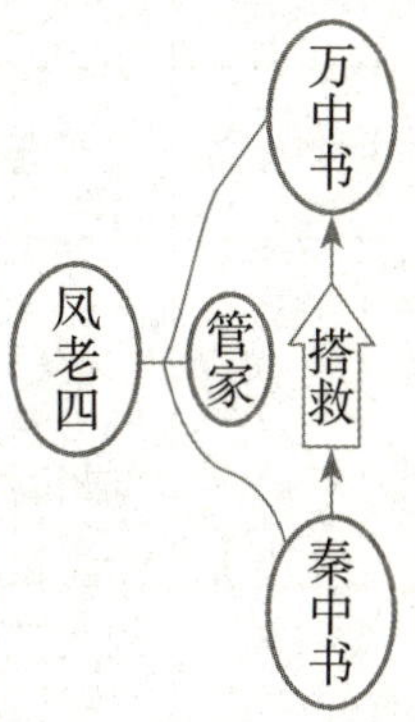</td></tr>
<tr><td>阅读思考随手记</td><td colspan="3">凤老四怀瑾握瑜、敢作敢为，与吴敬梓笔下见风使舵、鸟尽弓藏的高翰林等人形成强烈的对比，更加体现出凤老四的沅茝醴兰和不同流俗的义气。</td></tr>
</table>

<table>
<tr><td rowspan="2">阅读内容</td><td rowspan="2">第五一回《少妇骗人折风月 壮士高兴试官刑》（杨雯婷）</td><td>阅读时间</td><td>2019 年 5 月 8 日</td></tr>
<tr><td>阅读时长</td><td>（17）分钟</td></tr>
<tr><td>主要人物</td><td colspan="2">凤四老爹</td><td>人物勾连线索</td></tr>
<tr><td>主要情节</td><td colspan="2">凤四老爹陪同万中书到台州受审，途中遇到一个收丝的客人同行，在一夜停泊靠岸时，收丝客人被一风月少妇骗走了二百两银子，凤四老爹用计帮着把钱要了回来，收了五十两谢银，全部分给了三个差人。
凤四老爹与万中书回到台州，悄悄回到万中书家里，并会见管事的赵勤，提前做了安排，等万中书押解到祁太爷面前受审时，万中书将所有的问题都推给凤四老爹，凤四老爹过堂受审，结果力量巨大，三副夹棍都断了，惊了祁太爷，向抚军汇报，从宽处理并平息了万中书的官司。凤四老爹分文不受，离开万中书去杭州寻访朋友。</td><td>凤四老爹——收丝客人——风月妇人——万中书——祁太爷——苗镇台</td></tr>
<tr><td>阅读思考随手记</td><td colspan="3">凤四老爹是一位在浊世中显得独特的清流，面对收丝客被少妇骗财，路见不平，拔刀相助；他助人助到底，亲自陪万中书一同回台州受审，仗义助人不为报酬，侠胆义肠可见一斑。</td></tr>
</table>

<table>
<tr><td rowspan="2">阅读内容</td><td rowspan="2">第五二回《比武艺公子伤身 毁厅堂英雄讨债》</td><td>阅读时间</td><td>2019 年 5 月 8 日</td></tr>
<tr><td>阅读时长</td><td>（17）分钟</td></tr>
<tr><td>主要人物</td><td colspan="2">凤四老爹</td><td>人物勾连线索</td></tr>
<tr><td>主要情节</td><td colspan="2">凤四老爹到南京找朋友陈正公。陈正公借过他的银子。凤四老爹想把银子要回来做盘缠回家。到杭州时遇到了秦二侉子与胡尚书的八公子胡八乱子。逗留了几日。在胡八乱子家吃饭时，众人见胡八乱子脚功厉害，一脚踢断了马腿，就怂恿胡八乱子踢凤四老爹一脚看看，结果胡八乱子的脚趾头几乎折断。此时，陈正公与好友毛二胡子在南京贩丝。毛二胡子接连介绍了两笔放贷的生意给陈正公，收获颇丰，陈正公非常高兴。后来因毛二胡子自己要盘一家典当行，银子不够，陈正公主动借与他一千两。待陈正公找到那家典当行时，毛二胡子已将店面转与他人。这时，凤四老爹来找陈正公，并答应帮他要回银子。他们找到毛二胡子家，凤四老爹徒手掀翻了他半间屋子，毛二胡子无奈，只得连本带利清还了欠银。（关怡雯）</td><td>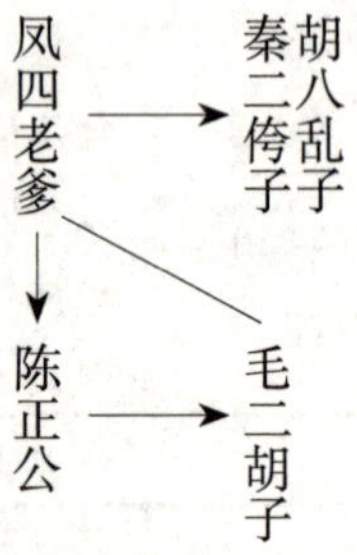
（秦毓泽）</td></tr>
<tr><td>阅读思考随手记</td><td colspan="3">在胡八乱子家时，众人怂恿一脚踢断了马腿的胡八乱子踢凤四老爹一脚看看，结果胡八乱子的脚趾头几乎折断，从而反衬了凤四老爹实力高强。毛二胡子骗了陈正公一千两银子避而不见，凤鸣岐一旦出面，顷刻之间让毛二胡子乖乖交出来银子和利息。这件事情体现出了他的义气性格和侠士风范。（李洋）</td></tr>
</table>

阅读内容	第五三回《国公府雪夜留兵　来宾楼灯花惊梦》	阅读时间	2019 年 5 月 8 日
		阅读时长	（15）分钟
主要人物	陈木南		人物勾连线索
主要情节	1. 聘娘长相娇媚，喜好结交名贵。 2. 聘娘与国公府里徐九公子的姑表兄陈四老爷认识了。 3. 陈木南来到来宾楼，聘娘叫他与她的师父下了十几盘棋。 4. 陈木南承诺以后如果做官，就替她赎身。（张洋）		聘娘——她舅舅——国公府里徐九公子——陈四老爷——聘娘师父（王梓硕）
阅读思考随手记	聘娘一心只为权贵，在金修义向她介绍陈木南时，她满心欢喜，嘴上说着不为陈木南的官职，实则一心只想着一步登天，是个虚伪、爱攀龙附凤的人。（张洋）		

阅读内容	第五四回《病佳人青楼算命　呆名士妓馆献诗》	阅读时间	2019 年 5 月 9 日
		阅读时长	（10）分钟
主要人物	陈木南		人物勾连线索
主要情节	1. 陈木南来向表弟借银子。徐三公子要去福建上任，导致陈木南过了两天才借到银子。等他回到来宾楼时，聘娘生病了，要用大笔银子来治病。陈木南不听房东董老太的话，一意孤行，将银子花掉了。陈木南花完银子后，聘娘就抛弃了他。 2. 陈和甫的儿子整天与丈人吵架。有次争吵时一气之下出了家，出家后还曾与丁言志吵架。 3. 丁言志拿着仅有银子想会会聘娘，被聘娘赶了出来。虔婆认为聘娘偷偷收了钱，便找聘娘要。二人便为此吵了起来，后聘娘在延寿庵出了家。（樊铠鸣）		陈木南——徐三公子——聘娘——童老太——丁言志——虔婆（樊铠鸣）
阅读思考随手记	聘娘有着典型青楼女子的市侩与金钱至上的思想。但难能可贵的一点是她能在这种环境下，保留自己的自尊心并且能为自己的尊严与虔婆反抗。（刘佳佳）		

<table>
<tr><td rowspan="2">阅读内容</td><td rowspan="2">第五五回《添四客述往思来　弹一曲高山流水》</td><td>阅读时间</td><td>2019 年 5 月 9 日</td></tr>
<tr><td>阅读时长</td><td>（10）分钟</td></tr>
<tr><td>主要人物</td><td colspan="2">季遐年、盖宽、荆元、王太</td><td>人物勾连线索</td></tr>
<tr><td>主要情节</td><td colspan="2">1. 万历二十三年，南京的名士都已渐渐消磨尽了。
2. 季遐年写得一手好字。一天下大雪，他到朋友家，他那一双稀烂的蒲鞋，踹了他一书房的滋泥，主人便想借此让他写字。
3. 王太从小喜欢下棋，每日到虎踞关一带卖火纸筒过活。一日见三四个大老官簇拥着两个人在那里下棋，想下一把，但被众人排挤。结果王太赢过了马先生，众人吃惊想请他喝一杯，被王太拒绝。
4. 盖宽是个开茶馆的，画得一手好画；荆元是个裁缝，爱好作诗。二人虽有才能，但生活却仍旧贫困。（樊铠鸣）</td><td>季遐年——王太——盖宽——荆元（刘佳佳）</td></tr>
<tr><td>阅读思考随手记</td><td colspan="3">长江后浪推前浪，江山代有才人出。老一辈名士故去后，新一代名士便涌现出来。如今更新换代的速度是非常快的，所以我们要在机会出现时，尽可能地做自己想做的，不留遗憾。（刘佳佳）</td></tr>
</table>

<table>
<tr><td rowspan="2">阅读内容</td><td rowspan="2">第五六回《神宗帝下诏旌贤　刘尚书奉旨承祭》</td><td>阅读时间</td><td>2019 年 5 月 9 日</td></tr>
<tr><td>阅读时长</td><td>（10）分钟</td></tr>
<tr><td>主要人物</td><td colspan="2">神宗</td><td>人物勾连线索</td></tr>
<tr><td>主要情节</td><td colspan="2">1. 万历四十三年，天下大旱。
2. 监察御史上奏说，是因为民间有很多有才学之士，朝廷不去任用，积聚的怨气与天地合为一体，从而引发水灾旱灾。因此请求朝廷对于那些有才学的，不论生死，都给予职位，来平息灾难。
3. 朝廷采纳意见。（樊铠鸣）</td><td>监察御史——神宗——刘尚书（刘佳佳）</td></tr>
<tr><td>阅读思考随手记</td><td colspan="3">是金子总会发光，书中出现的名士最终得到了不同学位。尽管没有伯乐，我们也要做最万全的准备，才不会在机遇出现时，为错失机会而悲叹。（刘佳佳）</td></tr>
</table>

第五章　爱写作·“儒生传”

第一节　王冕

儒生传之王冕

2018级四高一学部　秦毓泽

指导教师：孙玉红

王冕，可以说是全书的一个标杆，一面镜子，与书中那些被科举制度引入歧途的追逐名利、迂腐固陋之辈形成了鲜明的对比。

王冕出身贫寒，七岁丧父，十岁便辍学给人放牛。东家给的点心钱，他都攒着来买书读，后来，在放牛之余，靠自学，画得一手好荷花。靠这门手艺，王冕卖包赚钱补贴家用，孝敬母亲。

王冕天性聪明，不满二十岁，就上知天文，下知地理，学贯古今。而且他孝顺懂事，幼时放牛，有好吃的总会拿荷叶包了带给母亲吃，他体谅母亲的苦衷，顺从母亲的决定。母亲临终前让他别去做官，他也严格遵守了。他本人也性情孤傲，蔑视权贵，远离富贵功名，知县来请，王冕也不赴约；朝廷征聘王冕做官，他连夜逃入会稽山隐居终老。王冕的一生虽没有大富大贵，但也算活得随心吧。

儒生传之王冕

2018级四高一学部　唐若琛

指导教师：孙玉红

本周读了五回《儒林外史》，印象最为深刻的是王冕。

他是一个很孝顺的人。那时候人生唯一的出路就是读书，考试，做官。他却因为母亲生前的一句话，放弃一切做官的机会，即使后来有人请他，甚至是秦王，他也推三阻四地拒绝了。

他也是个淡泊名利的人。他天资聪颖，虽然只读过三年的书，但他自己热爱画画，就自学画了梅花，年纪轻轻就在当地小有名气，他却没有因这样将画卖得很昂贵。从他的《墨梅》一诗中看出他画梅花只是希望“只留清气满乾坤”。后来去别人家做工，他就利用间缝里的时间读书。

《儒林外史》是一部讽刺性很强的小说，有他这样一个在做官几乎是唯一出路的年代仍能视名利如粪土的人，实在难能可贵！就是在当今时代，也令人钦佩。

儒生传之王冕

2018 级四高一学部　蒲奕锦

指导教师：王昌鹏

王冕七岁时死了父亲，母亲独自一人把他养活。十岁时，因家中无钱供他上学读书，只得把他雇在秦老爹家中当放牛娃。这王冕是个爱读书的孩子，秦老爹每日给他买点心的钱他都积攒下来，攒足了，就去学堂门前的书贩那里去买书来读。他也是个孝顺之人，秦老爹给他的腌鱼、腊肉等他都拿与母亲吃。有次，雨后他去河边放牛，突发奇想要画荷花。因所画的荷花十分美丽，所以他名声大振。后来又因不愿意与危素“交朋友”，便躲到了山东济南，靠给人家占卜作画来维持生计。不久，黄河泛滥，王冕又回到了家乡，六年悄然过去，母亲因疾病而死去。临终前，告诫他不要做官，他牢记于心。一日，吴王与滁阳王来拜见王冕，请教他如何得民心。不数年间，吴王削平祸乱，平定天下，想邀王冕去做官，谁又曾想到，王冕躲进会稽山中，得病去世了。

作者描写王冕，所用词是“嵚崎磊落”，王冕不追求功名，不入世俗，不慕名利，不追求荣华富贵。从危素与吴王来找他都可以看出，王冕是个脱俗的人。但王冕遇事总躲，我个人认为应当勇敢去面对。王冕一生平淡无几，去了山东，算卦作画，躲进山内，清平无味，但王冕见了功名并没有穷追不舍，反而与世人相违背。这点来说，我是非常认同他的，已经很少有人可以做到这样了，正可谓是“出淤泥而不染，濯清涟而不妖”。

儒生传之王冕

2018级四高一学部 杨跞文

指导教师：王昌鹏

王冕，是《儒林外史》里的一个人物，他在整本书中的第一回出现。虽然讲述他的篇幅较少，但是他的生平与一些认知却值得我们探讨。

十岁时，王冕家境贫穷，不得不辍学去隔壁秦家放牛，不仅有工钱，每日还可以得到两个钱买点心。但是，他一直攒着这些钱，用来买书、买宣纸，以此来满足他对知识的渴望。最终，他的付出使得他在这一地区名声大振。

就这一点而言，他是十分值得敬佩的。在当时那种生活都无法保障的情况下，他还能存有求知问学的心理，实属难得。反观现在的我们，和他比起来却显得略有不足。有一些学生就打着"及格万岁"的旗号一天到晚不做正事，只知道玩乐，却还想着天上掉馅饼的好事，最后，变得一无是处。所谓成功，就是付出足够多的努力，并且尽力抓住每一次机会。这两个条件，不管是哪一个，都需要不懈地努力。所以，成功没有捷径可走，只能靠你自己不断地努力和尝试。

王冕的优点是值得肯定和学习的。但是，他在做官这一方面的看法，我却不能赞同。

洪武四年，朝廷行文到浙江，要征聘王冕去做咨议参军，王冕拒不肯受，连夜收拾，逃亡会稽山中，最后病逝。

王冕的这一不应征辟之举或许会受到很多人的敬仰，被认为是品德高尚之举。但是我却认为，这样做是错误的。当时朝廷腐败不假，社会风气极差也不假，可正是因为存在这些情况，所以更加需要有人出来整治，还老百姓一个安居乐业，还天下一个公正廉明。或许一个王冕不算什么，但在以后，必定会有许许多多的有志之士继承这一愿望。相信最终，一定可以达到目标。但如果人人都认为隐居高洁，每一位有才德之人都去隐居，那么老百姓谁去救？天下谁去救？最终的下场，只能是更加糟糕。

东汉末年，刘备曾经三顾茅庐，请诸葛亮出山。当时地方动乱，比起王冕当时的时局，是有过之而无不及。但是诸葛亮就果断选择了出山相帮，共扶汉室，最后创造了一番丰功伟业。这就是一个很好的例子。

王冕，一个求知若渴而又反对出仕、藐视权贵的人。他用一生诠释了什么叫努力、什么叫他心目中的高洁。他的人生，值得我们去品味；他的精神，也值得我们去思考。

儒生传之王冕

2018级四高一学部　宋书涵
指导教师：李杨

《儒林外史》中一开始就描写了王冕的家境贫穷，七岁丧父，十岁给人放牛，这在当时可能并不罕见，值得注意的是他有一个好的心态。

当时人们认为读书人是很光彩的，虽说有句话叫“百无一用是书生”，那也没说读书人身份低下，说的是读书人有满腹才学，却没有地方施展，或者是读书人太多了，造成了巨大的人力资源浪费。读了书，就有登上仕途的可能。在这里王冕却不是这么说的，他说：“在学堂里坐着，心里也闷；不如往他家放牛，倒快活些。”这里面王冕完全不像其他人那样认为放牛是低下的活计，读书才是正道，而是将放牛看成一件普通的事，想读书也可以读的，换个地方罢了。

后来，王冕有了名气，在家画画。这时有个县令偶然买了他的画，被危老先生看中了，危老先生是当地的著名乡绅。王冕不管这些，四处躲着来拜访他的县老爷。最后王冕跑去济南了，县令也找不到他。这些在古代也是一种高尚的节操，像伯夷叔齐不食周粟那样，是一种类似于道家“隐”的品格。

儒生传之王冕

2018 级四高一学部　赵影艺

指导教师：赵娜

王冕是《儒林外史》中第一个出场的儒生，也是我在这本书中最喜欢的儒生之一。

王冕从小就喜爱念书，但他七岁多丧父，母亲只会做些针线活，家里极其贫穷，没钱供王冕读书。但王冕十分懂事，忍着悲痛去放牛，还和母亲说："我在学堂里坐着，心里也闷，不如往他家放牛，到快活些。"他极其孝顺，每次秦家拿腌鱼、腊肉给他吃，他都拿荷叶包了给母亲吃。

后来王冕在放牛时看到了美丽的荷花，甚是喜爱，便开始学画荷花。王冕十分聪颖，不久就将那荷花画得惟妙惟肖。这引得县令多次邀请王冕，但都被其拒绝，躲避不见，这与当时那些一生都在追名逐利的人大相径庭。

王冕一直以来都十分反对八股取士制度，他认为这是当时文人的厄运，但偏偏那些文人们一个个的都在此把自己撞得头破血流。王冕最后的归隐是明智的。

就像书上开头写的那样，王冕是一位嵚崎磊落的人。

第二节　匡超人（匡迥）

儒生传之匡超人

2018 级四高一学部　黄月

指导教师：孙玉红

匡超人在第 15 回出场，马纯上赏识他、资助他，他也没有辜负马纯上，潜心读书，积极向上，不辞辛苦照顾生病的老父亲，还开店维持家中生计，塑造了一个心地善良，淳朴可爱的孝子形象。

匡超人初逃至杭州后就结识了一帮无法考取功名的清闲诗人，这些人潜移默化地影响着他，他的思想被扭曲、同化，从一个洁身自好，刚正不屈的人变成了和他们一样自私自利的人。

匡超人升官后，他的“恩师”问他是否有妻子，他碍于觉得说自己丈人是当抚院的差役没面子，便说自己没婚配，娶新妻本觉得过意不去，见那人有沉鱼落雁之貌，那一丝羞愧之心也被抛到九霄云外。帮助过他的潘三欲与他相见不得，同是帮助过他的马纯上也遭他贬低，过河拆桥，不念半点旧日情分。他在这个污浊的社会“学有所成”，褪去了不谙世事时的善良，换上了一副虚伪的嘴脸。

儒生传之匡超人

2018级四高一学部　唐若琛

指导教师：孙玉红

《儒林外史》中很多人不是一开始就沾裳濡足，而渐渐受周围人影响，匡超人就是其中之一。

起初，匡超人是一个善良正义，孝顺父母的男子。父亲瘫痪在床，他日日如此侍奉出恭，“久病床前无孝子”，在他身上始终没有应验。为了父母，他也愿意放弃进学。

后来遇见潘三，耳濡目染的影响让他一步步走向官场，开始热衷于功名利禄，听说让他帮忙考学，非但没有拒绝，还马上问，是在门口写好答案传进去，还是直接进去替考。

内心被麻痹的他变得薄情寡义，渐渐不如从前有担当了。一听说有人要来逮捕潘三，其中还有两三项罪名与自己有瓜葛，当即就撇清关系，准备离开。

他与祥子在某些地方是互通的，被社会的黑暗所影响，尽力保持“出淤泥而不染”着实不易。

儒生传匡超人（匡迥）

2018 级四高一学部　赵怡果
指导教师：李杨

匡超人，作为被口诛笔伐的《儒林外史》中的两大人物之一。他本人的生活经历是曲折又悲哀的。

第一个阶段是他遇上马二前，他作为一位刻苦奋进的好青年，幸得马二资助，得以回到家乡。侍候父母，无微不至。火灾时携父母逃走，极为善良孝顺。

然后因县令遭殃，出走杭州投靠潘三，结交了一群“斗方名士”，虚荣、虚伪开始呈现。又与潘三一起，伪造朱签；冒名替考，眼里已有利益。

最后，潘三被抓后，极力撇清关系，又娶了辛小姐，把原妻送至乡下老家间接致其死亡，他的眼里已只有功名利禄。

总结如下，他的一生曲折，善良又邪恶，矛盾、复杂又悲哀。

儒生传之匡迥

2018级四高一学部　王露云

指导教师：李杨

《儒林外史》第十六回描写了一个尽孝的匡迥，他不仅细心侍候父亲，村子着火时没有像哥哥一样救财而是抢出了一床被子，让父母盖。可是后来，他却在社会的大染缸里变了色。

匡迥变化的主要原因是潘自业。在后文讲潘自业的罪行中可以看见他欺善怕恶，为了钱财不惜犯法。古人常讲“近朱者赤，近墨者黑”。正是这样的朋友带匡迥一起伪造朱签、代考，使匡迥渐渐忘却了法律的约束和道德的底线。

前后几个小细节可以看出他的变化，在马纯上资助他回家尽孝时，他是“流泪交流”要拜个兄弟。却在后来名声大了以后对牛布衣吹嘘“马纯上理法有余、才气不足，选本也不甚行……唯有小弟的选本，国外都有的”。之前的知县是匡迥认的老师，在其被革职时却说一句“这是哪里的晦气”，等知县复职后，他又去拜访；前面对潘自业有求必应，潘自业被捕后却不去看望；景兰江邀请他时，也不愿参加酒会。

匡迥的变化反映了当时的社会背景，不论是儒生还是平民，有权则地位高，无权连朋友都难找。作者塑造了一个匡迥正是想借此讽刺势利的现实社会吧。

儒生传之匡迥

2018级四高一学部　陈雪莹

指导教师：王昌鹏

匡超人一步又一步的变化令我“震惊”。最开始的他心地善良，事亲孝顺，对父母照顾得无微不至的照顾。尤其是对匡太公：“父亲卧病在床，他晚上拿个被单，睡在父亲脚跟头。他白天里杀猪，卖豆腐，晚上便服侍父亲。他父亲夜里睡不着，要吐痰，吃茶水，一直到四更鼓，匡超人就读书陪到四更鼓，每夜只睡一个更头。”在父亲病重期间他依旧不忘读书，勤奋地学习。可慢慢地，当他到杭州躲避时，遇见那一群“名士”之后，他的思想就开始变了，意图投机取巧，侥幸名利双收。他去找潘三，潘三本是一个市井恶棍，潘三看中了匡超人的学识，便开始利用他为自己做事，而匡超人为他伪造朱签，替别人参加考试。在潘三被捕后，匡超人的嘴脸暴露无遗。

匡超人本是个心地善良，处处为他人着想的人，可后面他为了自己的前途，狠心逼结发妻子到乡下。妻子因郁闷而死，但他并没有多么伤心，反而用银两去解决，甚至不愿意自己亲自处理。还骗李“恩师”自己未婚，娶得他有沉鱼落雁之容、闭月羞花之貌的外甥女。根本无法想象他先前父亲死后“逢七便去坟上哭奠”的孝子形象。这时的他已经彻底堕落，变得薄情寡义，虚伪。他考取教习后自命不凡，吹嘘自己是读书人的“先儒”，他已经变成了一个毫无廉耻、虚伪至极的人。

匡超人的“蜕变”可以充分地反映出当时封建社会风气之黑暗、迂腐，以及八股文对读书人的深深毒害。

儒生传之匡超人

2018级四高一学部　薛晓萌
指导教师：王昌鹏

从第一次读到这个人物时，他在我心中就留下了一个淳朴善良的少年形象。在十六回中，他刚回到家就放下行李给母亲和父亲磕了头，准备拿着马纯上给他的银子去做一些小生意，扛起了家庭的负担，帮助父母更好地生活。他也是个十分好学上进的少年，路过的知县也十分赏识他的学识。后来进学后，他便赶忙去拜望老师，十分懂得师生情谊，的确是个知恩图报的人。一个和蔼善良、好学上进、待人真诚的形象立体地展现在了我的眼前，他的这些美好品质也久久地刻在了我的心里。

在后面的几回中，他的形象出现了巨大的反转。他进入社会后，曾经的淳朴真诚全都消失得无影无踪。面对结发妻子的去世，他无动于衷，毫无感情可言；面对曾经的朋友，他变得虚情假意，不近人情。他撒谎成瘾，只为自己那一颗虚荣之心。他开始变得狂妄自大，喜欢与别人吹牛，将自己的故事编得天花乱坠，不合实际。是什么把曾经那个淳朴的少年改变了？改变他的是污浊的社会，是悲哀的教育体制，是他那颗急功近利的心。当时的封建主义社会已经腐朽，他选择入世，便是选择进入了混沌的“泥潭”之中。

从整体来说，社会是一个大环境与趋势，我们与匡超人一样都无法改变它，但我们却有责任在这纷纷扰扰的世界里静守己心。匡超人变成如今的样子，本质的原因还是在于他的内心急功近利，没有守住自己的初心与底线。社会、教育与个人的悲哀，才让他变成了这样一个令人惋惜的人物。

儒生传之匡超人

2018 级四高一学部　孙成雨

指导教师：王昌鹏

匡超人这个人物，以一个穷苦书生的形象出场，一开始马纯上给他银钱和指导他的文章，他非常感激也没挥霍钱，而是马上回家将钱给父母用。当他病重的父亲躺在床上不方便下床上厕所的时候，他发明了一种新的方式帮助父亲，丝毫没有嫌弃的意思，还害怕父亲心情低沉，整日陪在父亲身旁讲有趣的事，逗父亲开心。可见他是一个极其孝顺、善良老实、淳朴热心的孝子。

后来他遇到了潘家两兄弟，这两个人可谓是改变了他一生的人。潘保正这个人或许是对匡超人怀有善意的，潘保正在知县面前极力举荐匡超人，匡超人身上的确有些品质吸引了知县，所以知县极力提拔他。随着他的名声越来越高，他的身份就一跃而上。在知县在被查时，他逃跑到杭州，也成了一个所谓“名流”，后来又结识潘三，这个人可谓是贪婪成性，只要给他钱，他什么都能做。匡超人为了金钱也跟着他做了一些见不得人的勾当，此时匡超人已经被功名利禄迷惑了头脑，再加上知县复任后，邀请他到京城做官，当他再次回到杭州时，他的态度也是发生了翻天覆地的变化，目中无人，高高在上，语句中处处显露着他那可悲的虚荣心，可以说是一个深受封建思想荼毒的可悲之人。

儒生传之匡超人

2018级四高一学部　董美萱

指导教师：王昌鹏

匡超人从性格上看是一个积极向上的年轻人，当我识他时，认为他是一个十分淳朴善良、聪明能干、待人谦恭有礼、刻苦上进的年轻人。当他父亲生病了，他不离不弃，一直陪伴父亲到深夜，甚至每晚只睡一个更头。他一人扛起家庭的负担，村里着火了，他忙进屋去抢了一床被在手内，从床上把太公扶起，背在身上，把两只手搂得紧紧的，且不顾母亲，把太公背在门外空处坐着。又飞跑进来，一把拉了嫂子，指与他门外走。又把母亲扶了，背在身上。这些都足以可见他的孝顺。

匡超人一步步混迹官场、不断堕落的起因，是他初到杭州时，和一群假名士熟络了起来。很快，他那朴实敦厚的品格开始受到影响，变得越来越自命清高，追求功名富贵，渐渐被污浊的社会同化。匡超人渐渐在这浑浊的圈子里“学有所成”，到了最后，老实本分的匡超人不见了，取而代之的是这个自私、虚伪、冷漠的人。

我认为匡超人性格的变质，一是受到社会环境的影响，而另一点也是他自身的原因，种种原因都反映出当时社会的黑暗。

儒生匡超人——失其本心

2018 级四高一学部　冯腾玉

指导教师：赵娜

匡超人，温州乐清县人，名迥，号超人。在我眼中他的确人如其号，实在是“超人”。

匡超人自《儒林外史》一书第十五回出场，他幸运地遇到了爱做好事的马纯上。马二先生在得知他离乡进城做生意却折本无钱返乡的悲惨遭遇后，慷慨解囊助其返乡尽孝，在回乡的船上他又得到胡老爹的帮助，不掏饭钱一路顺顺利利回到家中，不可不谓运气超人。返乡后，匡超人孝顺父母、调节亲戚矛盾、勤劳创业做生意，在起火时首先从家中背出父亲，扶出母亲，家具钱财全不顾，不可不谓人品超人，实在是乡人之典范。寄住在庙中时，他常常挑灯夜读，学到两三更，勤学上进，不可不谓努力超人，也因此，他得到知县赏识，提携了个秀才。故事至此，匡超人是令人称赞的，他是完美的榜样，完美到书中没有第二个人如他这样集众多优点于一身，如他这样超人。他似乎笔直地走在成功之路上。

匡超人在方方面面都超人，在“善变”一面更是尤为超人。在知县被摘印，匡超人前往杭州后，他没找到要找的潘三爷，却结交了一大群“名士”，一群带着名士光环自视清高却对功名富贵虎视眈眈的名士，而他自己也渐渐变成其中一员。再后来，他的变化就更大了，在他找到潘三爷之后，他伪造官府文书、替人当枪手参考，在愈加丰润的利益面前忘却了读书人最基本的东西，却把自己吹捧为“先儒”……

是什么让匡超人后来的变化如此超人呢？在他获得金钱利益之后他是受益的吗？还是为贪婪付出了失其本心、丧失人格的代价。匡超人因为对功名富贵的狂热面目全非，他的堕落是一场悲剧，这是毫无疑问的，但促成悲剧的绝不仅仅是他自己的纵欲和贪得无厌，“当雪崩来临，没有一片雪花是无辜的”。那些所谓名士的丑态百出、文人的迷失与堕落也是社会对一己私利的纵容所致。从前淳朴善良的匡超人被利益熏出的丑恶嘴脸是当时充满逐利者的环境所惯养的，他的出现不过是文人在贪婪面前人格丧失、道德败坏的缩影。是亦不可以已乎？此之谓失其本心。

反观当前社会，也是有人在庞大的利益面前失去了道德：工厂肆意排放的污水、企业借绿化之名违规用地造别墅……问题的确是存在的，但在肃清社会风气的重拳打击下，膨胀的欲望在收敛，一切也在向好发展。

守住道德的底线，让欲望永不决堤。

儒生传之匡超人小传

2018 级四高一学部　呼瑞林
指导教师：赵娜

匡超人年少时，在马二先生帮助下回家看望父母。那时候的匡超人还是个心地善良、孝顺父母、勤劳刻苦的人。在家中全心全意服侍生病的父亲，还养猪做豆腐挣钱。在照顾父母和做生意之余还不忘读书。他的内心纯净，为人朴实善良，在当时污浊的社会环境中实在是罕见的。

匡超人的高尚品德不久就给他带来了好处。一天匡超人在卖东西时读书，知县李本瑛路过，众人都在围观，却只有匡超人旁若无人地高声读书。李知县被他的品行所打动，提携匡超人做了秀才，匡超人的人生似乎在向一个很好的方向发展。

造化弄人，李知县被人诬告，匡超人为不被连累只好躲到杭州。他踏上杭州土地的那一刻起，就是他堕落的开始。在杭州，匡超人结识了一群整天游手好闲的所谓“名士”，这群人自身无能，却好功名，自作清高，无耻吹牛。匡超人与这群人到处游玩作诗，渐渐地受到了他们的影响，也企图用他们这种自诩名士的方法捞到好处，变得虚伪狡诈。

后来匡超人结识了恶霸潘三。潘三几乎无恶不作，见匡超人有文化便让他为自己服务，而匡超人也爽快地答应了。潘三的残酷无情、毫无廉耻也使匡超人受到了感染。潘三多次帮助匡超人，而潘三被抓后匡超人却不愿去看望他。最终，这个善良淳朴的农村书生变成的一个无耻无情、虚伪狡诈的骗子。原本肮脏的社会中又少了一个纯洁的灵魂。

是什么导致匡超人变成了这样？这不能全怪他本人，当时的社会环境也是使他灵魂扭曲的原因之一。人们一心向往功名利禄，而不顾自身品行。善良的李知县会被诬告，而吹牛行骗的“名士”却能名利双收。善良的人本来就不多，行恶的人却愈加猖狂。在这样的环境中，想要洁身自好是很难的。

儒生传之匡超人

2018 级四高一学部 张志远

指导教师：赵娜

匡超人是古代封建科举制度对读书人迫害的经典例子。他在落魄时在杭州遇见马纯上接济他十两银子回家孝顺父母。父亲因为瘫痪在床，每晚帮父亲出恭，是一个孝顺的人。在夜晚读书时打动县太爷，考中秀才。县太爷被摘印，他被连累，去杭州投靠潘三爷。他在那里娶了郑家女儿，他在那里遇到了景兰江等一帮名士，随后在那里考进京，遇到李大人，他开始转变。他先欺骗李大人说自己未婚，娶了李大人的侄女。回到杭州后遇到了潘自业，潘自业希望匡超人看在往日的情分上去狱中看一看他，匡超人却以不方便为由，不去看望他，其实他是害怕惹祸上身。他回家后郑家娘子已死，他只觉悲伤，给了他的母亲和大哥大嫂一些钱后，安慰了郑家二老，就去京城享福了。

他的确属于那种没有学识的人，与牛布衣谈论时用“先儒匡子之神位”吹嘘，引得对方鄙视不已。他没进贡士时，孝顺父母，尊敬他人，从不阿谀奉承。可是在成了秀才后，他开始目中无人，犯下重婚罪，这是一群病态可笑的“知识分子”，反映了古代科举的不合理性。

儒生传之两面之人——匡超人

2018级四高一学部　隋天然

指导教师：赵娜

匡超人在我的眼中，应该是一个“双面人”。

一面是他的善良孝顺。在他的父亲病重时，他赶回家来，不仅服侍着自己的父亲，还同时为着家中的经济着想。闲下来时还经常拿起书，勤奋地学习。或许上天不会亏待每一个孝顺，心地善良的人。在一次偶然的机会中，他勤奋好学，使他当了官。可以看出他是一个孝顺父母、珍爱家庭、勤奋好学之人。这也是值得我们学习的地方，也是我们每个人应该具有的优秀的品格。

另一面是他当上官之后的虚伪、无情。匡超人做官以后，便与郑老爹的女儿成亲。后却又谎称自己未婚，与其老师的女儿成亲。之后他的妻子因为身体不适而病逝，他却向牛布衣吹嘘自己的博学，对于自己妻子的病逝毫无悲伤之情。这就表现出了匡超人在做官之后，不顾结发妻子之情，好吹嘘，从而抬高自己的丑态。

这两面可谓是一面善，一面恶，匡超人这一人物是一个双面素材，有很多值得我们去学习的地方。他虽聪明机智，却心境不纯。同样也使我们感受到了当时封建社会的黑暗。

这便是两面之人——匡超人。

儒生传之匡超人

2018级四高一学部　邢双飞

指导教师：路德奎

匡超人是温州府乐清县人，他原本是一个农村少年。匡超人少年时期手脚勤快，心地善良，事亲孝顺。他在马二先生的资助下回到家中见到娘亲就“放下行李，整一整衣服，作揖磕头”。父亲卧病在床，他回到家就买了一只猪蹄来家煨着，每晚服侍父亲，一直到四更鼓，匡超人就读书陪到四更鼓，每夜只睡一个更头。可见孝顺父母是他最高的道德标准，这时的匡超人是极为淳朴可爱的。

后来知县李本瑛发现，感其嘉行，提携他中了秀才，岂料李知县被人诬告，可能累及匡超人。于是他来到杭州躲避风头。在杭州，他遇到了一群刻诗集，结诗社，写斗方，诗酒风流，充当名士的人，而他也就卷进了这帮“名士”之中，“才知道天下还有这一种道理”。受到他们的影响与熏陶，年少时那朴实敦厚的人品开始受到污染，思想开始蜕变。

不久他认识了潘三，潘三看中匡超人知书识字，能写会算，而且聪明伶俐，他要利用匡超人为自己服务。匡超人很轻松地得到了二十两，从中尝到甜头，为非作歹的胆子也就越发大了起来。接下来在潘三的安排下，他又顶替金跃上考场，并中了秀才，又赚了二百两银子。从私人的关系来看，潘三是有恩于匡超人的，但是，在潘三被捕后，他表现得极其冷漠，暴露出他那寡情薄义、虚伪、撒谎的嘴脸。

匡超人的故事到此结束，但纯朴少年已经变成一个毫无廉耻的吹牛家，虚伪透顶，狡诈至极。

儒生传之匡超人

2018级四高一学部　朱俊达

指导教师：路德奎

匡超人年少时心地善良、事亲孝顺，是个淳朴可爱之人。他在马二先生资助下回到家见到娘亲就“放下行李，整一整衣服，替娘作揖磕头”，父亲卧病在床，他晚上拿个被单，睡在父亲脚跟头。他白天里杀猪，卖豆腐，晚上便服侍父亲。他父亲夜里睡不着，要吐痰，吃茶水，一直到四更鼓，匡超人就读书陪到四更鼓，每夜只睡一个更头。

随着步入中年，他本已娶妻郑氏，却在李“恩师”问及可曾婚娶时，“暗想，老师是位大人，在他面前说出丈人是抚院的差，恐惹他看轻了笑，只得答道：‘还不曾’。”只这三个字的谎言使他又得娶李“恩师”有沉鱼落雁之容、闭月羞花之貌的外甥女，又得了极其可观的数百金的妆奁，享了好几个月的天福。这也可以看出匡超人渐渐在这个污浊社会的“学有所成”，变成了一个不重情、虚伪的人。

匡超人人物性格的形成、他的变质，一方面是受社会环境的影响，另一方面，又有其自身的因素。对功名富贵的追求是匡超人变质的首要因素。当尽孝与科举功名道路发生冲突时，匡超人选择的是后者，这是理解匡超人这个人物变质的关键。这也可以看出当时科举考试的黑暗，也扭曲了教育的原本目的。

儒生传之匡超人

2018级四高一学部　刘洋

指导教师：路德奎

马二先生曾在茶室遇见了一位书生少年，少年名叫匡迥，号超人，因家境贫寒，跟随人来省城后没钱重新回家，只好独自一人在省城流落。幸运的是他在茶室遇见了心肠好的马二先生，他向马二先生诉说了迫切回家看望病重父亲的心情，于是马二先生救济了他几两银子，让他得以回家看望自己病重的父亲。

匡超人的孝顺是出了名的。他在父亲病重时，承担起了照顾父亲、养活家庭的重担。他为生病的父亲讲各处的笑话，逗父亲开心，让父亲放心养病。在父亲要出恭时，丝毫不嫌弃脏苦累，背着父亲，让父亲觉得安稳。即便是在大火来临时，也要冒死救出父母才肯罢休，由此可见他的孝心多么深切。

但是在匡超人进学成名后，他似乎和以前变得有些不一样，又或者是他的本性就是如此。潘三热情好心的帮助了他，他为潘三做了许多不义之事，得到了许多好处。可是当潘三被捕进监狱后，他连连躲闪，即使在别人的劝说下也不愿去探望潘三。可见他也是一个为了自己的利益而去做不义之事的小人罢了。

更加过分的是，在他去拜访李给谏时，当被问到是否结婚，他害怕被人瞧不起，丢了面子，谎称自己没有结婚，于是又娶一位妻子，也显现出了他虚伪的本质。

有些人说匡超人是因为成名后浮华的风气而变成了虚伪，忘恩负义的人，但我认为也许他的本质就是如此。他虽然有孝心，却掩盖不了他的卑劣的行为，只不过是在他成名后，他的一切缺点都被放大罢了。

第三节 马纯上

儒生传之马纯上

2018级四高一学部 黄月
指导教师：孙玉红

马纯上与鲁编修一样，是名副其实的八股迷。作为一个虔诚信徒，他也的确把儒家思想融入了自己的言行，才有了这个宅心仁厚的马纯上。

说起马纯上对八股文的忠诚，第十五回末他教育匡超人道："人生世上，除了这件事就没有第二件可以出头。古语道得好：书中自有黄金屋，书中自有千钟粟，书中自有颜如玉。"马纯上的脑子里塞满了贤人的语录，没有给自己留一丝理智与思考的空间。

马纯上的仗义倒还算个优点，他花光了所有积蓄，在明知蘧公孙不会还钱的情况下帮他赎回了王惠给蘧的箱子，又给匡超人回乡的钱，就连骗他的憨仙人去世，他也出了份银子。可好人并没有什么好命，他读书、选文数十年都没有考中，他自认为"文章总以理法为主"，卫体善却说他文章"于理法全然不知"，就连他曾帮过的匡超人成名后也说他"理法有余，才气不足"。他最终一事无成，碌碌无为一生，是一个完全被封建教条毒害而迂腐僵化的悲剧形象。

儒生传之马纯上

2018 级四高一学部　宋岱骋

指导教师：孙玉红

却说蘧太守病重，蘧公孙回到嘉兴，不久蘧太守病逝，此时鲁小姐也正好生了一个男孩。蘧公孙便与当地比较有名的先生马纯上也就是马二先生谈论举业，两个人你一言我一语，相谈甚欢，蘧公孙和马纯上拜为兄弟。

但此时鲁小姐的丫鬟双红却出了事情，她和宦成偷奸，蘧公孙把宦成告了官府，当差人带着宦成来蘧府，却看见双红手里的针线盒，那差人竟认得那针线盒是叛贼王惠的东西，差人便把箱子拿来与宦成商议要讹蘧公孙一大笔钱，差人一拖再拖不会官，公孙便把差人一起告了，差人和宦成来到文海楼想造一份蘧公孙叛逆的呈子，没想到遇到马纯上，马纯上花了他仅有的九十二两银子买下了那个箱子，把他交还给蘧公孙，把箱子烧了。

马二先生来到杭州在一个山洞里遇到了“神仙”，马纯上信了他的话将他引荐给胡三公子，骗了一万两银子，四天后马纯上才知道那人叫洪憨仙，根本不是神仙只是一个骗子，而且不久他就病逝了，马纯上还去给他送了丧。

到此马纯上的描写告一段落，体现出了一个学识渊博却行为憨厚，连自己被骗都不知道、憨厚老实的老好人的形象，叙述了当时读书人不了解社会百态，因为科举制度而两耳不闻窗外事的读书人的常态形象。

儒生传之马纯上

2018级四高一学部　申涛

指导教师：李杨

马纯上这个人的出场是由蘧公孙引出的。在蘧公孙找人共谈举业的时候找到了这个人，也就是马纯上。两个人共谈举业，几经交往成了挚友。后来有人想敲诈蘧公孙时，马纯上挺身而出，几番和别人说和不惜拿出自己仅剩的一点钱，为朋友垫上，甚至不求朋友的回报。

然后在杭州遇见了一个年轻人——匡超人。在知道对方父亲病重而且又没有钱回家时，马纯上为此赠予了这个相识不过数天的人数十两银子。

马纯上这个人，对朋友两肋插刀，在自己尚不宽裕的情况下尚能对朋友倾囊相助。或许有人说这并没有多少，但这就好像当你有一千元时给别人九元并不算什么，但当你有十元时却给别人九元，这是真真正正的情谊了，马纯上就是这样一个人。虽然他与千千万万的读书人一样是以功名利禄为人生追求的平庸人，但是这并没有什么，因为他不是圣贤，而仅仅是一个“普通人”，就是因为他是一个普通人，才凸显出他的品质高尚。

在当时那个时代，这种事定然不在少数。这其中大部分原因可能是封建制度所造成的吧，而差人又何尝不是封建制度下官场腐败的受害者呢。

儒生传之马纯上

2018 级四高一学部　于佳彤

指导教师：李杨

受封建科举制度毒害的马二先生，应该是一个极具讽刺性的人物，但我认为讽刺的不是他，而是黑暗的社会背景。他是可怜的。

他整天没日没夜地钻研学问，甚至到走火入魔的地步，却依然在科举制度上屡屡失败。他一贫如洗，还依然相信科举考试，依然对八股文、当时有利有弊的文化研究至深，这是刻在他心里的，是他深信不疑的追求。他不像大多人在考试中受到打击便一蹶不振、投机取巧，他一直脚踏实地，保持着原本的朴实和善良，所以错不在于他，而在于时代。在那个时代的背景下，他免不了背上“腐朽”的黑锅。

虽说人们对他褒贬不一，并且批评居多，但我还是敬佩他的。他可以贫穷，但他仍有温情，仍很仗义。他虽然追求功名，但是若“功名”不带贬义，他就是个有追求并且能坚持的人。要是一个人在实现自己追求的路上用心、踏实、不走捷径，那是多么的可敬！只是他的追求不是他心中的样子吧，所以他无法实现他的理想。无论他付出多少，无论他多么虔诚，无论他多么善良，那个时代对他都不会善良。这也是这部小说的讽刺意义所在！他的经历令人心疼、令人痛心！

儒生传之马纯上

2018级四高一学部　王露云

指导教师：李杨

作者想借《儒林外史》讽刺儒生，就必然会出现多类人，比如像范进、周进一样爱慕功名的人，或是像梅玖一样欺软怕硬的人。可以看到，马纯上就是另一类代表人物。

他身上最突出的特点便是仗义。当蘧公孙被宦成敲诈一事，他没有思索就为蘧公孙垫上了仅有的钱。在之后“遇神仙”与遇见匡超人时，也是尽最大的可能帮忙。那匡超人贫穷不堪，他不仅给他回家探亲的钱，还送书、讲文章。

可是从一些小事中，我们又能看到他的另一种本性。蘧公孙结交他时，他吃的酒肉全是蘧公孙买的，而马纯上只招待了蘧公孙一顿青菜。在杭州书店看见自己的选书时，还要问店家“这书怎样”。在遇到匡超人时，这般自我介绍“你刚才看的文章，封面上的马纯上就是我了”，可以看出马纯上表面上仗义，有才华，内里还是迂腐、爱炫耀自己、贪小便宜的人。

世界上有许许多多的人，他们各有不同，马纯上就是普通儒生的代表。他身上的特性，不仅仅是对儒生的描写，也是对古代思想刻板的人的写照。

儒生传之王冕

2018 级四高一学部　王春艳

指导教师：王昌鹏

马纯上，也就是马二先生，是一个十分善良的人，他可以为朋友两肋插刀，并且他在自己经济情况也不是很好的情况下，为朋友出了九十多两银子，摆平事情，后来也主动帮助了素不相识的可怜少年。

但他也是个十分可悲的人。当他有难时，找不到任何朋友愿意帮他，幸而遇到了“仙人”相助，才得以渡过难关。然而，这样的事情并没有让他改变，他一转身就又为了素不相识的人花钱，可以说是个“烂好人”了。

他的一生都扑在考学上，却一生碌碌无为，未能考取功名。即使如此，他仍然坚信“中了举人、进士，即刻就是光宗耀祖”“显亲扬名才是大孝”的迂腐之言，是书中被封建社会迫害的典型人物。

他封建迷信，是八股文制度的虔诚信徒，十分崇尚儒家思想，所以这样的他让人不由觉得可爱又可笑。一心只追求学问，不求功名，难能可贵，最终一事无成，也是让人可怜。

因而马纯上，实是一位可怜可笑可悲又可爱善良的迂腐文人。

第四节 王惠

儒生传之王惠

2018 级四高一学部 秦毓泽
指导教师：孙玉红

科举制度不仅培养了一批庸才，同时也豢养了一批贪官污吏。王惠就是一个典型的贪官污吏。

王老爷是个被功名利禄彻底俘虏的人。出场时，他见周先生是个蒙师，便轻视他。多年后，荀玫应会试，他才中了进士。遇上荀家人报丧，王惠为做官竟不顾伦理纲常，教荀玫匿表。待他上任南昌知府，干的第一件事，不是询问黎明生计、案件冤情，而是地方人情。在明了各项余利后，让大家将钱财归公。从此，衙门内整天是一片算盘声、板子声，打得衙役和百姓个个魂飞魄散。一个贪官的形象跃然纸上。

王惠的下场自然是十分惨淡。他给自己挣来的道台纱帽，却是烫手山芋。宁王叛乱，他便降了，宁王败后，只得落荒而逃。当年意气风发的王举人已不见了踪迹。

儒生传之王惠

2018级四高一学部　刘佳佳

指导教师：孙玉红

王惠是贪官污吏的典型代表。他做事考虑的首先便是利益，道义对他来说是可有可无的。书中写到他曾梦到自己与同乡的荀玫同中进士，于是在梦境应验后主动与之相交。后在荀玫母亲去世时，他劝荀玫瞒下这件事，以免影响仕途，虽说其中可能也有荀玫自身的想法，可却不难看出王惠性格中的唯利是图和不忠不孝。在他接任南昌道时迟迟不肯接印上任，直至蘧公子给他送来银两才善罢甘休，乖乖上任。而在和蘧公子交谈时，他首先问的不是当地的民情，而是如何从这个职位上获利，之后官府中便是一片“戥子声，算盘声，板子声”，打得百姓叫苦连连。这足以看出这个人的贪污腐败，他见风使舵、毫无立场的本性也展现得淋漓尽致。宁王反乱时，他吓得“撒抖抖的颤”，这可以看出他胆小怕事，也就是这样，他从“朝廷第一能员”变为“逃犯”，士人应有的节操碎了一地。

文人迂腐之气的典例——王惠

2018 级四高一学部　玛妮

指导教师：赵娜

王惠是《儒林外史》中用来讽刺封建文人虚伪与薄情的典型范例。这样一个虚伪迂腐的人使人不得不憎恶起他来。正是这样的一个王惠，将那个社会下文人的腐败作为一个承载体呈现出来。

还记得王惠初见荀玫时，一把拉着荀玫的手，说："年长见，我同你是'天作之合'，不必寻常同年弟兄。"光想想就能感到王惠说这话时那个情深意切啊，但也因为这样一番情深意切，在对比荀玫遭遇时就瞬间变得渺小不堪了。当荀玫不得不因丧母而错失殿试回家守丧时，王惠做的仅仅是陪了两三天就独自返回省城而已。到了后来上任时还端着一副架子，要别人送来银子才肯就职。这一片段真的使一个贪婪、狡诈、自私的人物形象跃然纸上，令人不禁气得牙痒痒。

所以他最后因为这样的品格不断易主落得一个逃亡出家的下场，也算是罪有应得吧，也正是对他一生的描写让我们清楚地知道了文人的腐败与悲哀。

第五节　赵氏、鲁编修、虞华轩

《儒林外史》之赵氏

2018 级四高一学部　黄月

指导教师：孙玉红

赵氏算是在《儒林外史》中出场的第一位较为重要的女性角色。作为这样一位角色，她当然有别人没有的“聪明才智”。

首先在严监生的原配妻子王氏病重之际，她出场了。她对王氏照顾得无微不至，不仅白天在病榻旁殷勤侍奉，表现出忧心忡忡的样子，晚上还为她祈福，这一切都让赵氏在严家树立了一个温婉贤良的形象，更重要的是取得了王氏的信任。当王氏提出把她扶正时，她“忙”把老爷请来，可谓是机关算尽、苦尽甘来。

然而当她坐上女主人之位后，王氏过世时，她哭着撞昏，可那时她已是正房，在王氏那已经不图什么了，却还是要演戏演全套，相比于严监生和两位舅舅较为漠然的反应，更显得她极守妇道，对王氏一片真心，可见其城府之深。

赵氏这样一位工于心计的形象其实也是悲惨的。她反映了封建制度对妾室的不公，不仅要对夫唯命是从，还要在正室管辖之下。然而她又是不同的。她勇于为自己争取，可以说她是既可恨又可悲的。

儒生传之鲁编修

2018 级四高一学部　黄月

指导教师：孙玉红

《儒林外史》中的鲁编修在第十回出场，到第十二回便过世，短短三章形象地刻画了一个被科举制度毒害的官员。

鲁编修是一个彻头彻尾的八股迷。他在第十一回说：“八股文文章若做的好，随你做什么东西，要诗就诗，要赋就赋；若是八股文章欠讲究，任你做出什么来都是野狐禅，邪魔外道。”除此之外，鲁编修的女儿鲁小姐也是位极有学问的女人，文中描写到鲁小姐桌上堆满了书选，鲁编修已达到了科考的极高等级，实现了别人无法达到的人生理想，却还是紧抓不放。可见其对八股文的盲目痴迷。

虽然鲁编修已算一位成功的读书人，但他的境地却十分寒酸，以个人尊严及物质生活为代价换来的编修之职，除了徒有虚名外，没有任何实际意义，也体现了他对于名头、官职追求的虚荣心理。

儒生传之虞华轩

2018级四高一学部　黄月

指导教师：孙玉红

书上所说，虞华轩的出生既高贵又可悲。他天资聪颖，又出生在科举大家，总不能在他这里没落，但无奈乡里人只崇敬彭乡绅，他空有才华却无处施展，如此委屈以及压抑使他总是捉弄别人，以此取乐发泄，是他矛盾的生长环境造就了他的扭曲心理，可怜又可悲。

一次，他出头为自己祖母张罗入节孝祠，全乡邻里甚至自己的家人都去奉承方家，方家那边排场极为盛大，虞华轩这边却只有零零落落的几个人。在这对比之下，虞华轩这清冷的场面显得尤为尴尬与黯淡。他心中的苦闷与羞恼不言而喻，这无疑狠狠地伤了他的自尊心。

可就算再不甘与焦灼都无济于事。论出身，他家世代出官；论才学，他精通儒学，天资聪慧，这样的人不可能毫无入仕报国之心，无奈这乌纱帽满天飞却怎么也落不到他头上。他又不去亲近权贵，即使邻里偶尔来拜见他，背地里实则都看不起他，所以他省吃俭用存银子要建祠，无疑是为了挽回自己大家公子颜面。可这孩子气的举动，在他好似宿命般的厄运前只是自我安慰罢了。

第六节　娄家公子

儒生传之娄家公子

2018级四高一学部　秦毓泽

指导教师：孙玉红

《儒林外史》中的一些明士，其实很多是吃不着葡萄便说葡萄酸，他们嘴上骂着官场，心中却羡慕着那些士子。

莺脰湖聚会之首的娄三、娄四公子就是这样的。他们家的显赫全凭着父兄的科举。自己却无能，便成了批判科举的新士人。因为父兄，他俩不缺银钱，便想用自家的声望和钱财，去结交些名士。

在娄家公子眼中，杨执中是个轻俗利、有气节的君子，可他事实上只是个贪慕权势的小人。他推荐给娄家公子权勿用，也是个人如其名“全无用”。娄家公子招了张铁臂，说是侠肝义胆，却也只会自夸。

娄家两位公子希望能与名士结交，却没有慧眼识珠的能力，花了这么多银子和精力，招来的竟是些这样无能之辈，也真是可笑，最终也只好闭门谢客了。

儒生传之娄家二公子

2018级四高一学部　唐若琛

指导教师：孙玉红

《儒林外史》中形形色色的人很多，每一个人都是当时社会一类人的缩影。娄三、娄四是有钱却不能辨别是非的典型。

起初他们一听说杨执中被收入牢房，就求贤若渴地仗义相助，毫不犹豫地掏出钱将那人保释出来，后来为了见杨执中一面更是不惜三顾茅庐。当时看到这一段的时候，我想书中终于有两位有钱且能对学问报以如此敬重态度之人了。

但细想来，他们并不确定杨执中到底是怎样的一个人，只是从别人口中听说，后来的故事的确证明了这一点，杨执中并非什么贤士，是一个泼皮无赖。两兄弟尽力招揽的"文人"大抵也是这样，我想这应与他们才疏学浅有关。

一个人即使有钱，但没有独立思考能力，也是很可悲的。

儒生传之娄氏二公子

2018级四高一学部　朱瑞

指导教师：赵娜

娄三、娄四家族有权有势。虽然从祖上至今，官宦地位有所下降，但仍然影响力很大。在前几回目中，均有证据。

在第九回中，有提到娄家的坟山，还有专人看管，有新官要丈量土地，也是先磕头拜过，说些敬话，表明态度才可。

在释放杨执中的时候，知县的表现很慌乱，连忙与部下商量，甚至亲自商量倒贴钱，连过场的形式都没有走就放了杨执中。显然能看出，他们不想得罪娄氏。只是可惜了七百五十两银子，只有二十两用着。这虽说是仗义疏财，爱才惜才，但出手太阔绰总还是不大合适的。

再一点，通过权勿用冲撞了官员轿子后，官员得知是娄公子请的人，态度大转变，也足以说明娄家声势之大。在张铁臂提着“人头”的时候，娄公子只是想着办法用钱支持他，全不了解他的背景和下落，以至于被人蒙骗，骗走了钱。

这两个公子，识才眼力不够，他们不是“伯乐”，自然找不到“千里马”。若是不擦亮眼，不仅银两会被蛀虫吃光，还会被外人落下个“与不三不四之人厮混”的笑柄。

第七节　凤鸣岐（凤四老爹）

《儒林外史》之凤鸣岐

2018级四高一学部　黄月

指导教师：孙玉红

在第四十九回中，凤鸣岐的出场可谓让人眼前一亮。在一众读书人中，独他一个习武之人，显得尤为突出。

第五十回，万中书被押走，昔日与他交好的秦中书等都想躲一时清静，甚至继续听戏，反倒是仅有一面之缘的凤鸣岐，想着去探消息，去监里亲探差人。得知万中书的中书是假的后，又去激秦中书为万中书办了保举之事。还不辞奔波之苦一起去了台州，在祁太爷面前替万中书顶了罪。最终，这一场闹腾腾的官事反倒让万忠施万中书坐实了中书一名。

在这件事中途，作者又穿插了一件纠纷，一船客着了一个妇人的道，失了钱财，在凤鸣岐的侠义相助下拿回了钱财。

事毕，他又帮自己一位被骗钱的朋友讨回了一大笔钱。那人要拿银子谢他，凤鸣岐却只收了本欠自己的五十两。此两件皆能看出这位壮士不慕钱财，且有勇有谋。

在最后几章，凤鸣岐的出现也与秦中书一众人做出了对比，表达了作者对这一介迂腐书生的失望。

《儒林外史》之凤四老爹

2018 级四高一学部　秦毓泽

指导教师：孙玉红

凤四老爹是《儒林外史》中性格豪爽，为朋友两肋插刀的侠客。

他总是路见不平、拔刀相助，但这只是个人性格使然。在行船途中，同行客人遭色诱银两失窃，老爹略施手段逼贼人原数奉还，客人要谢，老爹沉吟一下接过五十两酬金。随后分作三份给了三个差人。万青云假冒中书，被官府追拿，凤四老爹义气相帮，为他买了个真中书，免了官司。到了嘉兴，一直找到毛家当铺，只见陈正公在里吵嚷。他身子往后一挣，那垛看墙就拉拉杂杂卸下半堵；他两手背剪着，那柱子就离地歪在半边。毛二胡子见不是事，只得连本带利一并还清。可见，凤四老爹不仅武功高强，而且有勇有谋，有胆有识。

与那些“温文尔雅”的名士相比，与那些尔虞我诈、捧高踩低的官场中人相比，与那些唯利是图、贪得无厌的商人相比，他的人格倒显得更有生气，更有光彩一些。从某种层面上说，他活得更像一个真正的人。

第八节　牛　浦

儒生传之牛浦

2018级四高一学部　秦毓泽

指导教师：孙玉红

牛浦原是乡间的一位少年，识些字，也爱读书，尤其是诗。他最初是个刻苦好学的人，为了读书，他从店里偷了点钱去买书，买到书之后便开始认真地念书。这为日后他成为骗子埋下了种子。一个偶然的机会，牛浦得到了当时已经去世的一位诗人牛布衣的诗集，就动了歪心思，冒充牛布衣。从此，这少年就从牛浦，摇身一变成了著名选家牛布衣。

此外，他也不是一个有孝心的人，他的祖父一直靠做生意来维持生计，等后来牛浦接手了这个小店，他的心思完全不在经营上，以至于小店日益亏空，几个月就维持不住了，最终气死了牛老爹。

牛浦从最初的萌生骗意到公然行骗，从被牛玉圃骗到成功反击，他在成为骗子的路上越走越远，丑态尽显。

儒生传之牛浦

2018 级四高一学部　唐若琛

指导教师：孙玉红

《儒林外史》中，被腐化的人物形象总是一个又一个地跃然纸上，原本喜爱读书的牛浦也属于其中之一。

一开始的他，没有良好条件读书，便自己努力创造条件，甚至为了读书去别人家里窃书来读。读到此处，我很兴奋，终于读到了一位对知识渴望的人。但他不久之后便开始为“名”生活，为了自己的地位，索性改名“牛布衣”，请郭铁笔提笔写名。等家中生意不佳，关了门面之时，尤其到了牛老爹咽气之后，他又开始为“利”生活，最后和卜家的二兄弟闹得不欢而散。有一日牛布衣妻母找上门，还振振有词说不过重名了而已。

他从中一步步丧失的，就是我们常说的初心。忘了初心，走得很快；不忘初心，才能走得很远。他就算有一天想要浪子回头，恐怕也为时已晚。

儒生传之牛浦

2018级四高一学部　薛茗一

指导教师：王昌鹏

牛浦是在第二十回末出场的。初出场，他还是个少年郎模样，书中略有提及他的刻苦的描写，“只见一个十七八岁的小厮，右手拿着一本经折，左手拿着一本书，进门来坐在韦驮脚下，映着琉璃灯便念”。可以看出，这时候的牛浦对待知识十分谦虚和恭敬，有上进的念头。但是万万没想到，对知识的渴求之心竟然会害了他。他开始做偷窃之事，窃钱窃书，辜负了老和尚的苦心栽培。后来甚至上升到了窃取名利！可见当时科举制度对文人的毒害之深。

在追求功名利禄的过程之中，牛浦的性情也在慢慢改变。他变得贪得无厌、自作聪明、满口谎话。他逐渐被那个污浊的社会同化了，跟大多数人一样，眼中所见只有自己的利益，苟延残喘地用虚伪和一点小聪明在社会的浊流中为自己博得生存的机会。他借牛布衣生前的名声，一点点爬上官场高处。

这不禁令我们深思，究竟是什么让一个生性纯良的少年郎露出一副贪婪的嘴脸？归根结底，还是科举制度对文人的毒害，或许不仅仅是科举制度，还有人们自己内心的选择。他若是可以坚持初心，就不会沦落到这等地步。

第九节　景兰江　郭孝子

儒生传之景兰江

2018 级四高一学部　秦毓泽

指导教师：孙玉红

景兰江，一个名士。他作诗，约诗会，看似“雅”，实则“俗”。他为“附庸风雅”折了本钱，就以办诗会为由来借银钱。在那个时代，他无法通过科举获得名与利，只得通过吟诗作赋，成为名士，来得到世人的认可和高看。

匡超人初遇景兰江的时候，景兰江手不释卷，看的是些诗词之类，而后他张口就问匡超人“入泮是哪位学台”，其俗之本质便展现出来。对于一个真名士来说，淡泊名利才是高雅之举，而景兰江的言谈举止透露的都是市井俗气，一种浮夸的俗气。

景兰江作诗二十余年，但他的作品却是多而不优，这是因为他不知道作诗的意义。对他来说，作诗只是他获得一种虚假的自我满足与自我认可的途径。不过，对于仕途上的失意，他也许只能借名士的头衔获得内心的一些安慰吧。

儒生传之郭孝子

2018级四高一学部　秦毓泽

指导教师：孙玉红

郭孝子，是书中典型的“孝子”形象。他名力，字铁山，父亲曾在江西做官，降于宁王，所以逃窜在外。

他为寻访父亲，二十几年走遍天下，当他得知父亲在四川做了和尚，不顾路途艰险，甚至两次遇虎，几乎丧生，也要找到父亲。待他找到庙里，已入佛门的父亲却不认他，他便放声大哭，缠得老和尚急了，把他轰了出去。他在门外哭了一场又一场，不敢敲门，便在半里路外租了一间房屋住下，买通道人，日日搬柴运米，养活父亲。不到半年，身上的银子用完了，他担心父亲饿肚子，便在别人家做工，替人家挑土、打柴，每天寻几分银子，来养活父亲。

这种近乎发痴发狂的孝敬，其实正是封建社会“君臣父子”思想的体现。从郭铁山这个封建专制社会中的扭曲人格可以看出这种思想对当时社会的毒害。

第十节　鲍文卿

儒生传之鲍文卿

2018 级四高一学部　唐若琛

指导教师：孙玉红

《儒林外史》中总是真真又假假，假假又真真，有一个人稍微心善一点儿，读者便觉得是一股清流，而鲍文卿应该是彻头彻尾的一股清流。

鲍文卿因为家中有乐器需要修补，正巧遇上了倪老爹，便请他到家中做活，很热情地好酒好肉招待他，并没有因为自己花了钱就一副高高在上、盛气凌人样子，反而像对朋友一样对倪老爹。得知倪老爹养孩子有困难，主动提出收养，他希望孩子怀有感恩之心，并没有断了来往，还在倪老爹去世之时让孩子穿丧服守孝，对他和对自己的孩子毫无区别，甚至更好，在生命最后嘱咐妻子好好照顾鲍廷玺，是他改变了鲍廷玺的一生。有人让他帮忙说情，并给银子贿赂他，他并没有一丝一毫地迟疑，毫不犹豫地拒绝了。不为五斗米折腰的他令人敬佩！

一个人拥有怎样的三观，受世事影响，但更多的还是取决于自己。

儒生传之鲍文卿

2018级四高一学部　谷伊涵

指导教师：赵娜

向知县因打发了牛奶奶回去，传到上司那儿被认为是昏庸无能的县令，要参处他，因鲍文卿替他求情，他的官职才得以保全。

而崔按察送鲍文卿去见向知县，本想让他得些利益，能够拿上谢金回家做本钱，鲍文卿却没有这么做，仅仅只是会了会向知县，五百两银子一厘也未接受。崔按察认为他呆，而他自己却认为这是朝廷的俸禄，自己的功业德行配不上，因而不与拿取。这便是他与众不同的地方，老实本分、为人坦荡，我也是从这里开始关注他的。

再然后，他听说倪老爹要卖儿子，着实同情他们一家，便提出过继，不仅如此还依旧付了二十两银子给倪老爹，既考虑了他家经济，又考虑到了父子感情，可谓心思细腻，也许他天生生得一副悲天悯人的情怀吧！

最令我动容的是书办找他帮忙，有五百两银子的报酬，可鲍文卿丝毫不动摇，“须是骨头里挣出来的钱才做得肉”他知道这不是光明磊落的事情，只恐丧了阴德。

我想一个人在人前的举止说明不了问题，要看一个人的人品，只需观察他私下里的行为。鲍文卿在不为第三人知的情况下仍能坚守自己，不逾越道德底线，这便是他人格的璀璨之处，也正应了那一句话“贫贱不能移”。

古语有云：“阴德天报应，阳善享世名。”我想鲍文卿作为一个戏子，之所以能平稳度日，遇善人相助，是离不开这个道理的！

第十一节　鲍廷玺

儒生传之鲍廷玺

2018 级四高一学部　黄月
指导教师：孙玉红

同匡超人一样，鲍廷玺出场时极讨读者喜欢，聪明伶俐，鲍文卿更是爱他比亲生儿子都多，做生意，访名士都带着他，还让他读书，想培养成一个正经人家的孩子。无论是亲身父亲倪双峰，还是继父鲍文清，让他耳濡目染的都是正直与善良，这成就了最初人见人爱的鲍廷玺，才使得向知府与王老爹赏识他并把王姑娘许给他。考试时委他以重任巡考，在那里他看到了考场上的丑恶百态，但丝毫不受影响，想要捉作弊的考生，其刚正不阿可见一斑。

可也与匡超人一样，他的人生并不一帆风顺，鲍文卿过世后，他与胡氏渐渐坐吃山空，艰苦的生活消磨了他的意志，哥哥给了他钱，他也不会做生意，不会团班子，穷困潦倒地觍着脸向季苇萧讨盘缠的样子更是卑微。他的父亲虽是戏子，却受明士的尊重，而他却沦落成混在明士中的“茶上”，没能把他父亲的德行发扬光大，他放弃自尊尽力讨好的嘴脸，令人惋惜不已。

儒生传之鲍廷玺

2018级四高一学部　秦毓泽

指导教师：孙玉红

一开始，鲍廷玺也是个聪明伶俐的少年。

他原是倪双峰的第六子，虽然家贫，但父母对他很是爱护，为了他的前途，父母把他过继给了经营戏班的鲍文卿。鲍文卿对他也是极爱怜的，没有让他学戏，选择送他读书。在家人的悉心呵护下，鲍廷玺文质彬彬、知书达礼，很是讨人喜欢。

但是随着一次次重大变故降临在他的身上，这个少年渐渐地变了。妻子因难产而亡，继父也不幸过世，鲍老太帮他又娶了一个悍妻。鲍廷玺备受折磨，变得唯唯诺诺，最后被赶出家门，十分落魄。所幸遇上了亲哥哥，本想着依附，但不久亲哥哥也亡故了，他只得投奔季苇萧。

从此以后，他沦落到卑微无自尊，靠卖笑求赏苟活，与生父的耿直，养父的善良正直都是背道而驰了。

第十二节　虞博士

儒生传之虞博士

2018级四高一学部　唐若琛

指导教师：孙玉红

《儒林外史》近两个月的阅读中，给人一种压抑之感，里面的人物要么无德，要么无才，虞博士在其中应该算一股清流。

虞博士在幼年时母亲就去世了，他很刻苦用功，基本上是自学成才，正好印证了那句话："一个人的成功与否，往往与他的出身无关。"后来父亲去世，他受祁太公赏识就去教书。当时的他不过是一个十几岁的孩子，他尽心尽力，而且他是一个知恩图报的人，他很感激祁太公对自己的知遇之恩，最后一分彩礼钱也不要就将自己的女儿许给了祁太公的孙子，并且更加上心地教他们读书。他还总怀一颗善心，看见有人落河了（轻生）便慷慨相助了四两银子，不过他比杜少卿冷静，不是毫无保留地帮人，而是在保证自己生活的情况下帮助别人。

希望他能一直有颗善心，如果书中这样的人多一点，社会也会美好很多吧。

儒生传之虞博士

2018级四高一学部　杨殷特

指导教师：李杨

虞博士是《儒林外史》中的经典形象之一，虞博士其实正是这一群儒生中的领袖人物，他虽然言行举止表现得都十分平淡，但正他是表现出了一种“隐于市朝”的感觉。相对于杜少卿来说，作者可能把虞博士塑造得更平淡一些，但这看似平淡，却更让人认为他是一个圣贤。他这个平淡，让人会感到更加清静，而不是离我们很遥远。

他在生活中处处体现出中庸之道。他不像官员，对功名利禄十分渴求；也不像杜少卿，对做官愤愤不平。在救落水的人时，他并没有一毛不拔，也并没有把所有的银子都给他，而是给了四两，这处处体现着他的中庸。正是因此，他才成了这群儒生的领袖，带领着这群儒生极力营造一个他们所向往的社会。

儒生传之虞博士

2018级四高一学部　黄月

指导教师：孙玉红

出场时，连庄绍光都荐虞博士做主祭，可见他也是《儒林外史》中的贤能之士。他五十岁时才中了进士，却不像同考的人一样谎报年龄，所以只得了个南京国子监博士的闲官。但虞博士很高兴，觉得南京是个有山有水的好地方，没有丝毫在官职上打小算盘的意思，正如迟衡山所评价的那样“无学博气”，也难怪庄绍光与他一见如故。

一次，一个监生被冤枉赌博，虞博士并没有不辨黑白地就怒斥他，而是将他当作宾客款待，替他讨回了清白，足可体现他的是非分明与惜才之心。

还有一次考试时，他替一个考生悄悄压下了作弊之事，却深藏功与名，为了照顾别人的自尊心而推不认得，可见他的不求名利与包容之心。

这几件事都体现了虞博士的美德，他做事遵从自己的内心，帮助别人只为自己一腔善意而并非名誉与回报，在那个迂腐的社会显得尤其可贵。

儒生传之虞博士

2018级四高一学部　杨楠

指导教师：路德奎

虞博士名育德，字果行。其父中年得子，在他三岁时，双亲亡去。虞育德出身寒门，却得一良师教导，又加上祁太公帮衬，所以过得还可以。

虞育德的一个特点就是懂风水卦数等杂学，这是他真儒的特质。小说第三十六回中，祁太公道："虞相公，你是个寒士，单学这些诗文无益，须要学两件寻饭吃的本事。我少年时也知道地理，也知道算命……我而今都教了你，留着以为救急之用。"

这些不为人重视的"旁门左道"，恰恰是虞育德救命的本事。

小说中虞育德对儒家思想的把握已经达到了精微玄妙的境界。他对人生的中和、平衡充满信心。这种境界已经超越了豁达、逍遥的人生观，成为对真理的洞彻，真正达到了内心的平静、"道"的平衡。

此人为人正直，善于助人。在尤资深提到去找康大人举荐虞博士时，虞博士回绝了，并称："我们若去求他，这就不是品行了。"储信和伊昭劝说他在春天举行生日以便收些礼金用来春游，也被他当作笑话拒绝。说他善于助人，一为旧邻汤相公事件，卖了他的房子，他不仅不生气，反而又给他钱；二为把丫头许配给严管家，并给了十两银子。

通过这一系列善举，在看到虞博士乐于助人的同时，也看到了这些事情的背后，是虞博士的"老好人"，同杜少卿类似，都是由于太善良而被占便宜。汤相公和严管家并不是真心实意感恩虞博士，但此人也可称得上是一位名士。

第十三节　杜少卿

儒生传之杜少卿

2018级四高一学部　唐若琛

指导教师：孙玉红

《儒林》中多的是清贫的书生，杜少卿是其中鲜少的富家子，处在人群中便是一种众星拱月的感觉。

他算是一位爱才的人，凡是听到人有经济或是人脉方面的困难，都愿意出手相助。于是有了后面帮助王胡子一千二百两银子，帮助娄孙子几百两，帮助鲍廷玺一百二十两的故事。后来娄太爷听说了，便劝阻他“虽说施恩不望报，但也不能这般贤否不明”。当时以为终于有明事理的人相劝，不曾想他仍不以为然，一如既往地挥金如土。对他来说，任何东西都不是取之不尽，用之不竭的。在娄太爷离去后，他无人管教，还是不赚钱，只花钱，他才一点一点走向了破产的道路。

他的经历是令人痛惜的。如果他好好理财，完全可以一直过富足的生活，但是他一手造成了自己的悲剧。如果他能听从劝阻及时止损，或许不会落得这般下场。

儒生传之杜少卿

2018 级四高一学部　黄雨桐

指导教师：李杨

杜少卿在书中第三十一回出场。他不慕功名，不贪钱财，是书中少见的正面人物。

杜少卿生在“一门三鼎甲，四代六尚书”的名门大家，但他蔑视功名，臧三爷找他拜会王知县，他不去，“王家这一宗灰堆里的进士，他拜我做老师我还不要”；李大人向朝廷举荐他，他装病不去。他思想较为进步，不歧视妇女。携娘子手游山，另两边看的人“不敢仰视”。季苇萧劝他纳妾，他拒绝，“纳妾的事最伤天理”；得知沈琼枝不愿为盐商妾而私逃，他赞扬其“可敬极了”。

杜少卿仗义疏财，好做“大老官”。但他帮助人，不量力而行，不分帮助对象。帮汤裁缝葬母，给娄焕文孙子钱，帮仆人黄大修屋，帮张三爷出钱赔买秀才人家的钱，资助张俊民儿子修学，帮鲍廷玺出钱办戏班。钱不够，就变卖家产，最后将天长的家产挥霍一空。搬到南京，仍不消停。建泰伯祠出手就是三百两。结果最后自己家穷了，为表兄接风的酒席都办不起。他所帮的人中，鲍廷玺就是有预谋要钱的，臧三爷是个买卖秀才的小人，张俊民是个江湖老骗子……基本全是骗钱的。高老先生骂杜少卿是“杜家第一个败类”，命令自己学生“不可学天长杜仪”。除了迟衡山为其辩解几句，另外几位不仅听着，还认为“老先生说的是”。杜少卿识人的眼光确实不怎么样。

杜少卿不走科举之路，蔑视功名富贵，仗义疏财，无愧于“豪杰”之称。但他帮助别人过于盲目，不管对方是否值得帮助，最终将家产挥霍殆尽，被追名逐利的庸人轻视。

儒生传之散尽家财的杜少卿

2018级四高一学部　林冒宇

指导教师：赵娜

杜少卿是一个世家公子，从小到大的家境优越造就了一个不知钱财来之不易的杜少卿。

杜少卿很善良。无法否认的是杜少卿那颗乐于助人的心。他无法漠视那些请求他帮助的人，无论高低贵贱，他都会倾其所有地去帮助其他人。而且，杜少卿还不追求名利。他不爱高官厚禄，不想名垂千古，只想着无拘无束地过完一辈子。在那追名逐利的时代，也算一股清流。

杜少卿无当家之能。杜少卿虽然善良，但他的一味善良让他显得很无知。他对别人的帮助不假思索，不计后果，不分黑白，毫无保留。他的大方，让人想到娄府二公子，但与之不同的是，杜少卿在听到娄太爷劝言后，依旧我行我素，这也导致了他只能前往南京。这都表明，杜少卿无法做真正的一家之主。

在读杜少卿的时候，不禁让我想起作者。他们都出身名门，年少挥霍，不会治理生计，也都以病避官。这时再想王胡子逃离他时，杜少卿的那一笑，包含了多少辛酸与看破红尘。

杜少卿，一个成功的慈善家，一个失败的当家人。

儒生传之杜少卿

2018 级四高一学部　罗文廷

指导教师：赵娜

杜少卿是由杜慎卿和鲍廷玺引出的富家子弟，名门望族。虽出身于“一门三鼎甲，四代六尚书”的官僚地主家庭，却出淤泥而不染，行为中有些离经叛道，有与那个时代格格不入的超前思想。

他蔑视科举，瞧不起功名富贵。他说过：“学里秀才，未见得好似奴才。”有人荐举他入京做官时，做出“用手帕抱了头”装病不去的事。这些言行，与《儒林外史》中追名逐利的风气成强烈的对比。

有人骂他无材说他愚笨，只懂得败家，是个“烂泥扶不上墙”的东西，竟连做官这种有身份地位的事也不愿做。

但他敢于在那个恶俗繁杂令人窒息的时代，做个潇洒自由的自己，做个没用的逍遥公子，也不愿做官场上的虚假小人。

有时他所行之事又令人难以捉摸。杜少卿平生既不行盐营典，又不出仕为宦，别无生财之道、赚钱之能，却又“最好做大老官”。只要听见人向他说些苦，他就把大把的银子奉上，且施恩不图报。

有时所借银两数目，确实让人觉得格外荒诞。可他好似全然不在乎一般，只管往外借，颇有“人傻钱多”的仗势。这不如说是他装傻充愣，知道他人或多或少地欺骗着自己，却仍然选择信任。他在心底保留着美好的景愿。

儒生传之杜少卿

2018级四高一学部　喻锦鸿

指导教师：赵娜

杜少卿身世显赫，书中说他出身于“一门三鼎甲，四代六尚书”的家庭中。以世俗的眼光来看，他是一个只会散财、不会持家的败家子，是不知奋斗的富二代。他的存在好像只是为了突出贫富差距之大。但细细对他的行为分析之后，又不得不赞叹他是一名“真儒”。

首先是他乐善好施，舍己为人。他慷慨的行为使其自己的生活都有些捉襟见肘，但他仍然没有因为自己的困难而放弃接济他人。达，他兼济天下，穷，他仍要兼济天下，这是我们所不能做到的。

其次他尊重自己的妻子，重视女权，反对纳妾，出游时处处带着自己的妻子，这在古代的封建观念中是难能可贵的。

最后他是一个淡泊名利、洒脱自在的人。皇帝征召他去做官，多少人梦寐以求的机会就被他装病拒绝了。有人说这是他自命清高，把无能当脱俗。但既然能收到征召，难道他真的没有实学吗？这显然是不可能的。甘于放弃这么一个机会，不仅说明他是一个淡泊名利的人，更体现出他的智慧，朝中腐败，去做官必然艰险。他那一句“京里又冷，一阵风吹得冻死了不好”，说的不仅仅是天气，更是人情世故的冷暖。

由此观之，他的种种行为我们是做不到的，但不能因此失去对一名真儒的敬畏，这样的名号，他杜少卿当之无愧。

第十四节　杜慎卿

儒生传之杜慎卿

2018 级四高一学部黄雨桐

指导教师：李杨

杜慎卿在书中第二十九回出场，是一个虚伪、通世故的名士形象。

刚出场时，他“面如傅粉，眼若点漆，温恭尔雅，飘然有神仙之概”，又是“天长杜宗伯的令孙”，出身高贵，与景兰江、支剑峰那些开头巾店、做巡商的“名士”相比，更像个货真价实的名士。

杜慎卿看似不慕功名，实则不然。诸葛天申赞他是“诗赋首卷”，他说那是“一时应酬之作，草草塞责而已”，似是谦虚，实为自夸，生病时的应酬都是首卷，那没病时岂不更好？金东崖送来《四书讲章》请教，他看不起“书办”的身份，郭铁笔拜见他，一番恭维，称他是“天下第一个才子”，他对季苇萧称这些话为“恶谈”，却又说“亏他访得确”，为自己的门第而得意。他声称“自己最厌的人，开口就是纱帽”，实际上攒了几千现银子等着“要中”，进京乡试。

杜慎卿一到南京，就找媒人要娶一个妾，却又在旁人面前装成不近女色的“圣人”，这也为嗣续大计，无可奈何，实在虚伪至极。鲍廷玺找他借钱，他假装诚恳真挚，“这里也无外人，我不瞒你”，“也只当是我帮你一般”，把这事推给了杜少卿，还哄得鲍廷玺对他感激不已，满心欢喜地又“效了两个月劳”。杜慎卿只花了几两银子做盘缠，便把他打发走了，可见他通于事故。相比之下，杜少卿的仗义善良，简直是犯傻。

杜慎卿作为一个“名士”，一些虚伪言行着实令人生厌，但他却能获得世人仰慕称赞，生活得远比杜少卿好，深刻揭露了封建社会的黑暗。

儒生传之杜慎卿

2018级四高一学部　王露云

指导教师：李杨

在书中杜慎卿的身份是“京师考取贵府二十七州县的诗赋首卷”，我们就从他的学识分析他的性格。

他是一个有文采的人，因为书中仔细描写了几次。一次是他刚出场时评萧金铉的文章；一次是觉得即席分韵俗；一次是大讲“夷十族”处；一次是认为当书办的人居然讲起《四书》，而不想理人。可他真的比别人学识渊博吗？天下那么多读书人，人外有人天外有天，所以作者写这几件事，是突出了杜慎卿爱吹嘘自己的学识，看不起他认为比他学识低的人的性格。并且杜慎卿说话还直硬，让人感到不高兴。

就拿辛先生讲《四书》来说，不论辛先生是怎样的人，读书都是他的权利，没人规定过，只有儒生能读圣贤书吧？他却认为辛先生这种身份不能读书，实是迂腐。

有句老话叫“半瓶水响，满瓶水不响”。意思是有才识的人不会显摆自己。可再看杜慎卿，他有作为儒生的平和吗？难以想象，儒林中还有多少这样虚伪的人。

第十五节 沈琼枝

《儒林外史》之沈琼枝

2018 级四高一学部 唐若琛

指导教师：孙玉红

古时人们普遍认为，女子地位低下，理应在家相夫教子。沈琼枝却打破了这一规则。

她本来是要与一个人成婚的，那人称要娶她作为妻子。等她进了房才发现，自己不过是个妾。她心中很是恼火，决心要离开那里，而且圆滑地说自己是王耳之妻。她没有一哭二闹三上吊，而是很理智地收拾好行李，并且带了足够多的银两在半夜里逃走了。离开之后，她也没有挥金如土，反倒在南京安定下来，靠卖自己的诗文来养活自己。另一方面，她也替人绣花，这让她的生活有了保障。后来杜少卿等人来问她的故事，她仍然不卑不亢地回答。

她的做法在当时看可圈可点，在如今也是个很好的榜样。如果要让社会尊敬女性，女性首先要学会自强自立。

《儒林外史》之沈琼枝

2018级四高一学部　秦毓泽

指导教师：孙玉红

沈琼枝是小说中唯一一个有名有姓的女性，她在小说中就像一股清流，令人印象深刻。

她才貌双全，身上带有知识分子的特质，有才学也有能力。知县令她当面作诗，她轻松应对，其才华可见一斑。同样是知识女性的鲁小姐却是封建科举制的产物，与沈琼枝形成了鲜明的对比。

她自尊自立。沈先生是一介贡生，意识到宋为富不把女儿做正室后，让女儿自己做选择，以保证女儿的自主性。沈琼枝不负父望，并没有因为宋为富家产万贯而委身与他。选择逃离，她的自尊自爱在这里体现出来。之后为了谋生，她立招牌，背后展现出的是她自立的精神。

沈琼枝的命运行迹，与她父亲的影响以及她自身的性格有很大关系。开明的父亲与这样的性格决定了她不会安于传统女子的悲惨一生，她的自我意识和反抗精神极具进步意义。

《儒林外史》之沈琼枝

2018级四高一学部　郎浩成

指导教师：孙玉红

沈琼枝是《儒林外史》中出现的为数不多的女性之一，是小说中仅有的两个知识女性之一（另一个是鲁小姐），更是唯一一个有名有姓的女性。在男权当道的儒林之中，作者却费许多篇幅来写这样一个女子，其重要性也就不言而喻了。无论与男性相比，还是与其他女子相比，她在小说中就像一股清流，给人留下了深刻而又奇特的印象。有关沈琼枝的情节可概括为出嫁之前—进入宋家—逃出宋家—利涉桥卖文—求助杜家—押解江都，下面我将根据情节来分析沈琼枝的性格。

沈琼枝出现于《儒林外史》第四十回与四十一回。

她才貌双全，小说主要通过侧面描写来表现沈琼枝的外貌。丫鬟领她进了房，回复宋为富道："新娘人物倒生得标致，只是样子觉得憨赖，不是个好惹的。"杜少卿和武书也承认了她的才能，名士武书特意为她写诗送行，并将路费交她携带于身。表现她才学的一个重要情节是知县令她当面作诗，她对自己的才能充满信心，"请随意命一个题，原可以求教的"，"不慌不忙，吟出一首七言八句来，又快又好"，简直有曹植七步赋诗的魄力，其才华可见一斑。同样是知识女性的鲁小姐，作者却表现出了截然相反的态度，"这小姐资性又高，记性又好"，鲁小姐的才能都是为"举业"服务，认为中了进士才叫名士，头脑中充斥着功名利禄的思想，对真学问却无限鄙夷，这可以说是八股取士制度对女性的毒害。鲁小姐俨然是应试教育的产物，与沈琼枝形成了鲜明对照。

她自尊自立，其父沈先生是一介贡生，意识到宋为富不把女儿做正室之后说："女儿你也须自己主张"，"我且不问他要别的，只叫他把我父亲亲笔写的婚书拿出来与我看，我就没的说了”。这句话把她的自尊表现得淋漓尽致。她最终因不肯做他人之妾而逃出宋家，并没有因为宋为富家产万贯而屈身于此，这是她自尊自爱的一面，小说中对此也通过杜少卿之口来侧面表现：盐商富贵奢华，宋为富骗人做妾的行为说明他人品低劣，更无法赢得沈琼枝的尊重。

她的自立精神主要表现在挂招牌卖诗文一情节。“招牌”是富有象征意义的一个东西，它代表了一种职业，一种身份，而传统观念看来，女子的职业便是相夫教子，只能依附于父亲、丈夫或儿子生存。沈琼枝挂招牌一节表现了对传统女性传统观念和依附身份的挑战与反抗，招牌的背后正是她的自立精神。鲁迅先生写过一篇《娜拉走后怎样》，娜拉是一个自我意识觉醒的女人，不甘于做家庭的玩偶而出走，她两手空空出走的结果不外乎走投无路而堕落、死亡或妥协而回家。沈琼枝不仅有自立的精神，更用行动表明她在一定程度上实现了自立。

沈琼枝的勇敢表现在不畏强横，不惧势力，敢于特立独行，敢于对簿公堂上。她明知宋家不安好心，却只身入虎穴，一进宋家就表现出了“不好惹”的样子。狡诈的宋家使她孤立无援，她勇于做出逃离的决定并付诸实施。她为了生计竟然“敢为天下先”，做了自古女子未做之事——挂招牌卖文，这在名士武书看来都是“奇事”。

沈琼枝既有智慧，又有胆量，才使得她能够自由出入宋家，避免了一场官司，以十分潇洒的姿态成功逃脱了一场为他人妾的命运。其言辞之当，有完璧归赵之谋；其出口之大胆，行为之魄力，有渑池之会之勇。

第十六节　梅玖

儒生传之梅玖

2018级四高一学部　黄雨桐

指导教师：李杨

梅玖在《儒林外史》第二回中出场，是一个欺下媚上、庸俗势利的秀才形象。

仅仅中了个秀才，梅玖便自命不凡，假称梦见太阳掉到头上，得意至极。周进六十多岁还是个童生，新中秀才的梅玖在他面前极其嚣张，对他冷嘲热讽，在饭席上用打油诗讥讽他。

风水轮流转，几年后周进中了举人，又中了进士当了官，梅玖却还是个秀才，身份地位不同了，梅玖的态度也就一百八十度大转弯。他作的文章被评为第四等，为逃脱责罚，梅玖无耻地冒充周进的学生，摆出当官的“老师”做挡箭牌，成功逃过一劫。当周进真正的学生荀玫询问他何时从周进读书时，他又装腔作势摆出长者的架子“你后生家那里知道”，还恬不知耻地吹嘘，“先生最喜欢我的，说是我的文章有才气”，撒起谎来面不红心不跳。梅玖与荀玫一起到观音庵，见到周进写的对联，他要求和尚揭下来，口口声声“周大老爷”，还要把对联“裱一裱，收着”。

发迹前的周进是梅玖取笑捉弄的对象，但是做了官之后立即成了梅玖瞻仰、敬慕的“大老爷”，梅玖前后态度反差之大，极具讽刺意味，其趋炎附势，品行卑劣可见一斑。

一无是处的梅玖，只知道对地位低下者欺压讥笑，对当权者阿谀奉承、百般讨好，小人嘴脸实在令人厌恶。通过他的种种言行，封建科举制度的黑暗腐朽、荒唐可笑逐渐显露出来。

第十七节　高翰林、牛玉圃、萧云仙、余家兄弟

儒生传之高翰林

2018级四高一学部　王露云

指导教师：李杨

在三十四回，作为翰林院侍读的“高老先生”出场了。他每次出场方式很有特点，就是将名士评得一无是处。

三十四回中，他就说“少卿是他杜家第一个败类”；论学识，他又说“他果然肚里通，就该中了去”，字里行间显露他对杜少卿的蔑视。

如果只骂杜少卿也不算什么，但高翰林却将众名士骂了个遍。请武书、万钟书、迟衡山、秦中书喝酒时，大评万钟书“好友”马纯上，将其骂成大字不通的人，连带着庄绍光，他也看不起，认为其不能解圣人的经，这让武书和迟衡山生气了，引用历史反击他错误的言论。

他却用一句“这不是我专长”搪塞过去。武书和迟衡山是他请来的，得知他们不来后，高翰林就说“哪里有什么学问”。

可他自己有作为翰林的学问、肚量吗？没有的话，他又凭什么看不起众人？由此可知他是一个自私自大、目中无人的“假学问”，他连市井小人物都不如啊！

儒生传之牛玉圃

2018 级四高一学部　王露云

指导教师：李杨

牛玉圃这个人刚出场时是一个儒生形象，然而仅仅几句话就表露出其本性。

他听闻牛浦是去找董瑛，直接打断牛浦的话，强行认了个孙子。这是觉得牛浦还有靠山，有利可图。但后来带牛浦去见万雪斋，牛玉圃见牛浦支支吾吾答不上话，就觉得他只是个小平民，不仅骂了他几句，还让他做看下处的活。看下处时，牛浦无聊，上街闲逛，让牛玉圃等在了外面，牛玉圃便骂他连这点小事都干不了。牛浦说他结识李二公，李二公告诉他“程明卿是万雪斋的好友”后，他又和和气气地待他了。

儒生应“腹有诗书气自华”，文中却没有一个字讲牛玉圃有学识。儒生应处处有规矩，而牛玉圃却上来就要认别人做孙子。儒生应不爱慕虚荣，他却因为误信程明卿与万雪斋的关系而急于靠近万雪斋，想多获些利。儒生应和气待人，而不是像他一样，有利就亲近别人，无利就打骂别人：他在发现牛浦的谎言让他被万雪斋厌弃后狠狠打了牛浦一顿，差点儿让牛浦得痢疾丧命。

他这样算得上是儒生吗？可他就是个儒生。可想而知，所谓的“儒林”中，这样追名逐利的人不是少数，儒林还配叫作儒林吗？

儒生传之萧云仙

2018级四高一学部　王露云
指导教师：李杨

在第三十九回中，这个少年出现了。书中给他的特点是武艺高强，还热心助人。

在毫不相识的老和尚求情后，他选择了救他，为此得罪了恶和尚赵大，这是他热心助人。那赵大原是响马贼，身手也不错，萧云仙却能将他打得毫无还手之力，可见其武艺高强。

在后文投军打青枫城时，他也是用以一敌百的身手打了番子，从中可以看出萧云仙不仅武艺高强，还会以智取人。救老和尚时，他先让和尚装作无事，以降低赵大的防备；攻城时，他不仅有办法让人马不渴死，还会智取，用火烧了番子的粮仓，这样一来收回青枫城就变得容易了。不仅如此，他还为青枫城百姓修城种树，让百姓衣食有保证，为此不惜花费自己的千金。

当然，从他希望武书帮他写文，赞颂自己的功德，可以看见他追求名气的性格。

人无完人，在做好事的同时，他炫耀着自己的功德。可就算如此，他的热心、为民服务也与书中的儒生形成对比，高下立现。

儒生传之余家兄弟

2018级四高一学部　王露云

指导教师：李杨

余大、余二先生是作者描写的儒生中的另一种代表。

身在五河县的余家兄弟，与同在五河县的虞华轩，形成了对比。都是有才华的人，虞华轩因为有钱就被人巴结，尽管他有喜欢捉弄人的爱好。余家兄弟孝心十足，却被人看作呆子。

说他们俩有孝心，从长达一回的“迁坟”之事就可以看出。为什么有风水先生看坟？因为古代人认为先祖坟墓的选址能改变后人的命运。施御史家因为选址闹了个翻天，以为祖坟“只发大房”，但余家兄弟没有遵从风水先生的建议，只是寻了一个风清水秀之地，埋葬父母，让父母安息。在失火时抢出灵柩后，他们不畏“再抬回去要穷人”的风俗，将灵柩又放回了家里。

他们做人也有本心，唐二棒椎问回侄子书帖的事，余大先生直言“丢了天属之亲，叔侄认起同年同门来，这话我是一世也不愿听”。

但是有孝心，有本心的余家兄弟却不被当时的人认同，作者不仅是赞美余家兄弟的品德，也是在批评利欲熏心，失去本心的世人吧。

第十八节　范　进

儒生传之范进

2018级四高一学部　张佳怡
指导教师：王昌鹏

范进是《儒林外史》中作者吴敬梓刻画的最成功的人物之一。即使合上书，那个虚伪麻木的形象仍然跃然眼前。

范进是在科举制度的迫害下特点尤其鲜明的一个角色。中举前的范进饱受落第文人的心酸苦楚和丈人胡屠户的蔑视侮辱。他穷尽一生精力在科举考试上，却屡遭挫败。但是仍对科举当官抱有希望，直到五十四岁才考中秀才。他将中举取得功名当作唯一的奋斗目标，宁愿一家老小挨饿受冻也不愿选择其他出路来养家糊口。这正是一个追求功名而深受科举制度毒害的下层知识分子的典型形象。

中举后的范进则是更加体现了他追求功名的心。中举前被人长期的瞧不起和侮辱使得他内心十分脆弱，知道自己中举后高兴的竟然一口痰涌上来迷了心智，变得癫狂不省人事。等恢复理智后，范进成了封建社会的新贵人。在他得到了梦寐以求的荣华富贵后，虚伪世故的性格立刻暴露无遗。他的老丈人胡屠户和乡亲父老对他的态度也发生了巨大的转变，纷纷阿谀奉承地巴结范进。这一点将当时封建社会的阴暗和庸俗体现得淋漓尽致。

范进中举后，虽然社会地位和生活质量都有了很大的提高，但是内在的灵魂却被科举制度彻底毒害了。他对胡屠户的态度转变和对张乡绅的称兄道弟体现出他已经被科举制的迂腐所同化。范进在面对张乡绅送出的贺礼时假惺惺地推辞不肯接受，又拿出银子给胡屠户，这是范进的虚伪奸诈。

他为了不给自己的仕途留下污点，煞费苦心地刻意营造出一个品格优良的好形象。

而在范进中举的前后，随着范进地位身份的变化，周围人的态度也发生着巨大的转变。家境由贫到富，地位由低到高，态度又坏到好，这无不映照出当时社会的阴暗迂腐和人性的扭曲。

小说中用很多的笔墨来刻画范进中举前后的丑态，也细致描写出了封建社会对范进这样一个下层知识分子的深深毒害。在当时社会，范进这样的人物不只是个例，而这样充满讽刺意味的故事则更加发人深思，足见当时封建社会下的人心惨淡和世态炎凉。

儒生传之范进

2018级四高一学部　姜楠

指导教师：李杨

范进应该是《儒林外史》这本书里我们最先了解的人了。

范进生于白庙村的一个贫穷的家庭里，是一个深受科举制和阶级统治残害的人物。他在中举前，被乡里人打骂嘲讽，受岳父胡屠户的无端辱骂。但是范进却说："岳父见教的是。"接着范进又被胡屠户一口啐在脸上，却仍不发怒。要说前者是他脾气好心善也能说得过去，但被人啐一口在脸上却不怒，只能解读为范进自己自卑自贱了，这就是中举前的范进。

中举后的范进变得与之前那个奴才样的中年男人完全不一样了，先是喜得发疯，恢复过来后见到刚刚还打骂过他的胡屠户来阿谀奉承，那些嘲讽讥笑他的乡人来献媚，他却一点也不觉得反常，其心境转化之快，让人不得不认为，他对于中举后的生活已经想象了很多遍了。

第十九节　差人、聘娘、严贡生、荀玫

儒生传之另类：差人

2018级四高一学部　孙宏伟

指导教师：李杨

在第十一到第十五回中出现的差人最是令我恼火又深思的。

差人的这一经典形象反映了当时社会的官场腐败，他们眼里总是只有利益而没有半分恪尽职守。

差人本是该秉公执法的。在宦成被关进差人家中时，差人应该严格看管。但当差人听到枕箱，而且是当时正在逃亡的王惠王员外所给，心中便按捺不住了，想借此发财。他开始背地里帮着宦成出谋划策，让宦成对马二漫天要价，一面又去假装帮着马二。凭借差人只向蘧公孙的至交马二要钱，而不是直接找蘧公孙本人去要的这一点，就可以看出差人心机之深。

并不是只有这一个差人如此，其他的差人和他一样也好不到哪儿去。文中提到差人为了这事保险而去询问那些老练的差人，而那些差人也没有过多的惊讶。加上在问的时候又遇到的一个人，他也寻求差人帮忙，说自己受了委屈却没有受伤，没有理由去报复，差人并没有去劝解或者是去将这个想要报复别人的人抓起来，却是直接捡起板砖将他拍伤后让他去喊冤，可见差人对这些事的老练以及习以为常，甚至到了内心毫无愧疚和反省的地步。

儒生传之聘娘

2018 级四高一学部语文 8 班　楚文文

指导教师：李杨

聘娘，凭着自己的花容月貌，兰心蕙质，跻身为秦淮河畔的上等妓女。随着身价的上涨，聘娘的人生追求也水涨船高，她也要几个名士来往，可见即使身份卑微的青楼女子在潜意识里也有对名利的渴望。

聘娘与陈木南的相好是标准的名妓与名士的交往，在聘娘的生命中是一件盛事，足以令她的人生产生翻天覆地的变化。有一次陈木南来到聘娘的房里，聘娘端茶送水，与其并肩同坐，聘娘拿大红汗巾搭在四老爷膝盖上，问道："四老爷你同国公府是亲戚，几时做的官？"在聘娘的款款柔情之下，隐藏的是她对官太太的憧憬，以至于她在梦里"凤冠霞帔"，后来聘娘生病，陈木南不离不弃，拿钱舍命救她，但她无情地厌恶了陈木南，就因为他没有了钱财，可见聘娘贪图的也只是他的财富而已。

儒生传之严贡生

2018级四高一学部　邓舒匀

指导教师：赵娜

严贡生是儒林外史中典型的封建知识分子代表，也是给我留下深刻印象的儒生之一。

他倚仗身份，无恶不作，是丧心病狂的恶霸角色。他趁汤知县下乡，巴结官僚，虚情假意地款待老爷，如此谦卑滑稽模样，正是为了增多自己在社会上胡作非为的靠山。严贡生振振有词地称自己“只是一个为人率真，从不晓得占人便宜”，实则习惯于敲诈百姓，满心是随时准备作恶的浑水。严贡生抢人钱财，讹地位卑下平民的钱。如此冷漠如石头毫无同情怜悯的心，丑恶得令人发笑。

这颗坏死的心更是使他六亲不认，麻木虚伪。其弟大病，却不见远在省城的他慰问关心。严贡生为了科举，家人过世多日才磨蹭着回了家，见得遗物中的新衣裳和银两后“满心欢喜”，大改态度，“立刻换孝巾”，“叫了声‘老二’干号几声下了两拜”。严贡生的贪财之心早已远超了兄弟之情，唯利是图的他或许早已丧失了为人的灵魂。

严贡生这样的蛮横霸道之人，在科举时代中比比皆是。不管他是个人性格使然毁掉自己，抑或是生而为黑暗时代的祭品，都值得我们引以为戒。

儒生传之荀玫

2018级四高一学部语文5班　张雄飞

指导教师：赵娜

荀玫是薛家集中荀老头的儿子，他年幼很是勤奋好学，是薛家集中“全村希望”的存在。在周进在薛家集教书的那段时间里，他的出色表现成功引起了周进的注意。以至于十几年后，周进做了官，范进做了宗师时，他还让范进私自提拔荀玫。但范进发现荀玫不需要任何帮助和照顾，凭一己之力考取乡试第一，后又一路攀升，做了进士。

在那个时代，所有人都知道，改变自己命运的捷径就是做官。但是荀玫当上官之后呢？也是照样被官场上的功与利蒙蔽，一心只想着去做更大的官。可见当时官场的腐败与黑暗。更让人感到悲伤的是，荀玫自己母亲去世，按照旧制要守丧三年，但是他不想为此耽误自己的考试，想去申请“夺情”，虽然没有成功，最终还是回家服丧，但也可以看出荀玫已经变了，变成了那个时代的傀儡。

荀玫的出场堪称传奇，被王举人梦到，可以说是前途无量。可他最终没能抵住诱惑，成了封建社会的牺牲品。

第二十节　蘧公孙

儒生传之蘧公孙

2018 级四高一学部　王露云
指导教师：李杨

在书中，蘧太守“讼简刑清”，蘧公孙谈的两种“三样声息”，都是有才之人，没想到，蘧公孙竟是这样无才而爱慕虚荣。

他刚出场时给逃难的王惠银子，这还可以说成有情意。但他听娄三娄四公子谈起朝廷在大力捕捉王惠时，这事连提都不敢提一句。按理说他也是受害者，却不敢公之于众，一副胆小怕事的形象跃然于纸上。

王惠走前给了他几本破书，其中一本竟是孤本《高青邱集诗话》。爱书之人，一定会惊喜地拿来阅读，但蘧公孙竟将之冠以自己的名号，以此来证明他有才华。要是他仔细研究这本书，也许还能写两首好诗，但他这样“偷窃”书，只能说明他爱慕虚荣罢了。他丝毫没有设想过被拆穿的后果，没有敬畏之心，所以他之后的失败婚姻，也是他无用的一个表现。

作者塑造了蘧公孙便是以小见大，折射儒林。由此可知，儒林只是一个充满虚假、贪婪、算计的地方罢了。

儒生传之蘧公孙

2018级四高一学部　赵聆羽
指导教师：赵娜

我今天想要来写写蘧公孙这个人。

他心地善良，古道热肠，又有周济穷途之举。但他又打肿脸充胖子，始终不面对真实的自己。

他将《高青邱集诗话》添了自己的名字去刊印，还给亲朋好友送了个遍，大家都很仰慕他，他也满足了自己的虚荣心。我十分不赞成他这种做法，太虚假了。他想装有文化，装得了一时，装不了一世。他理应面对真实的自己。果然，纸包不住火，好景不长，他娶了鲁小姐。鲁小姐才貌双全，当然会对装有文化的蘧公孙起疑。即使蘧公孙有颜面，但他无学识，一样不会赢得鲁小姐的心。鲁编修让他作诗，他勉强作出，还作得并不好。鲁家是书香门第，他们不喜欢蘧公孙再正常不过了。

不过，说他心地善良，却也是事实。因为他在别人困难之时，伸出了援助之手。我想这都与他的家庭有关。他的爷爷蘧太守非常宠爱他，他生长在一个充满爱的地方，性情自然温和近人。

第二十一节　庄绍光

儒生传之庄绍光

2018级四高一学部　黄月

指导教师：孙玉红

庄绍光在第三十四回出场时便是被杜少卿和迟衡山拜会，被这样两位贤士登门问询修祠的意见，可见绝不是轻浮之人，这为他的人物形象定了个高起点。但他不同于同样在最初品德高尚的匡超人和鲍廷玺，最终在这纷乱的世俗中守住了本心。

庄绍光与杜少卿相似的一点便是他们都不把高官俸禄看得重。皇帝征召，他去之前便对妻子、朋友保证必定回来，可见他就没有想过应了这次征召。到了京城后，面见天子时觉得头上有刺痛感，辞了回来才发现是有人放了蝎子，一句“看来我道不行了”道出了他对官场钩心斗角、不择手段的感慨，更坚定了他不走征召之途的决心，所以后来的离开也是没有留恋。在这期间，大学士太保公要收之为“桃李”，庄绍光婉拒，不卑不亢，以及他后来回到南京，为躲避众人拜会，搬去元武湖，足可体现庄绍光洁身自好、不与世俗同流合污的清高之态。

儒生传之庄绍光

2018级四高一学部　王露云

指导教师：李杨

他出生于世代的读书之家，十二岁就会做七千字的赋，连皇帝都听闻他的名声。尽管如此，他与书中描写的儒生也有很大区别。

他虽有名，却不妄交一人，这点与盲目慷慨的杜少卿做了对比。他懂得“近朱者赤，近墨者黑”的道理，与之前识人不清、失了本性的匡超人不同。更可贵的是，他在圣旨到时告诉迟衡山“小弟就回来的”，可见名利于他是不重要的。在之后他也遵守约定，给皇上写了一封辞呈。他这一行为也恰恰对比出书中大部分儒生的爱慕虚荣、贪图富贵。更难得的是他人品好，在经受了房东家老人的死亡、老妇人的尸变后，他都没有逃，反而出钱埋葬了他们。要论学识，他也远远超过书中反复描写的杜慎卿的学识。

当然，他也不是完美之人。在去皇宫的路上，他遇到响马，被吓得半日说不出话来。作为一个能文不能武的书生，怕马贼伤害了自己性命也算是人之常情。

我认为在本书中是“好角色”的庄绍光突出了其他儒生的性格缺陷。而作者写庄绍光，不仅是为了故事世界的真实性，也赞颂了那个时代中真正有学问、正义的大儒，弘扬了这种美好品德。

【第三编】

自能语文：整本书阅读课例展示

第一章 《简·爱》前六章阅读交流课的自能要素分析

孙玉红

根据学部统一的学习要求，同学们在读《简·爱》时需要对每一章做好阅读批注，每章不少于五则，每则不少于30字，然后以学习小组为单位每组每次出一章思维导图。彼得·圣吉在《第五项修炼》中说：要想教给人们一种新的思维方式，就不要刻意去教，而应当给他们一种工具，通过使用工具培养新的思维模式。思维导图（Mind Mapping）是英国学者Tony Buza在70年代初创立的一种新型笔记方法，它以放射性思考为基础，是一个简单、高效、放射性、形象化的思维工具，能够全面调动左脑的逻辑、顺序、条例、文字、数字以及右脑的图像、想象、颜色、空间、整体思维，使大脑潜能得到最充分的开发，从而极大地激发人们的创造性思维。于是，在阅读的过程中，我们借助于思维导图这一工具让同学们完成对文本阅读的内容梳理。阅读过程中的读书批注是督促同学们边读边思边记，这是语文学习比较有效的方法。以小组为单位的思维导图学习，既加强组内同学之间的合作，也不断提升学生概括与压缩能力，整体谋篇布局的能力。

一、构图学习，让学生自主建构知识模型。同学们提前利用课下时间进行第1—6章的内容阅读，并及时在A4纸上对整章的情节用思维导图的形式整理出来。每个小组的思维导图是在阅读交流课前上交，教师提前制作成演示文稿，整合成课堂学习资源供同学们在课堂上进行讨论和交流。

二、读图和说图学习，让学生理解导图内涵，解读思维过程。第一至六章的阅读学习需要课堂 25 分钟左右的检测。检测的方式是以各小组分别做的思维导图交流体现的。在课堂上让每一组推选一位同学对本组所做的思维导图向大家交流与分享思维导图的主要思路和内容。

三、评图学习，让学生剖析导图。各小组推选一名同学组成评委小组对每组思维导图进行评价，选出自己最欣赏的思维导图，并说明一至两点理由，供下次制作导图时参考学习。评委同学们可以很明确地指出自己所欣赏同学的思维导图的优点，最后目标集中在了刘晰和宋岱骋的两张导图上，这两位同学也被评为第 1—6 章的“思维导图达人”。

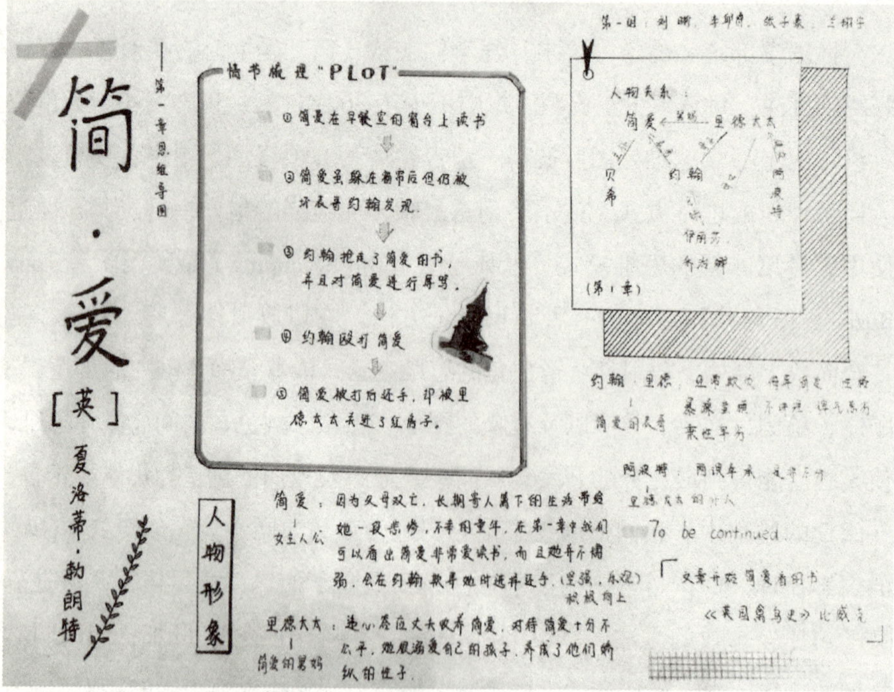

刘晰的第一章的思维导图在整体构图结构上框架思路清晰，有明确的图示功能，简捷明了。分为四个部分：

一、情节梳理。围绕简·爱在里德太太家寄居生活梳理了五个主要内容，即简·爱在早餐室的窗台上读书；简·爱虽躲在窗帘后但仍被坏表哥约翰发现；约翰抢走了简·爱的书，并且对简·爱进行辱骂；约翰殴打简·爱；简·爱被打后还手，却被里德太太关进红房子。

二、人物关系，梳理出7个出场人物与人物之间的关系。人物有简·爱、里德太太、约翰、伊丽莎、乔治娜、贝希、阿波特七人。他们之间主要是舅甥关系、表兄妹关系、主仆关系等。

三、人物形象，分析了四位主要人物形象。简·爱因为父母双亡，长期寄人篱下的生活带给她一段悲惨、不幸的童年，在第一章中我们可以看出简·爱非常爱读书，而且怒工不懦弱，会在约翰欺压她时选择还手，体现了她坚强、乐观、积极向上的性格特点。里德太太，是简·爱的舅妈，违心答应丈夫收养简·爱，对待简·爱十分不公平，她很溺爱自己的孩子，养成了他们娇纵的个性。约翰是简·爱的表哥，经常欺负、侮辱简·爱，性格暴躁蛮横、不讲理、脾气恶劣、秉性卑劣。阿波特是里德太太的仆人，阿谀奉承、是非不分。

四、还有读者刘晰自己在读书过程独到的兴趣发现，即简·爱小时喜

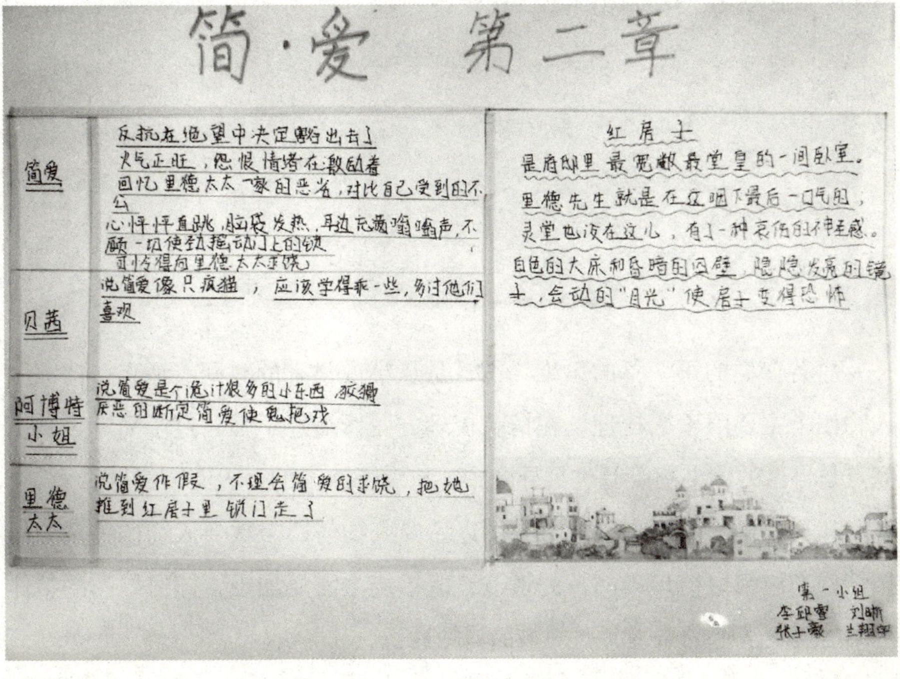

欢读的书名称的积累，比威克的《英国禽鸟史》。

刘晰同学在交流时思路清晰，语言表达流畅，被同学们评为“思维导图达人”。

李邱睿做的第二章思维导图，最大亮点是将“红房子”这个简·爱小时最恐怖的心理阴影突显出来，将红房子的外在和内在环境特点准确抓取出来，体现了红房子对简·爱的心理影响之深；还梳理了四位人物的主要表现或语言。不足：对人物的提炼，情节的推进，等。

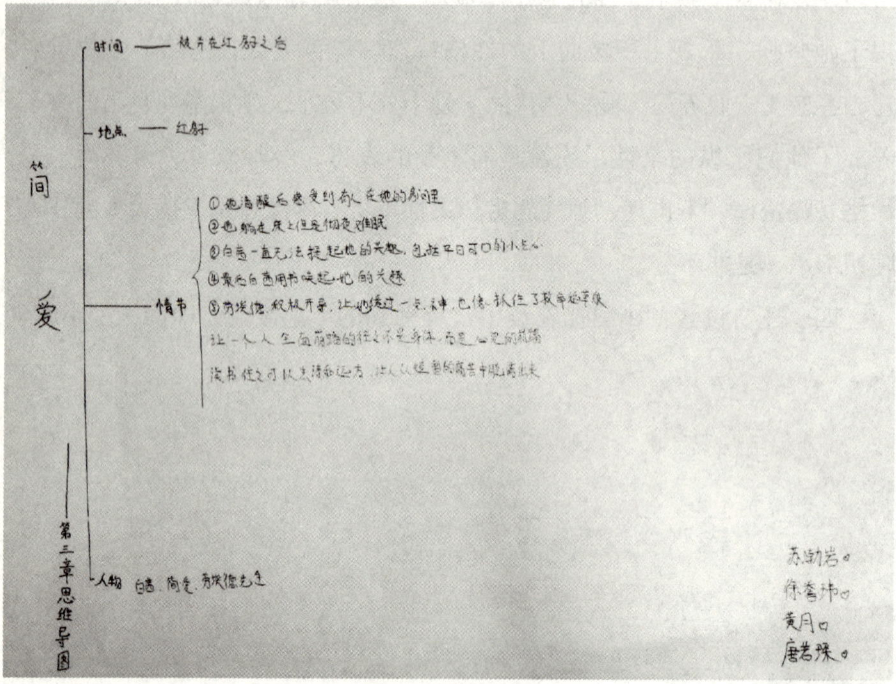

唐若琛做的第三章的思维导图，是从小说常有的时间、地点、情节和人物四个主要因素去梳理，在情节梳理方面概括性不强，过于简单，突出亮点是自己的读书感受写进了导图中，充满了浓浓的个人阅读气息。

向科蕊做的第四章的思维导图以主要人物与四个次要人物的关系为框架结构，详细地梳理第四章的情节，概括能力需要加强，同时导图的整体框架需要更清晰的条理，更规整的构图意识。

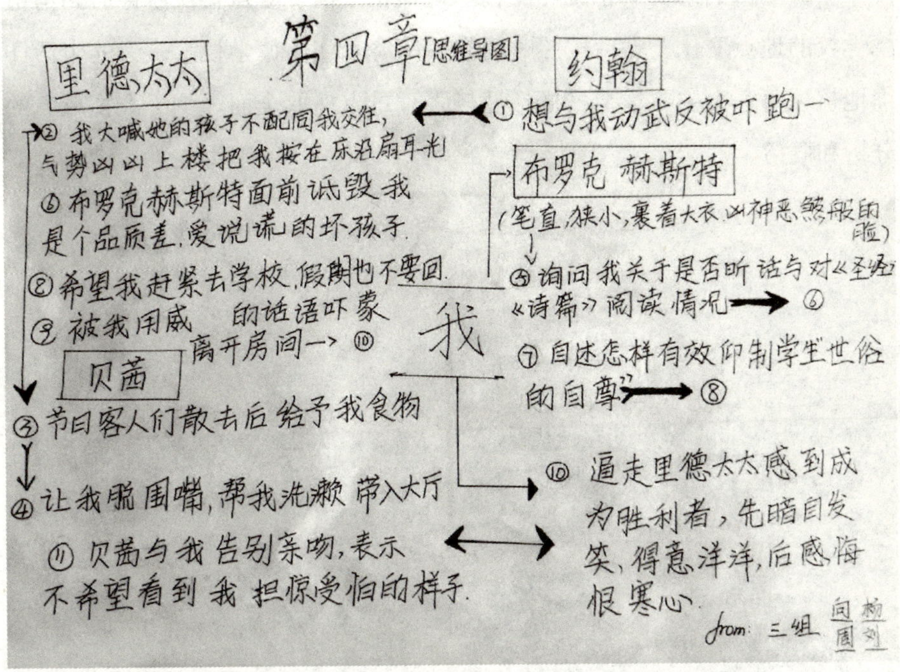
第四章[思维导图]
里德太太
约翰
①想与我动武反被吓跑
②我大喊她的孩子不配同我交往，气势凶凶上楼把我按在床沿扇耳光
⑥布罗克赫斯特面前诋毁我是个品质差、爱说谎的坏孩子
⑧希望我赶紧去学校，假期也不要回
⑨被我用威 的话语吓蒙 离开房间→⑩
布罗克 赫斯特
（笔直、狭小，裹着大衣，凶神恶煞般的脸）
⑤询问我关于是否听话与对《圣经》《诗篇》阅读情况→⑥
我
⑦自述怎样有效抑制学生世俗的自尊”→⑧
贝茜
③节日客人们散去后给予我食物
④让我漱口，帮我洗漱带入大厅
⑩逼走里德太太感到成为胜利者，先暗自发笑、得意洋洋，后感悔恨寒心
⑪贝茜与我告别亲吻，表示不希望看到我担惊受怕的样子
from：三组

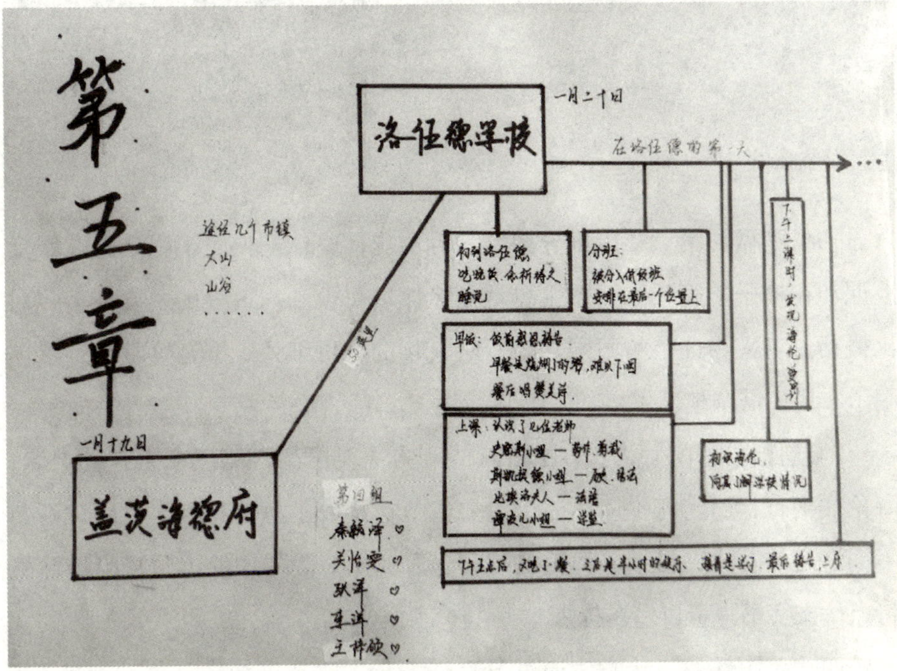
第五章
一月十九日
盖茨海德府
途经几个市镇
大山
山谷
……
洛伍德学校
一月二十日
在洛伍德的第一天
分班：
第四组

秦毓泽做的第五章思维导图精炼地概括了简·爱从盖茨海德府到洛伍德学校的地点变化，然后按照时间先后围绕着洛伍德学校第一天的生活详细地梳理每一个主要情节，概括性较强，重点抓取全面。少了人物形象的分析和概括。

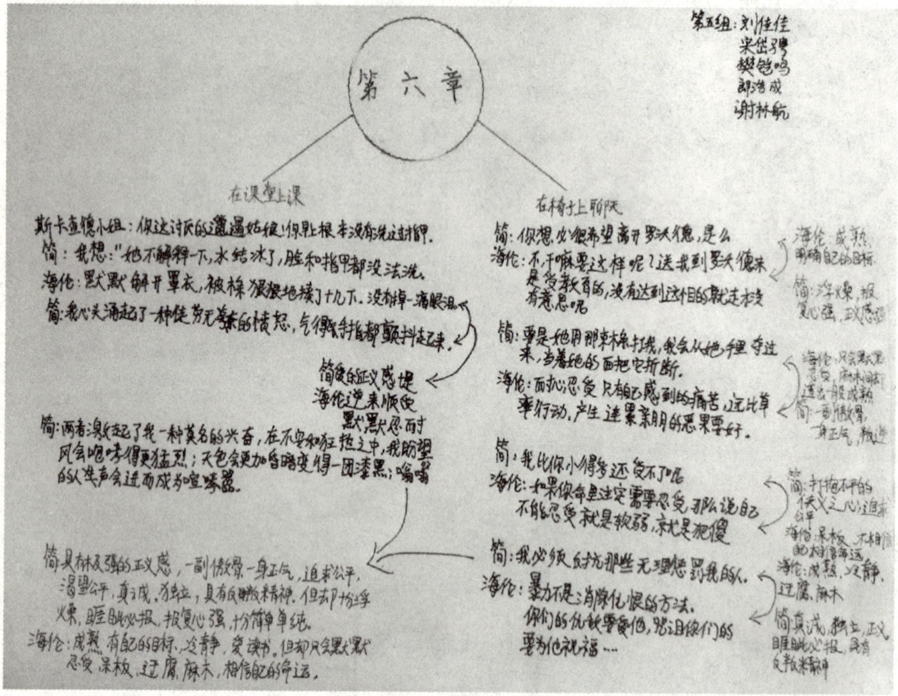

宋岱骋做的第六章思维导图鉴赏性突出，整体框架意识强，以在课堂上课和在椅子上聊天为两个主要地点，抓取海伦和简·爱的主要情节，对比概括二者人物性格的不同之处，对人物的分析细致，富有鉴赏力，整体图示布局还需调整。

刘佳佳做的第六章思维导图以情节为主要框架，梳理了简·爱上课、海伦被鞭打，简与海伦谈话三个主要情节；选取了海伦和简·爱面对不公不同态度的对比，概括了海伦的“容忍”和简·爱的“反抗”突出的性格特点。文字书写量可以再提炼。

四、改图学习，让学生通过分享进一步优化知识结构。及时安排下 6

章的任务，让同学们在大家分享的基础上进入第二轮的情节梳理学习中。

小组继续安排第 7—12 章的思维导图制作者，大家纷纷举手，小组商量分配，通过课堂交流既肯定了同学们的思维智慧成果，也激发了学生们阅读简·爱的兴趣。适当的课堂交流推进整本书阅读的持续兴趣生发中。另外，在交流过程中对人物海伦性格是容忍还是懦弱的矛盾见解的分析也引发了同学对文本内容和英国文学价值观的讨论，使整本书阅读向纵深方向推进。

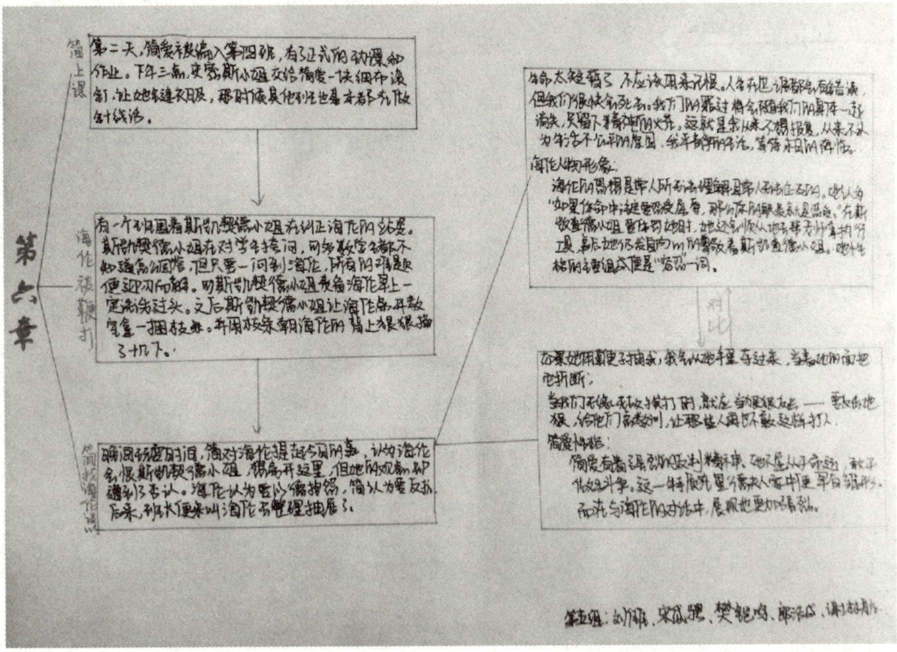

第二章　以文言文单元为例的自主学习设计与实践

孙玉红

如何在巩固文言文字词学习的基础上激发和体现学生自主探究学习的意识，是我们在文言文教学中一直在尝试研究的难点。以往的文言文学习或是因为学生时间安排不够合理，没能很好地利用课下时间充分预习，致使课堂在有限课时内忙于应付解决基础字词句的意思和用法，或者因教师组织同学们因交流讨论分析过多致使薄弱同学字词掌握不扎实课堂易流于空泛。如何在有限的课时内，在巩固文言文字词学习的基础上激发和体现学生自主探究学习的意识成为我们课堂教学研究方向。

我校自学校转型以来，推行选课走班的学习模式，培养学生自主学习能力成为主要施力方向。学科课时相对减少，增加学生自主研习的课堂时间。由此，语文课时由原来的一周五课时变为四课时，按照“2（文本学习）+1（整本书阅读）+1（写作）”的模式授课。教材文本的学习时间相对压缩，课堂学习时间显得尤为宝贵。课堂学习内容的合理设计成了语文自主学习课堂中最关键的内容。

基于学校现实语文学习情况，仅以九年级下第六单元的文言文学习为例说明我们对文言文自主学习的实践与探索。

一、时间规划在前

利用有效时间（小学段或假期）合理安排文言文字词的自主学习内容。

一本教科书一般有两个文言文单元。第一个文言文单元我们是按照正常的文本顺序授课，在快要段考时学习文言文。学生其他课业负担相对较重，用在自主研学上的时间自然减少，于是课堂上学生预习不够充分，基础字词的学习和掌握都成问题，更不要说对文本的研讨与探究学习了，自主学习的成分很少。

针对第一个文言文单元学习的上述问题，如何利用时间合理安排文本预习成为自主学习第一个有效生发点。我们对第二个文言文单元的学习时间进行了调整。利用两周小学段学生完全自主学习的时间提前进行第六单元的文言文自主研学。主要以字词句的疏通、背诵和初轮诊断为主。这启发我们，对文言文的学习时间要提前设计，给学生自主研习的时间，合理利用相对空闲时间进行预习会对自主学习起到积极的效果。

二、任务明确在先

有了预习时间的合理规划，还需针对单元学习任务合理规划。

教研组经过研讨之后统一制定文言文单元的自主学习要求。预习任务包括疏通、记忆和背诵三项。即结合《自研细目》中基础的音、形、义部分校正文本重点字词句的读音；将文本中重要的词语的意思写在书上，并注意用三支笔学习（黑色写基础任务，红色作重要标识，绿色作易错提示）；在初步理解文意的基础上背诵全文。此项学习任务以全年级统一要求印发。

三、检测及时落实

对自研学习的结果要及时进行诊断和检测。

对学生通过自主学习的学习任务要有及时的检测进行落实。例如，学生的记忆任务，即在书上做重点标识的任务只要在课堂上检查便一目了然。学生疏通和背诵任务通过背诵检查可以落实。背诵内容的检测用两轮小测进行落实，第一遍是全文默写，第二遍是理解性默写。第一遍默写主要是对学生完成背诵和错字情况摸底，第二遍默写主要看学生在理解课文过程中出现的理解问题，这也可作为课堂学习的重点设计内容。

课前预习要充分，落实预习的检测要扎实，自主学习的效果才有保障。可见，在指导学生进行文言文自主学习时，需要对学生的自主学习的时间、任务和检测做好前期规划和检测资源准备。学生在学习任务的明确指令下进行了自主学习，并通过及时的诊断进行第一遍的落实。这样，在正式文本学习前，对文言文的第一遍粗疏的学习已经基本完成。

四、课堂自主问题串构成课堂文本学习与探究的主线

学生在完成基本的自主学习任务后，进行了较为充分的预热，在正式的文本学习时需要针对文本内容提出自己思考过的1—2个问题留待课堂解决。教师需要用学生的自主问题巧妙地穿针引线，关联起课堂学习的主要内容。例如《曹刿论战》一课的课堂问题生成如下：

（一）徐同学提问："肉食者鄙"的"鄙"是怎么体现的

郎同学马上接上说：是从鲁庄公"公将鼓之"表现出来的。

老师意识到这是对文本人物形象进行探究最好的切入点，于是开始和同学们围绕文本重点探讨"鄙"的表现。

因为文中说"肉食者鄙"，所以文中的"肉食者"当然应该是鲁庄公了。鲁庄公在文中的表现很可能就是"鄙"的表现所在。

按照这样的逻辑思维，回归文本。在文中鲁庄公在战争中的表现是"公将鼓之""公将驰之"，两个"将"字可以看出他指挥战事的轻率与鲁莽。他的这两个举动都被曹刿拦下了，取而代之的是曹刿的"齐人三鼓"之后的进攻和"下视其辙""登轼而望"之后的追击。这样一对比，两人在战术上的差别就看出来了。鲁庄公的鲁莽冒进和曹刿的审慎机智，此是一层"鄙"的表现。

再者，文章第一段中两人对话也是"鄙"最好的体现。曹刿问鲁庄公战前准备的核心是什么？鲁庄公最先说明的两条依据是说对衣物与食品不独享，对上天祭祀不虚夸，而这都被曹刿否决了，这两点"小惠"和"小信"都不能成为决定打战的战前准备。只有第三点，即小大之狱必以情察，这得到了曹刿的认可。这段对话，可以看出作为一国之君的鲁庄公在治国理政的先后筹码，并没有从内心深处认为民心向背是决定国家胜负最主要的因素，而曹刿则深刻理解这一点重要性。因此，从此处也不难看出曹刿作为政治家韬光养晦，政治谋略高远与深刻，相比而言，鲁庄公则肤浅许多。

这两段对鲁庄公和曹刿描述则充分说明了“肉食者鄙”的鄙陋之处，而两个人物形象的特点也鲜明地展现在大家眼前。

（二）郎同学提出了第二个问题：长勺之战取胜的原因是什么

老师意识到这是对文本中心进行深入探究的时机。依然将问题抛给学生，并引领学生回归文本进行讨论。

在第二段的战争过程中，曹刿巧用士气战胜强齐，慎察敌情进行追击，可见在战争中善于运用恰当的战术进行战斗是取胜原因之一。同时，按照第一个问题的思路，再回扣第一段，在鲁庄公和曹刿两人的对话中，取得百姓的信任才是国家能取胜最根本的原因，民心向背是决定弱国取胜的核心条件。同学们提出还有第一段第一句“十年春，齐师伐我”侵略性质的战争不义的因素，等等。

（三）王同学提出，为什么在第三段战争结束了才说战争时采取的策略

这是文章谋篇布局的智慧，于是老师试着将第三段内容按时间顺序还原到第二段内容中主同学们体味表达效果的不同。

改文：“公将鼓之。刿曰：未可。夫战，勇气也，一鼓作气，再而衰，三而竭。齐人三鼓。刿曰：可矣。”

原文：“公将鼓之。刿曰：未可。齐人三鼓。刿曰：可矣。”

同学们可以清晰地感受到这样布局是突显当时战争紧张形势的需要，同时也体现左传语言精简的特点。

（四）李同学提出，难道战争只凭勇气就能取胜吗

这个问题是对文本的质疑思想的体现，老师充分肯定了该同学的问题，并和同学们一起梳理文本中曹刿对战争取胜的观点：战争靠的是勇气，是一鼓作气的志气。

诚然，这个观点不错，但这个观点是战争取胜的唯一因素吗？显然不是，那么，战争取胜还可能有什么原因？老师请同学们一起阅读《子鱼论战》，通过子鱼和宋襄公的论战过程，可以发现，战机也是战争取胜的决定因素。大家可以自己的认识谈谈战争取胜的多元因素，天时、地利、人和

等等，答案不拘。

本节课以学生的四个问题为抓手，及时分析了人物形象、文本中心，谋篇布局，对核心问题的深入探究，完成了文本重点内容的学习。学习形式是以学生的思考作为课堂学习的主线，学生的思维被激活，学生在课堂上主动思考、积极交流的能力得到了锻炼。同时对核心问题的深入探究，不受限于一种答案的思维约束，又达到了举一反三的深度学习效果，起到了发散思维的作用。自主学习的意识与能力相比较以教师预设为先的课堂明显更进一层。

需要注意的是，对于学生们提出的问题，教师要快速与文本相关内容建立主动联系，通过对学生的问题引导完成对文本主要内容的学习，所以教师本身的备课量剧增，课堂积极思维的劳动量明显加大，掌控课堂的能力需要加强，对教师自身的专业素质是一种考验。

综上，以学生自主学习能力培养为目的文言文教学，需要学科团队充分协作，对文本学习的时间巧妙规划，对文本自主学习的任务合理设置，对自主学习的任务及时检测加以落实，在课堂学习上尽量以学生问题构成文本学习的主线。在这样的单元学习设计中，学生始终是文本学习过程的主体，思维碰撞活动的主体，学生的自主学习能力也能得到较好的提升。

第三章　以点线面的方法教理科生学会读懂并初步鉴赏诗歌

孙玉红

在选课走班模式下的语文学习更关注学生个体的差异。理科思维强的学生个体大多对学习诗歌不感兴趣，感觉无从下手，虚幻矫情，经常存在读不懂诗歌，或者不会鉴赏诗歌的问题。他们往往喜欢更直接地呈现学习思路和方法。如何以有效的方法引导理科生学习诗歌鉴赏就是教学的一个重点。我们在诗歌学习过程中尝试用“意象点——脉络线——情感面”的方法引领理科生试着学会读懂诗歌，能初步鉴赏诗歌。

“意象点——脉络线——情感面”的方法介绍如下：第一步是要求学生在读诗歌的时候首先罗列出诗文中出现的意象，并注意结合诗文内容给意象加一个较为贴切的形容词或动词；第二步是试着把诗文的意象连接起来，理清作者写作脉络线所呈现的基本画面，尝试用两个四字词语去概括画面基本特点；第三步是尝试对诗歌的基本意境画面中体现的情感作合理的推测，尝试着两个四字词语去概括作者的情感。可概括为如下图示：

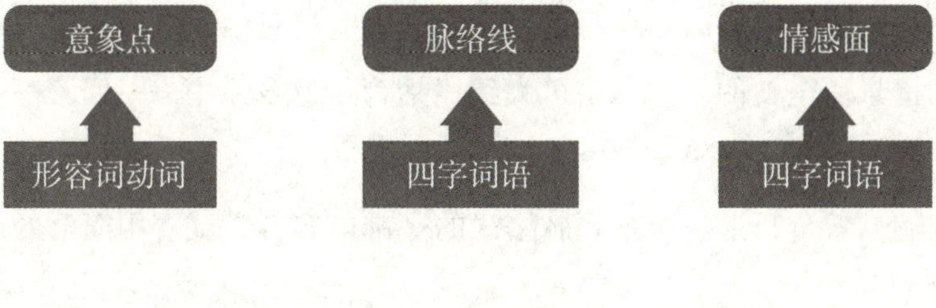

用这样清晰明了的图示作为理科生的学习脚手架，让理科生们能比较准确把握诗歌学习的步骤，理解诗歌的基本方法，对理科生的诗歌学习能起到一定的促进作用。下面以部编本九年级下第六单元的《诗词曲五首》为例进行学习过程分析说明。

这一课选取了各个朝代的五首诗词曲，基本设计意图是希望中学生在初中结束之时能对诗歌的基本风貌有大致的了解，能初步学习鉴赏各类诗歌。

第一首是选自《乐府诗集》的《十五从军征》，这首汉乐府民歌，以叙事的方式反映了一位应征多年的老兵返乡的见闻与感受。

首先请同学们将诗文中的意象罗列出来，即：松柏——坟冢——兔——野鸡——中庭——旅谷——井——旅葵。

然后请同学们将这些意象结合诗文内容用恰当的形容词或动词进行描述，即：

（高大）松柏——（累累）坟冢——（跳跃）兔——（乱飞）野鸡——（荒凉）中庭——（丛生）旅谷——（破败）井——（丛生）旅葵。

把这些意象用简洁的语言描述出来：自己曾经念想的家园如今已是森森松柏林立中的一丛丛坟墓园，曾经嬉戏玩耍的门口如今已是野兔在狗洞里随意出入的地方，野鸡在屋脊上杂乱飞蹿，院子里长满了野生的谷子，井台边是肆意生长的野葵菜。

对这一幅幅画面尝试用两个四字词语概括，就是“凄楚荒凉、满目疮痍”的家园。

当然，诗文又不仅仅只写了荒凉的家园，我们试着理清全文的行文脉络。在写家园景象之前是在写返乡途中的感受与对话；之后是写孤独一人生活的情景。全文的行文脉络可大致概括为“返乡途中——回家——归家感受”三个主要部分。

我们试着分析这三个主要脉络线的基本内容，尝试着用简洁的词语进行概述。

开篇便让人感慨，一位年少一十五的翩翩少年被征战，年近八十才有机会归乡，时间跨度之长之久令人心酸，家乡的人事情事渺茫无知。近乡情更切，追问路旁人，家中还有谁？一番简洁的对话让拳拳归家情跃然纸上。结果便看到了“凄楚荒凉、满目疮痍”的家园，与自己离家时父母疼爱，兄妹嬉戏的画面全然不同，多年的征战九死一生，劫后苟活的人对家乡会是怎样一种牵挂与思念呢？可是家中早已荒冢累累，可见连年征战给普通人家带来的毁灭性的打击。用野谷做的饭，用野葵做的汤却没有可以孝敬长辈和抚助后辈，只能孤身一人向东茫然落泪，沾湿衣襟。

对全文的行文脉络主要用以下几组词语概括：返乡途中近乡情怯、激动不已——回家凄楚荒凉、满目疮痍——归家感受孤独无依、痛苦悲哀。

在这样的画面背景中再来揣摩诗人所要表达的情感，就会清晰许多。

诗文的表达是简练的，情感却是深沉的。在思乡情切的激昂情绪中返乡，看到的却是凄楚荒凉、满目疮痍的家园，痛苦无助，孤独凄凉的感情顿生。同时，全诗并没控诉战争之语，但在平淡白描的字句背后，在语言与动作描写之中，无不透露的是对兵役制度对普通百姓带来的深重苦难，也委婉含蓄地表达了对战争的厌恶之情。可见，诗人既表达了与家长团聚的期盼之意与最终失望痛苦的哀伤之情，也委婉含蓄地表达了对战争的厌恶之情。

用“意象点——脉络线——情感面”的方法制作成表格让学生试着自主研习其他四首诗词曲，即可呈现如下表格：

	意象点	脉络线	情感面
《白雪歌送武判官归京》［唐］岑参	（呼啸）北风——（折断）白草——（早飞）雪——（白雪压枝）春风梨花——（湿冷）珠帘罗幕——（难暖）狐裘锦衾——（不得控）角弓——（冷难穿）铁衣——（纵横交错）瀚海沙漠——（凝结不动的万里）愁云——（热烈雄奇）琵琶羌笛——（冻不飘动）红旗——（雪满）天山路——（峰回路转）山——（马踏留痕）雪	（寒冷酷烈、奇丽多变）咏雪景——（酣畅淋漓、雄奇豪迈）送别图——（依依惜别、惆怅不已）离别情	本诗描绘了奇丽多变的边疆雪景，化景为情，慷慨雄劲，抒发了对友人依依惜别之意和友人因返京而产生的惆怅之情。
《南乡子·登京口北固亭有怀》［宋］辛弃疾	（无处眺望）神州——（无限风光）北固楼——（悠悠不尽）千古事——（滚滚流动）长江——（意气风发）万兜鍪——（敌不畏强）战未休——（英雄男儿）孙仲谋	（感伤无奈、抑郁难消）北望神州——（思慕英雄、激昂卫国）怀古讽今	本诗通过对古代英雄人物的赞颂，委婉讽刺了南宋朝廷苟安现状不思抵抗的懦弱，表达了作者爱国、卫国的一腔热情。
《过零丁洋》［南宋］文天祥	（苦学研读）经籍——（四年抗元）干戈战争——（如风中飘絮）山河——（如雨里浮萍）身世——（险恶湍急）惶恐滩——（孤独零丁）零丁洋——（留丹心）汗青	（步入仕途、起兵抗元、国破家亡、境况险恶）被俘经历——（舍生取义、名垂青史）抒情明志	这首诗饱含沉痛悲凉，感叹国运悲凉，感慨身世浮沉，把家国之恨化作一腔爱国赤诚，体现了诗人的民族气节和舍生取义的生死观。
《山坡羊·潼关怀古》［元］张养浩	（如聚）峰峦——（如怒）波涛——（地势险要）潼关路——（成为尘土）宫阙	（地势险要、兵家必争、历代王朝、更替兴亡）行经潼关——（国兴国亡百姓皆苦）怀古议论	本曲通过对潼关雄伟险要地势的描绘，产生的怀古之绪，从历朝历代兴亡事中体会到了百姓的苦难，议论警醒。

指导理科生读懂诗歌，需要相对比较明快的步骤，相对简洁的分析，相对干练的术语，用清晰的鉴赏图示给学生以便捷的学习脚手架工具，用图表可以深化诗歌学习“意象点——脉络线——情感面”的方法。这样，理科生对诗文的学习会有一定的成效。长期坚持，学生对诗歌学习就不会有明显的畏难情绪了，对诗歌的进一步鉴赏打下坚实的基础。

附：学生按照此方法自主学习《课外四首诗》的部分作业

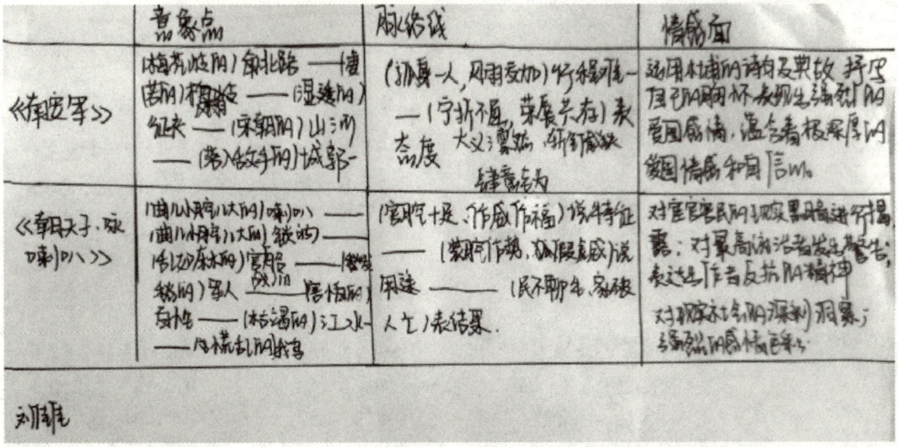

	意象点	脉络线	情感面
《南安军》	(梅花岭的)南北路——(凄苦的)[illegible]——(湿透的)征衣——(荣耀的)山河——(落入敌手的)城郭	(孤身一人，风雨交加)行程艰难——(宁折不屈，荣辱共存)表态度　大义凛然、[illegible]	这首本诗的诗句及典故，抒写自己的胸怀，表现出强烈的爱国感情，蕴含着极深厚的爱国情感和自信心。
《朝天子·咏喇叭》	(曲儿小腔儿大的)喇叭——(曲儿小腔儿大的)锁呐——(官船来往乱如麻的)官船——[illegible]军人——[illegible]——(枯竭的)江水——[illegible]	(官腔十足、作威作福)谈其特征——(装腔作势、狐假虎威)谈用途——(民不聊生、家破人亡)表结果。	对宦官害民的丑恶嘴脸进行揭露；对最高统治者发出警告；表达了作者反抗的精神 对现实社会的深刻洞察；强烈的感情色彩

刘[illegible]

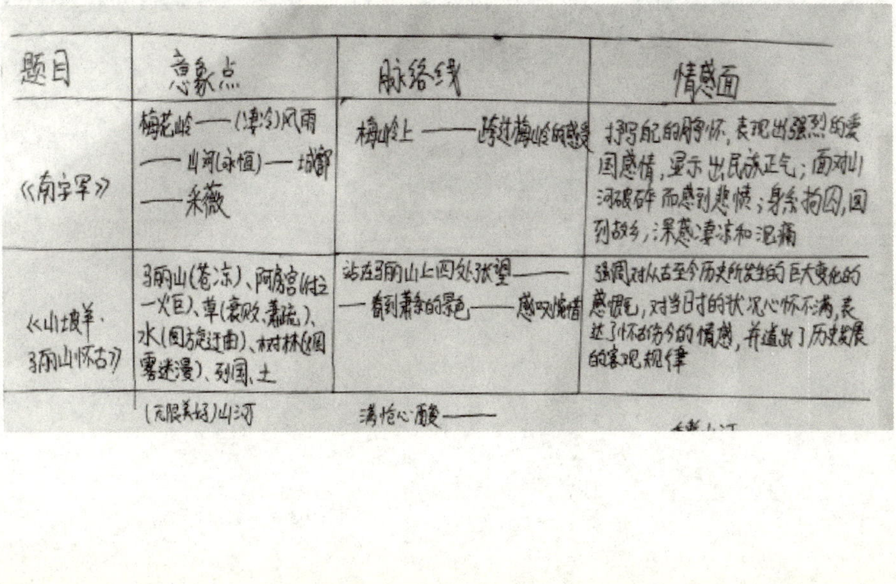

题目	意象点	脉络线	情感面
《南安军》	梅花岭——(凄冷)风雨——山河(永恒)——城郭——采薇	梅岭上——跨过梅岭的感受	抒写自己的胸怀，表现出强烈的爱国感情，显示出民族正气；面对山河破碎而感到悲愤；身系拘囚，回到故乡，深感凄凉和沉痛
《山坡羊·骊山怀古》	骊山(苍凉)、阿房宫(付之一炬)、草(衰败、萧疏)、水(回旋迂曲)、树林(烟雾迷漫)、列国、土	站在骊山上四处张望——看到萧条的景色——感叹惋惜	强调对从古至今历史所发生的巨大变化的感慨，对当时的状况心怀不满，表达了怀古伤今的情感，并道出了历史发展的客观规律
	(无限美好)山河	满怀心酸——	

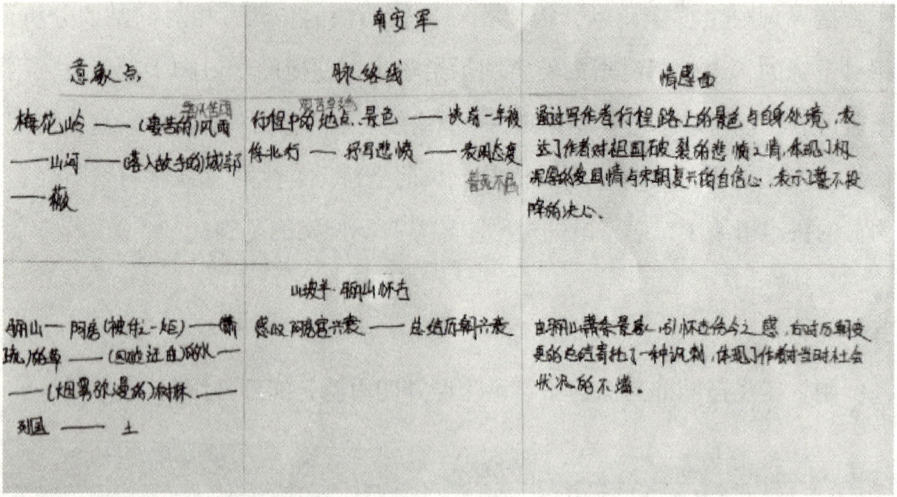
南安军
意象点
脉络线
情感面
梅花岭 ——（悲苦的）风雨
—— 山河 —— 城郭
行程中的地点、景色
抒写悲愤 —— 表明态度
通过写作者行程路上的景色与自身处境，表达了作者对祖国破裂的悲愤之情，体现了作者深厚的爱国情与宋朝复兴的自信心，表示了誓不投降的决心。
山坡羊 · 骊山怀古
骊山 —— 阿房
—— 列国 —— 土
由骊山萧条景象，引怀古伤今之感，对历朝变更的总结寄托了一种讽刺，体现了作者对当时社会状况的不满。

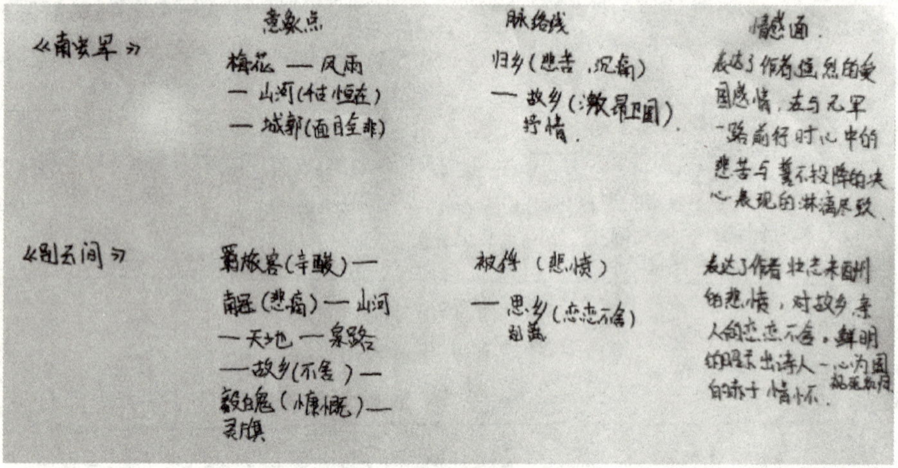
意象点
脉络线
情感面
《南安军》
梅花 —— 风雨
—— 山河（千古恒在）
—— 城郭（面目全非）
归乡（悲苦，沉痛）
—— 故乡
抒情
表达了作者强烈的爱国感情，在与元军一路前行时心中的悲苦与誓不投降的决心表现的淋漓尽致。
《别云间》
羁旅客（辛酸）——
南冠（悲痛）—— 山河
—— 天地 —— 泉路
—— 故乡（不舍）——
毅魄（慷慨）——
灵旗
被俘（悲愤）
—— 思乡（恋恋不舍）
表达了作者壮志未酬的悲愤，对故乡亲人的恋恋不舍，鲜明的显示出诗人一心为国的赤子情怀。

【第四编】

经典共读

第一章　一位知其不可而始终为之的长者
——师生共读《孔子世家》

孙玉红

一

因为新学期要让同学们选读论语，所以我们提前让学生们在假期里读《史记·孔子世家》，我们老师们也和同学们一起共读。说来汗颜，作为语文老师，我竟没有全文读完过《孔子世家》，只是零星地知道个皮毛，所以要珍惜这次共读机会。

我问李杨老师要了电子文档，把文本打印下来。然后把自己当个学生一样地，用字典扫清读音障碍，结合注释一点点地抄写要点、记录疑问，认认真真地将全文翻译下去。虽然期间模范李杨老师已经将全文翻译做成了文档发在了群里，我小小斗争了一下，还是坚持用笔认真地学完了这一长文。很久没有像学生这样认真地学习一个文本了，在一个字一个词地笔记之时，我对孔子发生了浓厚的兴趣。

首先，我对他的家族谱系有了想弄清楚的强烈愿望。

六世祖孔父嘉——（？）——孔防叔——孔伯夏——叔梁纥＋颜征在——孔子（73岁）——孔鲤（字伯鱼，50岁）——孔伋（字子思，62岁）——孔白（字子上，47岁）——孔求（字子家，45岁）——孔箕（字子京，46岁）——孔穿（字子高，51岁）——孔慎（57岁）——孔鲋（57岁）、鲋弟子襄（57岁）——孔忠（57岁）——孔武——孔延年、孔安国——孔卬——孔欢在一篇《孔子世家》中就记录了孔氏 18 代人的谱系，试想，孔子一不帝王二不将相，却能将家族延绵久远，这不正是“诗书传家远，耕读继世长”最生动的写照吗？

孔子一生求仕改造社会，但个人的道德理想与当世价值观念相背，因此做官的时间极少，于是孔子做官的仕途生活也是我研究的关注点。

孔子在青年时代做过管理仓库的委吏，做过牧场的乘田。管理仓库时料量平，进出收支平衡，可见管理有方，管理公正；做牧场司职吏时畜蕃息，牲畜繁殖兴旺，可见顺应时节，注意休息。51 岁时担任中都宰，相当于地方行政长官的市长，治理一年，于是四方都效法他的管理方式。可见他的治政才能不是只停留在纸面上的，而是在实践中得到检验过的。由中都宰升为司空，管理建设工程，又由司空做了大司寇，相当于现在的最高人民法院院长、监察院院长、公安部部长，最高职位是摄相事，即代理宰相兼管外交事务，最成功的外交功绩是让强齐惧鲁，并归还了所侵占的鲁地。最突出的施政措施便是劝说鲁定公毁三都。

孔子一介书生，却有着极强的社会改造实践力和领导力，总让我想起同样靠思想力闻名的王阳明，想当初那么难攻的江西宁王朱宸濠的叛军竟然能被王阳明用计击破，可见思想的领导力对社会改造的作用之巨。

孔子不做官的时间是那么的久长，可以说，孔子一生主要工作是像宣传家一样长期奔走在各诸侯国之间推广自己的政治与道德主张。总结他一生的足迹可如下表：鲁——周——鲁——齐——鲁——卫——匡——蒲——卫——曹——宋——郑——陈——蒲——卫——西向赵还陬乡——卫——陈——蔡——叶——蔡（三年）——楚——卫——鲁。孔子从离开鲁国到最终回到故乡，中间间隔 14 年之久。一个人能始终如一，足见其对个人道德原则与理想的坚守执着态度。

知人能善用才是人才最好的平台。总结孔子的人生轨迹，却总有旁人在阻碍他的仕途发展。试归纳如下：

当齐景公想将尼谿田封给孔子时，晏婴劝阻，理由认为儒者不可轨法、不可以为下，不可以为俗，不可以为国，还说孔子盛容饰、繁礼节不是教导百姓的良法。

当季康子想再起用孔子时，公之鱼阻挠，劝说任用冉求。

楚使人聘孔子，陈蔡大夫商谋围困孔子，楚昭王兴师迎孔子，才得以脱身。楚昭王将以书社地七百里封孔子时，楚令尹子西以孔子强大的领导力为由阻止此事。

三次关键时刻的阻挠，背后都透露着孔子强大的思想感召力和政治影响力，可惜英雄无用武之地，令人长叹不已！

二

孔子生逢社会变革风起云涌之时，何其有幸，又何其不幸！试将《孔子世家》孔子生平与时代沉浮以表格总结归纳如下：

序号	孔子其人其事	孔子其时
1	叔梁纥与颜征在野合生孔子	鲁襄公22年
2	三岁父死，儿时嬉戏设令人俎豆	
3	十七岁母死，父母合葬防山	季氏飨士，阳虎绌孔子
4	孔子年十七	鲁大夫孟釐子诫其子嗣懿子，孔子达者必师之 季武子卒，平子代立
5	孔子长为季氏史，料量平；为司职吏，畜蕃息，为司空，不久去鲁，斥乎齐，困于陈蔡，返鲁	
6	鲁南宫敬叔与孔子适周，老子赠言，孔子自周返鲁，弟子益进	晋平公淫，六卿擅权；楚灵王凌轹中国，齐大鲁小，鲁受楚、晋、齐欺
7	孔子三十，齐景公与晏婴适鲁问孔子，秦穆公国小处僻称霸原则：志大、行中正、君明善用人	鲁昭公二十年（公元前522年）

续表

序号	孔子其人其事	孔子其时
8	孔子三十五，鲁乱，孔子适齐，作齐高昭子家臣，欲以通景公，语太师语乐，闻《韶》三月不知肉味。 齐景公问政孔子：君君臣臣父父子子、节财 齐景公欲以尼谿田封孔子，晏婴劝阻，理由：不可轨法、不可为下、不可为俗、不可为国、盛容饰、繁礼节 后景公见孔子不问其礼，以季孟之间礼待孔子 齐大夫欲害孔子，齐景公四年老未用孔子，孔子返鲁	季平子与郈昭伯以斗鸡故得罪鲁昭公，昭公讨平子，平子与孟氏、叔孙氏三家共攻昭公，昭公败，奔齐，齐安置于乾侯地，鲁乱
9	孔子年四十二，季桓子得土缶问孔子：木石之怪夔、罔阆；水之怪龙、罔象；土之怪坟羊	鲁昭公卒，鲁定公立夏，季平子卒，季桓子立
10	吴使问孔子，何骨最大（防风氏） 谁为神？守山川之神为神＋社稷为公侯＝皆属于王者 防风守何？汪罔氏之君守封、禺之山，为釐姓；在虞夏商为汪罔；于周为长翟；今谓之大人	吴伐越，毁会稽，得骨节专车 吴客：善哉，圣人
11	孔子不仕，退而修诗书礼乐，弟子弥众	季桓子嬖臣仲梁怀与阳虎有隙，阳虎囚桓子，阳虎轻季氏
12	孔子年五十。公山不狃叛季氏，召孔子，欲往，子路止，卒不行	鲁定公 8 年（前 502 年），公山不狃不满意季氏，废－立，执季桓子，季诈－脱，阳虎败奔齐
13	鲁定公任孔子为中都宰，一年，四方则之；司空—大司寇 孔子摄相事，劝定公，文武兼备，齐归侵鲁地 鲁定公 13 年，孔子劝定公堕三都：叔孙氏先堕郈；季氏将堕费，战争；将堕成，败	鲁定公 10 年（前 500 年），齐鲁会盟夹谷
14	孔子年五十六，由大司寇摄相事：乐以贵下人＋诛鲁大夫少正卯 与闻国政三月，粥羔豚者弗饰贾，男女别途，道不拾遗，宾至如归	鲁定公 14 年（前 496），齐惧，以女八十，马一百二送鲁君

续表

序号	孔子其人其事	孔子其时
15	孔子离鲁适卫，住子路妻兄颜浊邹家 卫灵公侍孔子，俸粟六万 谮孔子于卫灵公，孔子居十月，去卫	
16	孔子将适陈过匡，匡人止孔子，宁武子臣卫，得去	
17	去即过蒲，月余，返卫，住蘧伯玉家 卫灵公夫人南子相见，招摇过市，孔子丑之，去卫过曹	是岁，鲁定公卒
18	孔子去曹适宋，与弟子习礼大树下，宋司马桓魋欲杀孔子	
19	孔子适郑，与弟子相失，若丧家之狗	
20	孔子适陈，住司城贞子家 隼集陈廷而死，楛矢贯之，陈湣公问孔子，肃慎之矢 孔子居陈三年，会晋楚争强，伐陈，吴侵陈，去陈	晋楚争强，伐陈，吴侵陈，取三邑 赵鞅伐朝歌 楚围蔡，蔡迁吴，吴败越
21	孔子过蒲，会公叔代以蒲叛，止孔子 弟子良孺、斗蒲，与盟，孔子违背盟约，返卫 卫灵公问蒲可否伐蒲，然，未伐，灵公老未用，孔子行	
22	佛为中牟宰，叛，召孔子，子路止之 孔子击磬 孔子学鼓琴师襄子：曲—数—志—为人—《文王操》 孔子未用于卫，将西见赵简子，闻窦鸣犊、舜华死，还息于陬乡，返卫，住蘧伯玉家 卫灵公问兵阵，未学，卫灵公仰视飞雁，孔子遂行，复如陈 赵鞅纳卫太子蒯聩于戚，齐助卫围戚，孔子年六十 鲁桓厘庙燔 季桓子病——季康子欲召孔子，公之鱼阻之，招冉求 明年，孔子自陈迁蔡，公孙翩杀蔡昭公，楚侵蔡	卫灵公卒，卫出公立 鲁哀公三年 季桓子卒，季康子立 秋，齐景公卒

续表

序号	孔子其人其事	孔子其时
23	明年，孔子自蔡如叶，叶公问政：来远附迩 叶公问孔子于子路，不对，（学而不厌、诲人不倦、发愤忘食、不知老之将至） 去叶返蔡，长沮、桀溺耦而耕，天下有道丘不与易也 他日，子路遇荷蓧丈人，四体不勤五谷不分	
24	孔子迁于蔡三年	吴伐陈，楚救陈，军于城父
25	楚使人聘孔子，陈蔡大夫，围孔子，不得行，绝粮，讲诵弦歌不衰 子路愠见，君子固穷，小人穷斯滥矣 孔子召子路：匪兕匪虎，率彼旷野，吾道非耶？ 子路曰 子贡曰 颜回曰 使子贡使楚，楚昭王兴师迎孔子，然后得免	
26	楚昭王将以书社地七百里封孔子，楚令尹子西阻之 楚狂接舆歌，凤兮凤兮	其秋，楚昭王卒于城父
27	孔子自楚返卫，年六十三	鲁哀公6年
28	其明年，鲁吴会缯，征百牢，太宰嚭召季康子，康子使子贡往，得免 孔子曰鲁卫之政兄弟也 子路问政，说“名正、言顺、事成、礼乐兴、刑罚中，百姓可措手足” 其明年，冉有为季氏将师，与齐战，胜，季康子召孔子，卫孔文子问策孔子，辞不知，孔子归鲁 孔子去鲁十四年返鲁	

续表

序号	孔子其人其事	孔子其时
29	鲁哀公问政，政在选臣 季康子问政，举直错诸枉，枉者直 鲁终不用孔子，孔子亦不求仕	
30	孔子之时，《书传》《礼记》自孔子，正乐，成六艺，喜易 孔子以诗书礼乐教，弟子三千，通六艺七十二 孔子以四教：文、行、忠、信 绝四：毋意、毋必、毋固、毋我 所慎：齐、战、疾 于乡党恂恂，于宗庙辩辩；与上大夫訚訚，与下大夫侃侃 不食、不坐、不饱、不歌 子不语：怪、力、乱、神 颜渊：仰之弥高，钻之弥坚	
31	鲁哀公十四年春，叔孙氏车子锄获兽，麟，河不出图，雒不出书，吾已矣夫 不怨天不尤人 不降其志、不辱其身 行中清，废中权，无可无不可 作《春秋》不赞一词	
32	明岁，子路死于卫，孔子病，后七日卒	
33	孔子年七十三，以鲁哀公十六年四月己丑卒	
34	弟子服三年，心丧	
35	孔子十四代传人	
36	太史公：高山仰止，景行行止	

第二章　铁肩担道义，侠肠怀苍生
——先秦诸子文本细读

孙玉红

在暑假封闭研修期间，我们对本学期所学内容已经做了详细的安排和规划,包括人教版必修一的教材中的必读书目《大卫科波菲尔》和《论语》。我们将《大卫科波菲尔》安排在暑假阅读，并且为利于本学期学习《论语》的需要，还挑选了《孔子世家》一文的翻译学习，也放在了暑期。

本学期开学，把《论语》安排在正式的课程学习中，每周一节课，所用学习资源不是《论语》整本书，而是选用语文选修教材中的《先秦诸子选读》中的孔子部分，这本书对孔子的学习是以专题的形式编排，一课一个中心，共 7 个专题。我们的学段安排恰好是 8 周，所以一周一课，留一周复习答疑。在学习指导规划中安排学生提前一周进行预习，对字词句进行疏通和翻译，适量地背诵几则经典的名句，为正式学习做足自主研修的准备工作。

当这些预热工作做完之后，才开始正式学习。同学们的预习在翻译上做得比较优秀，在背诵上还有不足。

第一课《天下有道，丘不与易也》，共选了五则。其中有两则正面直接体现了孔子明确的政治理念。另外三则则从侧面体现了孔子的社会责任感和使命感。

正面两则为《长沮、桀溺耦而耕》和《子路从而后》。

在《长沮、桀溺耦而耕》一则中，有两组四个人（长沮、桀溺和子路、孔子）的生动对话情景。人常说势均力敌的对话才能体现双方的智慧，而这一场对话恰好是最好的明证。

首先看第一组人物：先从人名上分析。长沮、桀溺，长、桀，都是形容高大；其中“桀”还通“杰”。由此可见，这两位都是身材高大的男子。其次从动作上分析，“耦而耕”，两人并耕，既是耕种方式的需要，也是两人配合默契的体现，可以说，这两位耕田的男子应该是身体高大、体格魁梧的健壮劳动力，是自食其力的社会劳动者。

当孔子让子路下车问渡口何在时，对这一问题长沮并没直接回复，而是反问子路驾车的人是谁。当子路回答是鲁国孔丘时，长沮说既是孔丘就应该知道渡口所在的位置。其实此渡口非彼渡口，子路问的是具体的路口，长沮所指是人生的方向。再观长沮两人，至少是明察人生方向的智者了。

子路再问桀溺，当知道子路是孔门学生时，劝说子路在乱世之中何必有为，与其跟从孔子四外游说碰壁，不如跟从避世之人主动远离乱世，在乱世中求清净。用一个简洁的动作，“耰而不辍”，两人继续耕种并不停止，说明了这两位是主动避世、以田园为乐的隐者。在社会动荡之时，洞察社会大势的一些有识之士不愿与社会沉浮，用隐逸的人生态度表达对抗乱世的人生抉择。

子路将所见告诉了老师孔子。孔子的一个“怃然”表情表达了对这两位隐世高人不苟同的态度，怅然若失，失望中带着否定。既然是社会中人必然要积极投身社会时代的变革洪流之中，怎么能主动舍弃自己的责任逃离社会呢？既然社会无道，自己更应有责任挺身而出、积极主动地参加改变与改良社会。

两种价值观与社会理想截然相反的两类人，四个代表，通过势均力敌的交锋与对话，让一位有着强烈社会责任感与使命感的孔子栩栩如生站立我们每个人心间。

“子路从而后”一则中也体现了孔子的这一价值追求。

子路在一次出行时落在了后面，遇见了一位老先生。老先生拄着拐杖背着农具，以一位醉心于农事劳作的形象示人。子路问老者看到自己的老师了吗，老先生的回答很简洁，四肢不劳作，五谷不能分辨，谁是老师呢？这一回答给了后人不同的诠释理解。有人认为是老先生是指自己，忙于播种五谷，没有时间去知道夫子是谁。也有人认为这是老者在责备子路手脚不勤，五谷不分。我则以为这句是老者对孔子的。既然子路在向老者问自己夫子在何处，按理老者的回答当然是就夫子为中心来回答的，在老者眼中，四体不勤五谷不分的人怎能称其为老师呢？

老者热情地招待子路：杀鸡为黍，用丰盛的美食招待子路；又将自己的两个儿子引荐给子路相见——看出老者家境的殷实和家庭的和睦。老者的一个细节描写"植其杖而芸"和上一则"耰而不辍"有异曲同工之妙，巧妙地传达出这位老者也和上一则的长沮和桀溺一样是一位避世隐居、亲近自然、悠然自乐的隐者。

正因为以上原因，子路随后讲得一段话，我认为其实是孔子思想的直接表现：不仕不义。身而为人，为社会和国家做事是天经地义的事情，不做事就是不合乎道义的行为。就这位老者而言，能够使家庭和睦、上慈下孝，却不能出来为社会尽人臣之义，这很明显是背离了君臣之间最根本的伦理关系。因此，君子之仕是行其义也，是应尽的责任和本职所在，这相当于明确了公民的社会属性和社会责任担当。

可以说，这两则都直接体现了孔子作为社会变革家的积极入世精神，在他身上体现了铁肩担道义的自觉意识和主动精神。

另外三则是从侧面来体现孔子的社会责任感的。第一则是通过与孔子相见后仪封人的一番话语来体现的，第二则是通过楚狂接舆的一首歌曲体现，第三则是通过子路与守城门人的对话表现出来的。

仪封人说有品德的君子自己没有不拜见的，至于见面的情景如何我们不得而知，只是通过他见面出来后的高度评价孔子的一句话，"天将以夫子为木铎"，上天将把如木铎般传道大任寄托给孔子，可以推想，两人相见时道德主张、思想认识、变革社会的契合与相投，大有相见恨晚之感。

而接舆的一首似癫实智的歌曲“凤兮凤兮，何德之衰，往者不可谏，来者犹可追。已而，已而”，道明了孔子艰难的社会处境，并指出了他认可的人生方向。凤凰衰祚，德行已矣，社会沦丧，与其为之，不如避之。“今之从政者殆而”用当权者的危险，从一侧面高度评价的不实施孔子政治主张的极大危害。

子路在与老师孔子周游列国十四载无果不得已返回鲁国之时，在经过石门这个地方，看完城门的人问子路从哪里来，当得知是孔子学生时，说是那个“知其不可而为之”的人吗？知其不可，首先需要不同于常人的智慧才能明了未来的发展趋势，此为智人；在洞察社会发展变化的智者中，有人选择做避世而退的不为之人，隐逸山林，终老自然；有人选择做逐其流而扬其波、哺其糟而啜其漓的世俗之人，与社会相浮沉；还有人选择做知其不可却仍然矢志不渝、不改初心坚守理想的有为之士。三类人的选择中更能看出十四年如一日宣传大道与理想的孔子的不易，也更能体现出士不可不弘毅、任重而道远的儒家责任感与使命感，颇有武林侠士们肝胆热肠，更见心怀苍生的可贵！

一句沉甸甸的“天下有道，丘不与易也”，一位路漫漫的“铁肩担道义，侠肠怀苍生”的孔子！

第三章　读论语谈师说

孙玉红

一

先秦诸子选读的第二课是《当仁，不让于师》，这一课的话题比较集中，都是孔子作为老师与学生们的生活情况。大致可以分为三类，即学生夸老师，老师自我评价，师生关系三方面。我们不妨一一细读。

老师在学生心目中应该是什么样的呢？前三则是学生夸赞老师的，看看孔子的学生是如何夸赞自己的老师，可以给我们今天的老师以示范。

第一则，鲁国大夫叔孙武叔在诽谤老师仲尼时，作为学生的端木赐子贡从三个方面来这样评价自己的老师的。

首先，告诉诋毁者：无以为也！仲尼不可毁也。造这样的谣是没有任何用处的，我的老师仲尼是不能够被诋毁。这一句话我们仿佛能感受到子贡坚毅果决的眼神，坚定平和的语气；更能看出子贡对老师孔子人品的坚信的态度。能够信任他人，首先应该源于被信任的人本身的力量。

其次，子贡用了形象的比喻做了很好的对比：他人和孔子的才德相比，就好像是可以逾越的丘陵，而孔子好像是日和月，是不能够超越的。这对作为老师的孔子本身的德行给予了极高的评价。如日如月，自带光芒，能使我心光明，能使他人心光明，仰之弥高，钻之弥坚。这样的老师的育人力量是无限的，也正因如此，曾经粗鄙散漫的子路自从拜倒在孔氏门下，潜心求学，改变鲁莽心性，当面临死亡时正衣冠，凛然赴死，即使剁成肉酱也用自己的行动践行了“士为知己死”的儒家道义，从子路的义举中我们更能看到老师孔子的精神。真正的教育是育人心田的，改变人的心性的。

最后，子贡又补了一句：人虽欲自绝，其何伤于日月乎？多见其不知量也！对于孔子这样的人师，即使想主动断绝与他的关系，对孔子这样如日月的老师又有什么妨碍呢？日月行焉，大道行焉，一个反问的语气更加强调了老师孔子身上的育人力量，也反衬了他人的渺小与不知量。“不知量”形象地描绘出“蚍蜉撼大树，可笑不自量”鲜活画面，让人想到钱钟书在《读伊索寓言》中写到的，苍蝇坐在车轮的中心，嗡嗡地叫着：车子的前进，都是我的力量。让子贡的这一番话语充满了幽默感和情趣性。古人的生活情境活现在我们眼前。

第二则，当陈子禽陈元想借子贡的恭敬来与老师孔子对比时，子贡是这样回怼的：有德行的人从他的一句话就可以看出他的智慧，也可以从他的一句话看出他的不智慧。人应该谨言慎言。这就巧妙地间接否定了陈子禽想拿自己和老师孔子的对比。既可看出子贡的谦敬，也可看出子贡心中老师孔子的不可比拟。子贡再次表明自己老师的不可企及，就如同是上天是不可以通过阶梯一步步登上去的，上山易，上天难。将老师比作天，就如同将老师比作日和月一样，都是老师在学生心目中的重量和地位。子贡又用一段话，将老师孔子的价值形象地体现出来。如果给老师孔子一个机会，封为诸侯或者是得到封邑而成为卿大夫的话，就会有如下的安定和谐的政治图景：叫百姓立于礼就会立于礼，引导百姓百姓就会跟着走，安抚百姓百姓就会归附，发动百姓百姓就会团结协力。一呼四应，众人聚拢的政治效应体现了老师孔子极强的个人领导力和管理力，也体现了老师孔子以德为政政治理想的强大生命力。生得荣耀，死时众人哀痛，这样深得人心的老师又哪里是他人所能企及的呢！

第三则，学生颜渊是这样评价老师孔子的：仰之弥高，钻之弥坚。瞻之在前，忽焉在后。这已经成了最经典的赞誉之辞。仰望老师，越望越高，高不可测；又如钻凿坚物，越钻越觉得坚硬不可钻，愈钻愈坚，坚不可测。

老师道行之高深形象而具体。瞻之在眼前，忽焉在其后，前前后后，左左右右，无一不是道，如空气弥漫在生活的每一处每一角，可见教育就是育人于细微处，育人于无形时，育人于无声处。

颜渊还进一步指出作为老师的孔子的具体育人策略：夫子循循然善诱人，博我以文，约我以礼，欲罢不能。老师按照人的发展有步骤有次序地引导教育学生，用各种文献典籍使人知识视野广博，用礼这种规范来约束学生，无须提醒的自觉，以约束为前提的自由，说的和这有相通之处罢。“欲罢不能”是在说老师在育人过程中善于抓住教育契机，能让学生沉浸在教育中欲罢不能，师心相通，文心相通，生心相通，这是教育最相融的一种状态，是所有为人师者都在寻求的教育情境。一位优秀卓越的育人者能让自己的学生始终处于一种积极昂扬的奋斗状态，竭尽自己的能力持之不断地学习提升，而老师则像一座卓然矗立的山峰一般依然挺立在面前，能始终如一地挺立在面前，就要求老师能稳得住自己，根深叶茂方堪称人师，我们常说老师如要给学生一碗水，自己需有一桶水，而且需要源源不断的活水，与时俱进，给学生最丰富的给养，才能培养出适应未来发展需要的人才。为人师者需慎思而笃行。

二

作为老师的孔子是如何评价自己的呢？若圣与仁，则吾岂敢？抑为之不厌，诲人不倦，则可谓云尔已矣。如果说到圣与仁，那我哪里敢当呢？不过我朝着圣和仁的方向，而从不满足，教导人不知道疲倦，就可以这样说如此罢了。

谦逊是老师孔子的第一人品，从不敢断然称自己的圣与仁；执着是老师的第二特征，心中有方向，脚下有行动，持之以恒，从不懈怠，一位积极有为的行动者、实践者跃然纸上。

难能可贵的是“不厌”“不倦”中体现出来的执着态度，能始终如一不知足不疲倦，正是孔子知其不可而坚持为之的强大内心与执着精神的体现。

第二则：当仁，不让于师。遇到行“仁”的事情的时候，对老师也不必谦让。生不必让师，是朴素的师生平等的关系写照。在上下尊卑等级森严的时代，有这样的师生观能体现为人师的孔子思想的前瞻性和不易性。更重要的是，在“仁”里面，体现了孔子的价值观与人生追求，作为老师的孔子在心中是有自己的价值追求的，即仁与义是高于一切，在真善美的追求上，所有的人都是相同的，是不分彼此的。面对仁与义，老师和学生是没有区别的，我爱吾师，我更爱真理，这种认识是伟大的。

第三则：同学们认为我当老师对你们有隐瞒吗？作为老师，我对你们没有隐瞒，我没有什么事情是不让你们知道的，这就是我孔丘啊。我能想象到老师孔子说这句话时的一种真挚的态度。知无不言，言无不尽，对学生坦荡荡，胸无关碍，是为人师的赤诚与真挚，也是为人的真实与坦荡，心底无私天地自开，这是一种境界也是一种格局。我心光明，才能光照四方。

三

教学是生活，作为教师，与学生的关系是生活的一个重要组成部分，良好的师生关系是教学最重要的生产力，也是教师个人幸福生活的一个参照指数。从《论语》可以看到老师孔子与学生们的种种生活样态，真实真切而和谐。

作为老师从不吝惜对学生的赞美之情。当面对自己欣赏的学生颜回时，老师不由得感叹：“贤能啊，颜回！”用一个倒装句便将自己心中对学生的赞美之情由衷地体现出来。老师为什么欣赏这位学生呢？一箪食，一瓢饮，在陋巷，物质生活的极度贫困会打败一个人的自信，可是颜回却能守住内心的快乐，有坚定的信念做支撑，外在的贫困已经不能左右他了，能够跳出现实的困窘得到内心的幸福，其格局之大自不待言。于是老师孔子禁不住再次赞叹："贤能啊，颜回！"用一次次的重复来表达对自己学生的赞誉之情！也是为人师的孔子善用赞扬激励学生的例证。

作为老师能平等地和学生相待，能真挚地与学生相处。当孔子见了口碑不佳的南子时，率直的子路很不高兴，作为老师的孔子对子路发誓说，如果我所做的不合礼仪的话，让上天厌弃我吧，让上天厌弃我吧！学生对老师真实地表达喜怒哀惧，老师能对着学生发誓表达，这种平等真实的师生关系让千年后的今人也不由地赞叹。当孔子到学生子游治理的武城时，听到一片弦歌之声，不禁说道：杀鸡怎么用牛刀？学生子游回答老师说：是在践行老师所教的道，让当官者知道爱人，让普通百姓能更好地做事。听到学生这一番回答，孔子不住地夸赞说：子游的话是对的，我之前说的是开玩笑的话啊！在学生面前能真实地表达自己的对与非，是多么诚实的品质！

作为老师内心始终装着学生，视如子女为手足，亦师亦亲人。当学生伯牛身患恶疾时，老师关切地去家访，从窗户拉着学生的手，悲痛地说死亡是每个人的命，可是这么好的学生为什么却得了这么恶的病啊！一而再地悲伤感叹：斯人也而有斯疾也！斯人也而有斯疾也！对学生发自内心的关爱悲痛之情可见一端。当学生颜渊不幸早亡，老师孔子悲痛地大呼：天丧予！天丧予！老天要了我的命啊，老天要了我的命啊！疾痛惨怛，悲痛欲绝之情状让现在我们不禁动容。当旁人认为孔子的悲痛之情超过了应有的礼度时，孔子动情地说，我不为这个人悲痛还为谁悲痛呢！

《子路、曾皙、冉有、公西华侍坐》则是最经典的和谐教育画面，也是最理想的育人蓝图。

老师和学生可以自由地畅谈理想和人生抱负。首先是老师本人降低身段，不以老师自居，而以平等身份参与学习与讨论中。面对老师抛出的话题，如果有人赏识自己，会有怎样的人生抱负与理想呢？学生子路的回答比较鲁莽并不谦让，希望在千乘大国内外交困之时治理，使国家有勇且知方，老师只是微微一笑，不做过多苛责。学生冉有谦逊有礼，希望能在一个方圆六七十或者五六十的小国里使百姓知足，礼乐教化则等待德行更高之人。公西华更加谦逊，不说自己能做，只说自己愿意学习。在国家宗庙祭祀、诸侯会盟等方面希望能做小傧相。最后一位曾点则用自己的行动表达了孔子的理想。鼓瑟的声音稀疏了，直到乐曲收尾，放下瑟而立起来，回答说：与前三位同学的表述不一样。在老师的启发下，才开始谈自己的治政理念，他是为我们描绘了一幅蓝图：在暮春时节，春天穿的夹衣已经可以上身了，成年人五六人，童子六七个人，在沂水边洗洗澡，在舞雩台吹风乘凉，唱着歌回到家。听到学生曾点这一番畅想，老师孔子由衷地发声，我与点也，师生内心的契合度达到了合一的地步。教育能达到这样心心相通的地步走是师生关系最高级的表现。

附　录

《儒林外史》自测练习

出题人：孙玉红　李杨　路德奎　赵娜　王昌鹏

一、内容考察

1. 下列说法不符合“说楔子敷陈大义”一句中“楔子”的意思是（　　）

A. 写在正文前面的一段故事，用来引起全书的。

B. 元人戏曲，有时在正文外增加一两个小场子，点明剧旨或介绍剧情、人物的。

C. 钉在墙上挂东西用的木钉或竹钉。

D. 地位多在篇首，小说把篇首的故事称作“楔子”，就是借用其意。

2. 下列情节与王冕无关的是（　　）

A. 虽年已十岁但因家贫无力读书，只能到隔壁秦老家牧牛以补贴家用。

B. 在秦老家里和翟买办吃饭，同意画二十四幅花卉并接待时知县到家拜访。

C. 在花明柳媚的时节，戴着高帽，穿着阔衣，执着鞭子，唱着歌曲，带着母亲到乡村镇上玩耍。

D. 在母亲坟上拜扫回来后与吴王朱元璋谈仁义治政，两人促膝谈到日暮。

3．下列不属于《儒林外史》中王冕性格特征的是（　　）

A. 恬淡随性、闲云野鹤　　　　　B. 孝顺顾家、敬重乡邻

C. 不慕权势、不畏权贵　　　　　D. 爱书如命、痴迷读书

4．下列主要人物与自己的籍贯不吻合的一项是（　　）

A. 王冕——浙江　　　　　B. 周进——广东

C. 范进——广东　　　　　D. 荀玫——广东

5．下列情节与周进无关的是（　　）

A. 申祥甫和夏总甲及众人商议龙灯时提出希望请一个先生给孩子们当老师，夏总甲推荐了顾老相公家的先生。

B. 正月初一梦见在一个极高的山上，天上的日头端端正正掉下来压在头上。

C. 金有余同了几个大本钱的人到省城里去买货，雇了一个记账的人。

D. 在与一伙客人到省城杂货行里进货的间歇，掏钱到贡院参观，走到龙门看到相公们参加考试的地方，一头撞在号板上，不省人事的人。

6．周进升任学道主持的考试中第一次提拔的两位考生是（　　）

A. 范进和魏好古　　　　　B. 金有余和魏好古

C. 魏好古和荀玫　　　　　D. 范进和荀玫

7．下列情节与范进中秀才前表述有误的一项是（　　）

A. 未进秀才前衣着寒酸，在面黄肌瘦，花白胡须，头戴破帽。

B. 未进秀才前年龄已五十多岁，二十岁就开始应考，已经考过二十多次均未有收获。

C. 未进秀才前，和父亲及妻子住在破旧的草屋中，受到丈人胡屠户的轻视与斥骂。

D. 到街上抱着鸡卖鸡换米时听到邻居说自己中举了，一时高兴得跌倒在地，不省人事。

8．下列事件与范进中举后表述有误的一项是（　　）

A. 胡屠户在众人的说服下仗着胆子打了范进一嘴巴，将范进打昏在地。

B. 胡屠户称女婿范进为天上的文曲星下世，是有身份的人。

C. 张乡绅来范进家拉关系，送给他五十两银子和三进三间的房子。

D. 范进的娘子胡氏看着家里的奴仆、丫鬟、田产、杯盘碗盏，一时高兴，气绝身亡。

9. “好了！我中了！”这句话道出了中举后范进当时的心态，下列不恰当的一项是（　　）

A. 好了，我以后可以不用为吃饭再去街上卖鸡了。

B. 这意味着以后作为读书人应有的仕途生活也随之而来。

C. 好了，我以后可以将胡屠户的女儿休了，停妻再娶妻。

D. 宣告几十年贫贱屈辱的生活就此结束，欣喜梦寐以求的功名富贵一朝到手。

10. 本书通过范进中举发疯及中举前后的变化，想表达的主要内容不恰当的一项是（　　）

A. 深刻地表达了号召读书人要起来推翻腐朽的封建社会的愿望。

B. 穷形尽相地表现了封建末世的世道人心和科举制度的黑暗。

C. 深刻地揭露和批判了封建科举制度腐蚀读书人灵魂、摧残人才及败坏社会风气的罪恶。

D. 生动刻画了各类市侩小人，并对他们进行了有力的鞭笞和嘲讽。

11. 对下列句子描写人物的手法判断不正确的一项是（　　）

A. “我这个贤婿，才学又高，品貌又好，就是城里头那张府、周府这些老爷，也没有我女婿这样一个体面的相貌。”（语言描写）

B. 看了一遍，又念了遍，自己把两手拍了一下。（动作描写）

C. 头发都跌散了，两手黄泥，淋淋漓漓一身的水。（神态描写）

D. 辞了丈人回来，自心里想：“宗师说我火候已到，自古无场外的举人，如不进去考他一考，如何甘心？”（心理描写）

12. 高要县因奉旨禁宰耕牛，众人送牛肉给知县请求继续卖牛肉，帮知县出主意处理此事的人是（　　）

A. 张静斋　　B. 范进　　C. 汤奉　　D. 严贡生

13. 下列情节与严贡生无关的一项是（　　）

A. 严家刚出生不久的小猪不小心跑到邻居王小二家，王家将小猪送还严贡生却被他以不吉利为由要了八钱银子。猪长大后再一次错走到严家，严家把猪关了不还王家，王大去索要却打断了腿。

B. 黄梦统因交钱粮短缺本想问严家借二十两银子，写了借据但因听从乡人劝告并未借钱，结果严家要半年的利钱。

C. 坐船回乡因不想付船钱，硬说自己在船上吃的云片糕为贵重药品，要到官府告吃他剩下云片糕的船夫，最后船费分文未付。

D. 生活极其吝啬，家里有十万银子，但猪肉也舍不得买一斤给家人吃。

14. 阅读下面文段，回答问题。

自此，严监生的病一日重似一日，再不回头。……严监生喉咙里痰响得一进一出，一声不倒一声的，总不得断气，还把手从被单里拿出来，伸着两个指头。大侄子走上前来问道："二叔，你莫不是还有两个亲人不曾见面？"他就把头摇了两三摇。二侄子走上前来问道……奶妈抱着哥子插口道……赵氏慌忙揩揩眼泪，走近上前道："爷，别人都说的不相干，只有我能知道你的意思！你是为那灯盏里点的是两茎灯草，不放心，恐费了油。我如今挑掉一茎就是了。"说罢，忙走去挑掉一茎。众人看严监生时，点一点头，把手垂下，登时就没了气。

（1）严监生死前伸着两个指头这一细节，对他性格概括不正确的一项是（　　）

A. 惜财嗜财　　B. 胆小恐惧　　C. 可悲可憎　　D. 极度吝啬

（2）以上文段采用的主要描写方法及表现的中心是（　　）

A. 心理描写，表现严监生朴素、节俭。

B. 动作描写，表现严监生临死不忘节俭，可钦可佩。

C. 动作描写，入木三分地刻画了严监生的吝啬，委婉表达了讽刺之意。

D. 语言描写，突出刻画了妻子赵氏的机智与聪慧。

15. 下列情节与荀玫无关的一项是（　　）

A. 范进到任学道之后，遍查卷宗想查找恩师希望提携的学生。

B. 王举人大年初一做梦，他是在王举人梦里与举人一起中榜的同乡。

C. 和王惠一同应试，一起考中，一起授职，并一起担任了员外之职。

D. 要把自己的二儿子和媳妇送到赵氏家继承香火的人。

16. 王惠因为哪件事导致后面的“逃亡生涯”？（　　）

A. 南赣失守，降顺宁王。　　　　B. 接受了蘧太守送的银子。

C. 送枕箱中书给蘧公孙。　　　　D. 找人算命，封建迷信。

17. 王惠接受蘧公孙二百两银子的帮助后，感激涕零，后来他去哪儿了？（　　）

A. 游玩西湖。　　　　B. 隐居太湖。

C. 自此更姓改名，削发披缁去了。　D. 办了私塾，教授学生。

18. 四公子向三公子道：“穷乡僻壤，有这样的读书君子，却被守钱奴如此凌虐……我们可以商量个道理救得此人么？”娄家公子要救的人是谁，花了多少银子救出来的？（　　）

A. 杨执中　500 两　　　　B. 权勿用　700 多两

C. 杨执中　700 多两　　　　D. 蘧公孙　92 两

19. 娄家两位公子去拜访杨执中，是什么原因导致后面很久杨执中都不知道自己恩人是谁（　　）

A. 性格使然，不慕名利。

B. 家庭贫寒，忙于生计。

C. 一直惧怕盐商再告他，打官司，因而出门躲避。

D. 家中老妪听不明白，把“娄”听成“柳”，导致杨执中误会，因而躲避。

20. “蘧公孙富室招亲”中，蘧公孙娶了谁的女儿？（　　）

A. 马纯上　　B. 鲁编修　　C. 杨司训　　D. 娄中堂

21．蘧公孙婚礼上，是什么原因导致新娘衣服被弄油了？（ ）

A. 新郎太激动了打翻了汤碗。

B. 管家看戏看昏了，把粉汤打翻了。

C. 老鼠从屋梁上掉在滚热的汤里，受了惊吓，把碗跳翻。

D. 陈和甫的衣袖扫翻了粉汤碗。

22．鲁小姐有几个贴身侍女？（ ）

A.1 个　B.2 个　C.3 个　D.4 个

23．鲁小姐对蘧公孙举业难成伤怀，鲁夫人是如何安慰她的（ ）

A. 让她不要着急，慢慢督促他考取功名。

B. 让她顺其自然，让女婿不做进士做名士。

C. 让她慢慢规劝，当真不成，生出小公子好好教导。

D. 让鲁编修请老师培养女婿。

24．是谁把娄家两位公子的仗义相助告诉杨执中本人的（ ）

A. 邹吉甫　B. 宦成　C. 晋爵　D. 县里差人

25．杨执中口中有经天纬地之才，空古绝今之学的人是谁？（ ）

A. 鲁编修　B. 娄氏二位公子　C. 牛布衣　D. 权勿用

26．权勿用因为什么原因没有跟随宦成立即出发去见娄家公子（ ）

A. 热孝在身　B. 没有真才实学　C. 自命清高　D. 身体欠安

27．娄家公子、蘧公孙、牛布衣等九位名士于何处大宴（ ）

A. 西湖　B. 太湖　C. 千岛湖　D. 莺脰湖

28．关于“张铁臂留下的革囊”说法正确的一项是（ ）

A. 是他仇家的人头　B. 是为娄家公子办事不小心杀了人

C. 里面实际上装的是猪头　D. 是受杨执中的指使杀的仇家

29．宦成是如何知道枕箱的来历的？（ ）

A. 蘧公孙告诉他的　B. 他无意中偷听到的

C. 双红告诉他的　D. 差人审问他的

30. 是谁花了多少银子帮蘧公孙赎回的枕箱？（　　）

A. 娄家两位公子花了一千两银子　B. 马二先生花了足足九十二两银子

C. 鲁小姐花了一千两银子　D. 张铁臂花了五百两银子

31. 马二辞别蘧公孙去了哪里（　　）

A. 金陵　B. 苏州　C. 泉州　D. 杭州

32. 请问下列哪一项不属于古代知识分子对妻子的称呼（　　）

A. 乃眷　B. 拙荆　C. 娘子　D. 梓童

33. 请问匡超人回家后做生意的十两银子是谁给的（　　）

A. 匡太公　B. 匡三叔　C. 马纯上　D. 匡大

34. 请问匡超人因担心知县摘印一事受到牵连，最终决定到哪里去避难（　　）

A. 苏州　B. 杭州　C. 温州　D. 台州

35. 请问下列这段话描述的是谁："匡超人看那人时，黄瘦面皮，稀稀的几根胡子。那人看书出神，又是个近视眼，不曾见有人进来……那人才立起身来为礼，青绢直身，瓦楞帽子，像个生意人模样。"（　　）

A. 赵雪斋　B. 支剑峰　C. 景兰江　D. 浦墨卿

36. 请问下列哪一项不属于景兰江对胡三公子的评价（　　）

A. 好客　B. 胆小　C. 悭吝　D. 心细

37. 请问众文人在胡三公子家集会拈阄分韵时，匡超人拈的是什么（　　）

A. "八齐"　B. "三江"　C. "十五删"　D. "十四寒"

38. 请问下列哪一项是乡里人施美卿向官府告状的原因（　　）

A. 自己遭人毒打　B. 妻子被人误抢

C. 弟媳不肯出嫁　D. 媒人不愿妥协

39. 请问下列哪一项不属于潘三犯罪事实单上的内容（　　）

A. 纵火烧毁县府粮草一案

B. 私和人命几案

C. 重利剥民，威逼平人生死几案

D. 勾串提学衙门，买嘱枪手代考几案

40. 请问匡超人的老婆郑氏因何而死（　　）

A. 婆嫂服侍心急而死　　B. 匡超人娶李给谏女儿气愤而死

C. 匡超人不多过问抑郁而死　　D. 李给谏差人毒害而死

41. 请问牛布衣独自搭江船过了南京，来到芜湖，在浮桥口什么地方寄居（　　）

A. 妙意庵　　B. 甘露庵　　C. 观音庵　　D. 芦雪庵

42. 请问下列这段话中的二位分别指："不瞒二位先生说，此五省读书的人，家家隆重的是小弟，都在书案上，香火蜡烛，供着'先儒匡子之神位'"（　　）

A. 浦墨卿、支剑峰　　B. 李给谏、老管家

C. 郑老爹、潘三　　D. 冯琢庵、牛布衣

43. 请问甘露庵老和尚对牛浦的称呼是什么（　　）

A. 居士　　B. 檀越　　C. 施主　　D. 菩萨

44. 请问牛浦是通过何种方式得到的《牛布衣诗稿》（　　）

A. 向老和尚借阅　　B. 趁老和尚不在偷窃

C. 众乡邻赠送　　D. 牛布衣亲自赠送

45. 请问卜老爹的儿子与牛浦妻子是什么关系（　　）

A. 兄妹　　B. 堂兄妹　　C. 表兄妹　　D. 姑侄

46. 请问下列情节中牛浦指责的人是谁："小价村野之人，不知礼体，老先生休要见笑。"（　　）

A. 卜诚　　B. 卜信　　C. 郭铁笔　　D. 卜崇礼

47. 请问下列语段中描写的人是哪位："头戴方巾，手摇金扇，身穿澄乡茧绸直裰，脚下朱履，出来同牛玉圃作揖。"（　　）

A. 董瑛　　B. 牛浦　　C. 万雪斋　　D. 王义安

48. 牛浦在卜老爹家住时，(　　) 来拜访他，他嘲笑卜信不知礼体，而与卜信差点闹到县衙。

A. 郭铁笔　　B. 董瑛　　C. 荀玫　　D. 牛玉圃

49. 牛浦离开卜家，要搭船去扬州，牛玉圃到了 (　　) 家见到“读书好，耕田好，学好便好；创业难，守业难，知难不难”的对联。

A. 荀玫　　B. 万雪斋　　C. 王义安　　D. 齐大老爷

50. 牛玉圃听信牛浦的话，在万雪斋家提起徽州 (　　) 是他拜盟的好弟兄，把万雪斋气得两手冰凉。

A. 程明卿　　B. 顾盐商　　C. 王盐商　　D. 王汉策

51. 牛浦被牛玉圃剥了衣裳，扔进粪窖子里面，幸得安东县黄先生所救，后来怎样了？(　　)

A. 得病死了　　B. 平安到老家

C. 娶了黄先生女儿　　D. 考中进士做了官

52. 审理牛浦案件的向知县，被上司知道他相与诗文的人，不务正业，派按察司来访查，幸亏 (　　) 为他说话免去查办。

A. 鲍文卿　　B. 杜少卿　　C. 牛玉圃　　D. 石老鼠

53. 鲍文卿在家料理了柴米，走进茶馆，遇到了钱麻子、黄老爹，这三人的身份都是 (　　)

A. 官员　　B. 戏子　　C. 读书人　　D. 郎中

54. (　　) 因为家中困难，四个儿子都被卖在他州外府，最后将小儿子过继给鲍文卿。

A. 王老爹　　B. 卜老爹　　C. 张老爹　　D. 倪老爹

55. 鲍文卿在水西门搭船，安庆府的书办请他向知府说情，送他五百两银子，他拒绝的理由是 (　　)

A. 胆小怕事　　B. 嫌钱太少　　C. 坚持公理　　D. 面子不够

56. 向知府下察院考童生，以鲍文卿父子为心腹，让他们替自己做一件事，这件事是（　　）

A. 监考　　B. 卖房子　　C. 买房子　　D. 收账

57. 鲍文卿去世后，其子鲍廷玺计划娶内桥胡家的女儿，这场婚事的媒婆是（　　）

A. 金次福　　B. 沈大脚　　C. 王三胖　　D. 孙老太

58. 鲍廷玺娶了胡氏之后，按照南京的风俗，新媳妇进门三天就要（　　），可被她搞得一塌糊涂。

A. 拜见公婆　　B. 打扫卫生　　C. 纺一匹线　　D. 做一道菜

59. 鲍廷玺在苏州碰到失散多年的大哥倪廷珠，二人抱头大哭。倪廷珠现在靠什么生活？

A. 做生意　　B. 做幕道　　C. 做账房　　D. 做官员

60. 在与辛东之、金寓刘闲谈中，季苇萧说（　　）"头上戴的是方巾，中间定是一个水晶结子"，是为扬州第六精。

A. 布商　　B. 知府　　C. 盐商　　D. 书商

61. 诸葛佑找到季恬逸，需要请一位大名士来选文章，季恬逸为他找到的是（　　）

A. 马纯上　　B. 蘧駪夫　　C. 匡超人　　D. 萧金铉

62. 牛玉圃在船上碰到二十年拜盟的老弟兄王义安，王义安被两个秀才一顿暴打，他上前扯劝，还被啐了一口，说："你一个衣冠中人，同这乌龟坐着一桌子吃饭！"这个片段的写作目的是（　　）

A. 说明做坏事就要挨打　　B. 暗示牛玉圃人品不好

C. 表明秀才急了也打人　　D. 说明牛玉圃不肯帮助朋友

63. 以下关于鲍廷玺与胡氏婚姻不和的原因说法有误的一项是（　　）

A. 鲍廷玺再次落榜　　B. 胡氏泼辣无赖

C. 媒婆两边骗，所言不实　　D. 鲍家还有个婆婆

64. 请问“只见椅子上坐着一个人，一副乌黑的脸，两只黄眼睛珠，一嘴胡子，头戴一顶纸剪的凤冠，身穿蓝布女褂，白布单裙，脚底下大脚花鞋，坐在那里”描写的是谁（　　）

A. 僧官　　B. 龙三　　C. 郭书办　　D. 萧金铉

65. 请问下面哪一项和杜慎卿无关（　　）

A. 穿着是莺背色的夹纱直裰，手摇诗扇，脚踏丝履，走了进来。

B. 面如傅粉，眼若点漆，温恭尔雅，飘然有神仙之概。

C. 将新做的衣服送给杨裁缝，帮助他安葬母亲。

D. 有子建之才，潘安之貌，江南数一数二的才子。

66. 请问赞同太祖高皇帝“我若不是妇人生，天下妇人都杀尽！”的说法，并且认为“和妇人隔着三间屋就闻见他的臭气”的是谁（　　）

A. 杜少卿　　B. 季苇萧　　C. 来霞士　　D. 杜慎卿

67. 杜慎卿精心打扮去神乐观的目的是（　　）

A. 拜访扬州道友来霞士　　B. 拜访芜湖人郭铁笔

C. 拜访金东崖，请教《四书讲章》　　D. 拜访季苇萧，贺如夫人进门

68. 杜慎卿在莫愁湖的湖亭举办了一场有关什么的胜会（　　）

A. 中秋赏月赋诗胜会　　B. 梨园子弟杂剧演出

C. 清明踏青游湖胜会　　D. 泰伯祠祭祀大典

69. 谁向杜慎卿借钱未果，反被介绍去投奔杜少卿（　　）

A. 来霞士　　B. 张俊民　　C. 鲍延玺　　D. 臧蓼斋

70. 以下哪种行为不是出自娄老伯（　　）

A. 劝告少爷：卖了银子，少爷要做两件正经事；若是几千几百的白白的给人用；这产业卖了也可惜。

B. 家人来看，只许住得两天，就打发回去，临行还要搜他身上，恐怕管家们私自送他银子。

C. 收来的租稻利息，遇着杜家困穷的亲戚朋友，便极力相助。

D. 每收租时候，亲自到乡里佃户家。佃户备两样菜与他吃，他退去一

样才吃。

71. 以下哪种行为与杜少卿无关（　　）

A. 救助五十两银子给看祠堂的黄大。

B. 给臧蓼斋三百两银子退赔帮人买秀才的钱。

C. 将自家花园借给坏了事的王知县住。

D. 为了嗣续大计，委托沈大脚寻找纳妾对象。

72. 一手执金杯，一手携娘子的手在清凉山冈子上走了一百多里，使得两边看得人目眩神摇、不敢仰视的是（　　）

A. 杜少卿　　B. 杜慎卿　　C. 景兰江　　D. 卢华士

73. 第一个建议建泰伯祠，在春秋两仲，用古礼古乐致祭的是（　　）

A. 杜少卿　　B. 马纯上　　C. 迟衡山　　D. 萧柏泉

74. 高老先生话中提及的杜氏家族四人的辈分排序正确的是（　　）

①发达了去，虽做了几十年官，却不会寻一个钱来家。

②行医，广积阴德，挣了许多田产。

③混穿混吃，和尚、道士、工匠、花子，都拉着相与，却不肯相与一个正经人。

④做官时，全不晓得敬重上司，只是一味希图着百姓说好。

A. ③②④①　　B. ①②④③

C. ②①③④　　D. ②①④③

75. 孙解官从四川解饷路过辛家驿时遇到响马拦路抢劫，孙解官的朋友萧昊轩弓弦断后，用什么续好弓弦，夺回银鞘（　　）

A. 马鬃　　B. 自己的头发　　C. 马尾　　D. 备用弓弦

76. 庄绍光（庄征君）被征辟后，下列事件不是发生在南京的是（　　）

A. 奏对天子时，头顶心里有一点疼痛，后来发现是头巾里有一只蝎子。

B. 第二日，焚香盥手后，揲了一个蓍，筮得“天山遯”。

C. 把教养百姓的事，细细做了十策，并写了一道“恳求恩赐回山”的本。

D. 自己掏钱买棺木，雇人将两位老人掩埋，并写文章洒泪祭奠。

77. 请问“只见楼上走下一个肥胖的道士来，头戴道冠，身穿沉香色直裰，一副油晃晃的黑脸，两道重眉，一个大鼻子，满腮胡须，约有五十多岁的光景”描写的是谁（　　）

A. 鲍延玺　　B. 张俊民　　C. 来霞士　　D. 诸葛佑

78. 卢德（卢信侯）因为什么事情被人告发，后来被庄征君解救（　　）

A. 家藏禁书《高青邱文集》

B. 寻遍本朝名人文集，藏在家中

C. 住在朝廷赏赐给他人的元武湖中

D. 纠集贼人在辛家驿打劫四川饷银

79. 请问太保公要延揽何人拜在他门下，朋比结党，但被拒绝（　　）

A. 虞博士　　B. 庄绍光　　C. 蘧公孙　　D. 杜慎卿

80. 虞育德，字果行，十四岁时父亲去世，他如何养活自己（　　）

A. 在祁太公家做账房。

B. 跟随云晴川先生学习诗文。

C. 为祁太公九岁的儿子当教书先生。

D. 在杨家村姓杨的家里教书。

81. 下列情节与虞博士无关的是（　　）

A. 用心用意的帮助姓郑的人家看葬坟。

B. 请求康大人向天子推荐自己。

C. 给因无钱为父下葬而跳河寻短见的农民四两银子安葬父亲。

D. 与外放山东巡抚的康大人一起赴任，两人甚是相得。

82. 虞育德补了南京的国子监博士后，翰林院侍读王老先生请他照顾谁（　　）

A. 庄征君　　B. 杜少卿　　C. 祁太公　　D. 武书

83. 下列情节与虞博士无关的是（　　）

A. 听了伊昭评价杜少卿“专好扯谎骗钱，他最没有品行”后，十分认可，并不再同杜少卿来往。

B. 将祁太公女儿的陪嫁使女嫁给严管家，并不收使女的身价钱。

C. 替姓端的监生在府尹面前辩白冤屈，使监生无罪释放。

D. 将中山王府烈女的碑文转托杜少卿去写。

84．泰伯祠祭祀的顺序是（　　）

A. 行侑食之礼——行初献礼——行亚献礼——行终献礼

B. 行亚献礼——行初献礼——行终献礼——行侑食之礼

C. 行侑食之礼——行亚献礼——行初献礼——行终献礼

D. 行初献礼——行亚献礼——行终献礼——行侑食之礼

85．下列情节与同官县知县尤扶徕无关的是（　　）

A. 资助五十两银子、并派差人送丈夫去世的妇人回故乡。

B. 将郭孝子送往海月禅林处暂住。

C. 将别人送的梨子捣碎，混入水中，让众人每人都能喝一口梨水。

D. 让郭孝子拿自己的书信去寻萧昊轩先生。

86．下列情节不是郭孝子在寻父途中发生的是（　　）

A. 威胁海月禅林的恶和尚离开。

B. 被老虎捉住埋在坑里，献给“浑身雪白、头上一只角、两双眼就像两盏大红灯笼”的“那东西”。

C. 在庵里借宿，见到“头上一只角，只有一只眼睛，却生在耳后”的异兽“罴九”。

D. 劝扮鬼吓人的木耐夫妇改邪归正，并给木耐传授刀法、拳法。

87．用弹子打瞎恶和尚双眼的是（　　）

A. 郭孝子　　B. 萧云仙　　C. 萧昊轩　　D. 木耐

88．劝说萧云仙替朝廷效力，博得封妻荫子的是（　　）

A. 萧昊轩　　B. 木耐

C. 海月禅林的老和尚　　D. 郭孝子

89. 下列情节与萧云仙无关的是（　　）

A. 责成木耐用心修城，候城工完竣之后，另行保题议叙。

B. 收木耐为亲随伴当，一起到松藩，受赏千总职衔，在军前效力。

C. 带领木耐在椅儿山设伏打下青枫城。

D. 在青枫城指导百姓开垦田地、兴修水利、种植树木。

90. 武书认为开私门的女人却挂起一个招牌来，很是可笑。武书口中的这个女人是谁？（　　）

A. 细姑娘　　B. 顺姑娘　　C. 沈琼枝　　D. 姚奶奶

91. 乌衣韦四先生在寄给庄濯江的书子中说他酒量愈发大，二十年来不得一回恸醉，只在天长赐书楼醉了一夜，畅快得紧。请问他醉了一夜那次做东的是谁？（　　）

A. 杜少卿　　B. 卢信侯　　C. 庄绍光　　D. 武书

92. 鲍廷玺给汤大爷推荐的"别的好顽的去处"是哪儿？（　　）

A. 香河　　B. 寓王府塘手帕巷内

C. 月牙池　　D. 葛来官家

93. 贡院放出榜来，汤大爷、汤二爷是否考中？（　　）

A. 汤大爷考中，汤二爷落榜　　B. 汤二爷考中，汤大爷落榜

C. 都考中了　　D. 都没有考中

94. 从贵州镇远府寄给汤大爷、汤二爷的家信主要内容是（　　）

A. 让他们好好科考，光耀门楣。　　B. 发榜之后，无论中否，速去镇署。

C. 不要沉迷女色，不思进取。　　D. 一切听刘老爷安排。

95. 汤大爷和汤二爷的船将到大沽塘的时候，发生了什么？（　　）

A. 他们的船被风横扫，无法前进。

B. 他们的盐船翻船了。

C. 他们看见两只大盐船搁浅后，船上的盐被强盗生生抢劫了。

D. 他们搭救了万老爷家的盐船。

96. 被金狗洞苗子捉去不肯放还的是谁？（ ）

A. 冯金瑞 B. 臧四 C. 雷骥 D. 汤镇台

97. 汤镇台让书办将“带领兵马”四个字改成了什么？（ ）

A. 招兵买马 B. 秣马厉兵 C. 多带兵马 D. 速带兵马

98. 汤镇台和六老爷是什么关系？（ ）

A. 表兄弟 B. 堂兄弟 C. 朋友 D. 叔侄

99. 扬州萧二相公推荐给汤镇台两位公子的先生是谁？（ ）

A. 余有达 B. 余有重 C. 萧柏泉 D. 迟衡山

100. “只见桌旁板凳上坐着一个人，头戴破方巾，身穿破直裰，脚底下一双打板唱曲子的鞋。”这句话说的是下列哪个人的装束？（ ）

A. 余二先生 B. 余大先生 C. 唐三痰 D. 杜少卿

101. “余敷把土接在手里，拿着在灯底下翻过来把正面看了一会，反过来又把反面看了一会，也掐了一块土送在嘴里，闭着嘴，闭着眼，慢慢的嚼。”这段话中余敷这样做是为了什么？（ ）

A. 测试土地肥力 B. 斟酌下葬之地

C. 辨别土壤类型 D. 观测地势特征

102. “老先生功在社稷，今日角巾私第，口不言功，真古名将风度。”这句话中余大先生在夸赞谁？（ ）

A. 杜少卿 B. 虞博士 C. 余大先生 D. 汤镇台

103. 汤镇台来拜访杜少卿被问住在哪里时，汤镇台回答的地方是？（ ）

A. 慈恩寺 B. 承恩寺 C. 净慈寺 D. 宝林寺

104. 虞华轩请余大先生做他儿子的老师，他希望自己孩子学习的首要内容是什么？（ ）

A. 文法 B. 品行 C. 算术 D. 风水

105. “只见一个人，方巾，蓝布直裰，薄底布鞋，花白胡须，酒糟脸，进来作揖坐下。”这句话描述的是那个人物？（　　）

A. 成老爹　　B. 季苇萧　　C. 唐二棒椎　　D. 姚五爷

106. 下列选项不能体现虞华轩才华卓越的一项是？（　　）

A. 通彻经史子集　　B. 文章如枚、马

C. 诗赋如李、杜　　D. 熟知风水测量

107. 列不属于方老太太节孝入祠牌子上内容的一项是？（　　）

A. 宰相结群　　B. 翰林学士　　C. 提督学院　　D. 礼部尚书

108. 秀才王玉辉向余大先生说自己生平志向是编纂三部书嘉惠回来学，这三部书是？（　　）

①礼书　②乐书　③字书　④兵书　⑤乡约书　⑥经书

A. ①②⑥　　B. ①③⑤　　C. ②④⑥　　D. ②③⑤

109. 邓质夫进学是由王玉辉做“保结”，下列关于“保结”认识不正确的一项是？（　　）

A. 指官吏应选或童生科举应考时证明其身份、情况的凭证。

B. 旧时写给乡绅来担保他人身份、行为清白或符合某一商定的条款的文书。

C. “保结”可以担保应试童生身家清白，没有冒籍、匿丧等。

D. 做“保结”是廪生的特权。

110. 在“翰林高谈龙虎榜”情节中，他们没有谈论到的话题是（　　）

A. 马纯上文章好，只是不曾中举。

B. 讲学问只讲学问，不必问功名。

C. 做官要讲究诚信，不能弄虚作假。

D. 摩元得元，摩魁得魁。

111. “中书冒占凤凰池”情节中，中书指的是（　　）

A. 万里　　B. 秦老爷　　C. 高老先生　　D. 迟衡山

112. 在秦老爷家里吃完饭，看戏时，被官员的人拿走的是（　　）

A. 高翰林　　B. 施御史　　C. 凤四老爹　　D. 万中书

113. 为了救回万里，凤四老爹做的事不包括（　　）

A. 询问万里事情来龙去脉　　B. 与差人赵升搞好关系

C. 联系秦中书商量让假成真　　D. 面见施御史，送钱打点

114. “少妇骗人折风月”情节中，在船上被骗走银子的人是（　　）

A. 凤鸣岐　　B. 万里　　C. 丝客人　　D. 差人

115. “假中书”能够脱身，下列哪一事件与此无关（　　）

A. 凤鸣岐武艺高强，不怕官刑　　B. 祁太爷收了银子

C. 苗总兵死于狱中　　D. 保举中书已到了院里

116. “比武公子伤身”情节中，这里受伤的公子是（　　）

A. 凤鸣岐　　B. 陈正公　　C. 胡八乱子　　D. 秦二侉子

117. 凤鸣岐替陈正公讨债的对象是（　　）

A. 陈虾子　　B. 毛二胡子　　C. 胡三爷　　D. 秦老爷

118. 陈正公之所以会上当受骗，原因不包括（　　）

A. 本性吝啬　　B. 贪图厚利　　C. 轻信别人　　D. 没有证据

119. 下列与凤鸣岐无关的情节是（　　）

A. 在秦中书府中研究《易筋经》

B. 替同船的人讨回被骗的银子

C. 出谋划策为假中书案奔走

D. 收了陈正公一百两的答谢银子

120. 陈四老爷陈木南在金修义的引荐下正欲去见聘娘，结果因何事而改变了主意？（　　）

A. 收到了徐九公子的邀请赏梅的请帖

B. 收到胡老八邀请秦二侉子去见面的邀请

C. 因毛二胡子使诈骗了陈正公的一千两银子

D. 凤四老爹将嘉兴当铺的看墙卸下半堵

121．陈四老爷陈木南到聘娘家去见面时见到了聘娘的师傅邹泰来，她的师傅是（　　）

A. 琴师　　B. 棋师　　C. 乐师　　D. 技师

122．替聘娘算命的瞎子说自己的邻居天天吵架，这和自己丈人吵架后来做了和尚正是当年谁的儿子（　　）

A. 杨执中　　B. 权勿用　　C. 陈和甫　　D. 牛布衣

123．陈木南欠着一身的债卷包走人，这引发了哪位呆名士到妓馆献诗？（　　）

A. 赵雪斋　　B. 金修义　　C. 陈思阮　　D. 丁言志

124．无家无业的季遐年，卖菜的王太，开茶馆的盖宽，当裁缝的荆元分别擅长的技能是什么？（　　）

A. 写字、下棋、作画、弹琴　　B. 写诗、赌石、作画、弹琴

C. 写字、写诗、作画、弹琴　　D. 赌石、下棋、作画、弹琴

二、文化常识判断题

1．桂林杏苑：会试例在八月举行，考上的称为“攀桂”，乡试例在三月举行，考上的称为“探杏”，这里的“桂林杏苑”指的是会试，乡试题。（　　）

2．尚方剑：皇帝的御剑，也称“尚方宝剑”。皇帝将尚方宝剑赐给某一大员，他有请旨后再杀人的特权。（　　）

3．刺史：就是知州。古代有一时期，以刺史为州官的职名，后来称为对知州的尊称。（　　）

4．旌表：赐匾或赐牌坊的表扬，皇上对恪守封建道德人的奖励。（　　）

5．冒籍：科举中的地方考试，分地举行，需本地人才有资格参加，没有取得本地籍贯的外地人去参加叫“冒籍”。（　　）

6．箕踞：张开两只脚像簸箕样坐着，表示礼貌。（　　）

7. 亚献：古时祭礼要举行三次献贡品仪式，亚献是最后一次献贡品。(　　)

8. 龙虎榜指会试张的榜。(　　)

9. 凤凰池：晋人称尚书省为“凤凰池”。(　　)

10. “养望”指养成声望，以待大用，是恭维闲居在家的官员们的客套话。(　　)

11. “谈起这件事，却是杜先生作俑。”其中“作俑”出自《孟子》，意思是第一个开创好风气的人。(　　)

12. 府尹：官名。北宋曾于京都开封设置府尹，以文臣充，专掌府事，位在尚书下、侍郎上，少尹二人佐之。明代于应天、顺天，清代于顺天、奉天设置府尹。(　　)

13. 告庙：其中的庙指供奉祖宗牌位的地方，告庙即是祭告祖先。(　　)

14. 五色：指青、黄、赤、白、黑五色，也泛指各种色彩。古代以此五者为邪佞之色。(　　)

15. 节孝：旧时封建统治阶级为旌表节孝妇女，为其设立祠堂，称为节孝祠。清代在各省、府、州、县各建节孝祠一所，祠外建大坊，凡节孝妇女由官府奏准旌表的都入祀其中，春秋致祭。(　　)

三、文学常识选择题

1. 下面句子中加点的称呼分类正确的一项是(　　)

①太尊、县父母都亲自到门来贺　②敝亲家也是危老先生门生

③我这舍舅，本来原不是生意人　④金有余道：“贤东，我扶着他。”

⑤范进道：“高邻，莫误了我卖鸡。”　⑥晚生久仰老先生

⑦这事是卑职的不是　⑧小人叫作黄梦统

⑨我们倒忘了尊公是在那里的　⑩只是，我家嫂也是糊涂人

A. ①②③④⑤ / ⑥⑦⑧⑨⑩　B. ①④⑤⑨⑩ / ②③⑥⑦⑧

C. ①③④⑤⑩ / ②⑥⑦⑧⑨　D. ①④⑤⑨ / ②③⑥⑦⑧⑩

2. 下列有关古代年龄的说法，有误的一项是（　　）

A. 及笄：亦作“既笄”。古代女子十五周岁结发，用笄贯之，因称女子满十五周岁为及笄。也指已到了结婚的年龄，如“年已及笄”。（第十回）

B. 摽梅之候：指女子当婚的时候。（第二十回）

C. 悬弧之庆：指男子满二十岁。（第十回）

D. 抓角儿：抓髻，一左一右的一对小髻，指年龄尚小。（第七回）

3. 下列关于科举文化常识表述有误的一项是（　　）

A.“南宫入选”就是会试入选。“南宫”指的是职掌会试的礼部。故“礼闱”指会试。

B.“老爷”指举人。中举就可以做官，称为“老爷”，是承认他已具有官的身份的意思。

C.“鼓吹送了出去”是学政给新进学的秀才一种礼遇，一般由司乐人打鼓、吹唢呐送出去。

D.“监生”指明清时期学子在“国子监”肄业的人。他们一定要到监就学，这样才有资格参加考试。

4. 下列关于科举文化常识表述有误的一项是（　　）

A. 中过学指一经考成秀才，便确定归当地儒学机关管教（儒学高在府里的称为“府学”，州称“州学”，县称“县学”，各设教官）。

B. 八股文指明、清应试文中，以《四书》命题的书艺和以《五经》命题的经艺的通称。议论的四个段落各有两股两相比偶的文字，故称“八股文”。

C. 乡试、会试中，为了防止阅卷官徇私舞弊，规定考试人用朱笔写试卷，叫“朱卷”，再由誊录人另用墨笔誊出来，叫作“墨卷”。

D. 明清时中央机构设立六部，其中礼部掌管的是和考试方面的事。其长官叫作尚书，犹如部长；副长官叫作侍郎，犹如副部长。

5. 下列关于古代服丧常识陈述不正确的一项是（　　）

A. 服阕：口语中也叫“除孝”，是指为守孝三年并已期满。

B. 丁忧：指遭遇父母丧事，也称“丁艰”。

C. 夺情：指以政府的权力，命令有亲丧的官员不必去职，但也不能以素服办公。

D. 承重：指祖父母死时，父已先死，或曾祖父母死时，祖、父已先死，代父或者代祖尽封建礼制中长子的责任。

四、阅读理解

阅读下面的文段，回答题。

话说杜少卿自从送了娄太爷回家之后，自此就没有人劝他，越发放着胆子用银子。前项已完，叫王胡子又去卖了一分田来，二千多银子，随手乱用。又将一百银子把鲍廷玺打发过江去了。王知县事体已清，退还了房子，告辞回去。杜少卿在家又住了半年多，银子用的差不多了，思量把自己住的房子并与本家，要到南京去住，和娘子商议，娘子依了。人劝着他，总不肯听。足足闹了半年，房子归并妥了。除还债赎当，还落了有千把多银子，和娘子说道："我先到南京会过卢家表侄，寻定了房子，再来接你。"

当下收拾了行李，带着王胡子，同小厮加爵过江。王胡子在路见不是事，拐了二十两银子走了。杜少卿付之一笑，只带了加爵过江。

到了仓巷里外祖卢家，表侄卢华士出来迎请表叔进去，到厅上见礼。杜少卿又到楼上拜了外祖、外祖母的神主。见了卢华士的母亲，叫小厮拿出火腿、茶叶土仪来送过。卢华士请在书房里摆饭，请出一位先生来，是华士今年请的业师。那先生出来见礼，杜少卿让先生首席坐下。杜少卿请问先生："贵姓？"那先生道："贱姓迟，名均，字衡山。请问先生贵姓？"卢华士道："这是学生天长杜家表叔。"迟先生道："是少卿先生？是海内英豪，千秋快士！只道闻名不能见面，何图今日邂逅高贤！"站起来，重新见礼。杜少卿看那先生细瘦，通眉长爪，双眸炯炯，知他不是庸流，便也一见如故。吃过了饭，说起要寻房子来住的话。迟衡山喜出望外，说道："先生何不竟寻几间河房住？"杜少卿道："这也极好。我和你借此先去看看秦淮。"迟先生叫华士在家好好坐着，便同少卿步了出来。走到状元境，只见书店里贴了多少新封面，内有一个写道：“《历科程墨持运》。处州马纯上，嘉兴蘧駪夫同选。”杜少卿道：“这蘧駪夫是南昌蘧太守之孙，是我敝世兄。既在此，我何不进去会会他？”便同迟先生进去。蘧駪夫出来叙了世谊，彼此道了些相慕的话。马纯上出来叙礼，问：“先生贵姓？”蘧駪夫道：“此乃天长殿元公孙杜少卿先生。这位是句容迟衡山先生。皆江南名坛领袖。小弟辈恨相见之晚。”吃过了茶，迟衡山道：“少卿兄要寻居停，此时不能久谈，要相别了。”同走出来，只见柜台上伏着一个人在那里看诗，指着书上道：“这一首诗就是我的。”四个人走过来，看见他旁边放着一把白纸诗扇。蘧駪夫打开一看，款上写着“兰江先生”。蘧駪夫笑道：“是景兰江！”景兰江抬起头来看见二人，作揖问姓名。杜少卿拉着迟衡山道：“我每且去寻房子，再来会这些人。”

1. 从材料第一段文字中看出杜少卿日常是个怎样的人？在《儒林外史》中还做过哪些类似的事情？（至少写两件事）

2. 下列文字属于什么描写，有什么作用？

杜少卿看那先生细瘦，通眉长爪，双眸炯炯，知他不是庸流，便也一见如故。

3. 杜少卿乐于助人为人称道，回顾先前阅读经历，马纯上（马静）也曾有过类似的经历，请详细写出事情的来龙去脉。

《儒林外史》阅读检测答案

一、内容考察

1. C（与文学作品中的楔子意思不符。）

2. B（“接待时知县到家拜访”错误，他躲避出门故意不见时知县。）

3. D（爱书如命、痴迷读书不恰当，王冕爱上作画以后，不多的钱都买了作画用的颜料，所以概括有偏差。）

4. B（周进——山东）

5. B（这个梦是梅玖说自己考试考中前的梦境，与周进无直接关系。）

6. A

7. C（未中举前，是和母亲及妻子。）

8. D（是范进的妈妈。）

9. C（胡屠户的女儿依然是范的妻子而且升为太太了，文中无休妻情节。）

10. A（本部书是讽刺小说，但还达不到推翻腐朽封建社会的高度。）

11. C（应是外貌描写。）

12. A

13. D（是严监生，严贡生的弟弟家，不是严贡生，严贡生家里没钱却顿顿赊鱼吃肉。）

14.（1）B（胆小恐惧从这一细节中体现不出来。）

（2）C（结合儒林外史的讽刺性，ABD 三项都有夸赞的意味，显然错误。）

15. D（这是严贡生。）

16. A（第八回）

17. C（第八回）

18. C（第九回）

19. D（第九回）

20. B（第十回）

21. C（第十回）

22. B（第十回）

23. C（第十一回）

24. A（第十一回）

25. D（第十二回）

26. A（第十二回）

27. D（第十二回）

28. C（第十三回）

29. C（第十三回）

30. B（第十三回）

31. D（第十四回）

32. D（第十五回）

33. C（第十六回）

34. B（第十七回）

35. C（第十七回）

36. D（第十八回）

37. C（第十八回）

38. B（第十九回）

39. A（第十九回）

40. A（第二十回）

41. B（第二十回）

42. D（第二十回）

43. D（第二十一回）

44. B（第二十一回）

45. C（第二十一回）

46. B（第二十二回）

47. C（第二十二回）

48. B

49. B

50. A

51. C

52. A

53. B

54. D

55. C

56. A

57. B

58. D

59. B

60. C

61. D

62. B

63. A

64. B（第二十九回）

65. C（第二十九回）

66. D（第三十回）

67. A（第三十回）

68. B（第三十回）

69. C（第三十一回）

70. A（第三十一回）

71. D（第三十二回）

72. A（第三十三回）

73. C（第三十三回）

74. D（第三十四回）

75. B（第三十四回）

76. D（第三十四回）

77. C（第三十回）

78. A（第三十五回）

79. B（第三十五回）

80. C（D 项为二十五岁）（第三十六章）

81. B（是虞博士在山东巡抚衙门的同事兼弟子尤资想求康大人推荐自己的老师，在与虞博士商量时，被虞博士拒绝。）（第三十六章）

82. D（第三十六章）

83. A

84. D

85. C（这是海月禅林老和尚受到郭孝子送的两个梨子后的行为。）

86. A（是海月禅林的老和尚因恶和尚在禅林吃酒、行凶、打人，不所不为才逼于无奈的行为。）

87. B

88. D

89. A（这是平少保对萧云仙的指示）

90. C（第四十一回）

91. A（第四十一回）

92. D（第四十二回）

93. D（第四十二回）

94. B（第四十三回）

95. C（第四十三回）

96. A（第四十三回）

97. C（第四十三回）

98. D（第四十四回）

99. A（第四十四回）

100. C

101. B

102. D

103. B

104. B

105. A

106. D

107. A

108. B

109. B（B 项是写给官府，不是乡绅。）

110. C（未谈论这一话题。）

111. A

112. D

113. D

114. C

115. B

116. C

117. B

118. A

119. D

120. A（第五十三回）

121. B（第五十三回）

122．C（第五十四回）

123．D（第五十四回）

124．A（第五十五回）

二、文化常识判断题

1．×（第四十二回：桂林杏苑：乡试例在八月举行，考上的称为“攀桂”，会试例在三月举行，考上的称为“探杏”，这里的“桂林杏苑”指的是乡试，会试。）

2．×（第四十三回：皇帝将尚方宝剑赐给某一大员，他有不请旨而杀人的特权。）

3．√（第四十四回）

4．√

5．√

6．×（箕踞是一种不礼貌的坐姿。）

7．×（亚献是第二次献贡品。）

8．√

9．×（晋人称中书省为“凤凰池”。）

10．√

11．×（“作俑”意思是第一个做坏事的人。）

12√

13．√

14．×（古时五色为正色，非邪佞之色）

15．√

三、文学常识选择题

1．D（敬称、谦称。）

2．C（指男子过生日。）

3. D（“监生一定要到监就学”错。乾隆以前对监生加以严格考试，后来仅存虚名，一般未入府、州、县学而欲应乡试，或未得科举而欲入仕做官者，都必须先行纳捐取得监生出身，但不一定就在监读书。）

4. C（明清科举制试卷名目之一。乡试、会试时，应试者用墨笔书写试卷，称墨卷。墨卷由誊录生用朱笔誊录，再送试官评阅，称硃卷，亦称“朱卷”。）

5. C（夺情官员可以以素服办公，不参加吉礼。）

四、阅读题

1. 杜少卿视金钱如粪土，他崇尚简单自然，散尽家财，帮助一切需要帮助的人，从不计较此人品行好坏，是一个盲目慷慨的人。

如：韦四太爷要回家，他送了一只玉环；娄老伯的孙子要回去，他送了一百两银子；仆人黄大的房子倒塌，他送了五十两修缮的银子；张俊民的儿子想考学，因为冒籍，他出了一百二十两银子替他疏通关系。

2. 属于外貌描写，巧借杜少卿的眼睛看出迟衡山则是一位不折不扣的正人君子。

3. 娄家的仆人宦成与蘧家的丫鬟双红私通，带着原先王惠丢在蘧老太爷家的箱子跑了。蘧公孙告了官，而拿人的差役知道那个箱子是叛官的赃物后，诈走了宦成身上的全部银子，并以宦成的名义去诈蘧公孙要银子，并假惺惺提要求给双红赎身。差人没见到遽公孙，找到了马二先生，马二先生极力要自己出银子把事情压下来。经过讨价还价，马二先生出了九十二两银子，并替蘧公孙写了给双红赎身的文书，方把赃箱取回米。而差人则拿了其中的大部分银子。